U0882964

超大城市

自助养老服务设计

肖金花　著

化学工业出版社

·北京·

内 容 简 介

本书针对我国当前社会养老服务现状及存在问题，面对未来城市发展进入中后期阶段，通过对当前社会养老模式、养老问题、养老服务需求等分析，提出了建立一种适应未来超大城市可持续发展特征的养老模式构想——集体自助养老模式（CSE），并构建了超大城市自助养老服务设计框架，从整体系统的角度研究了超大城市自助养老服务设计实现过程及关键技术，建立了集体自助养老服务系统模型、服务设计评价体系及自助养老服务应用系统原型实例，为政府养老服务提供更多选择，为社会养老服务创新提供有益思路。

本书可供从事服务设计、工业设计、社会保障、社会工作者或者人口学研究工作者阅读参考。

图书在版编目（CIP）数据

超大城市自助养老服务设计/肖金花著.—北京：化学工业出版社，2021.6（2022.1重印）
ISBN 978-7-122-38760-8

Ⅰ.①超… Ⅱ.①肖… Ⅲ.①特大城市-养老-社会服务-研究-中国 Ⅳ.①D669.6

中国版本图书馆CIP数据核字（2021）第050245号

责任编辑：王　烨　　文字编辑：谢蓉蓉
责任校对：杜杏然　　装帧设计：刘丽华

出版发行：化学工业出版社（北京市东城区青年湖南街13号　邮政编码100011）
印　　装：北京捷迅佳彩印刷有限公司
710mm×1000mm　1/16　印张　12¼　字数　195千字　2022年1月北京第1版第2次印刷

购书咨询：010-64518888　　售后服务：010-64518899
网　　址：http://www.cip.com.cn
凡购买本书，如有缺损质量问题，本社销售中心负责调换。

定　　价：98.00元

版权所有　违者必究

谨以此书献给曾经年轻过的他们、你们以及即将老去的我们每个人。

前言

我们终将老去，老去是我们每一个人都要面对的事情，当四人之中就有一位老人的现象真实发生在我们身边时，我们该怎么办？我们能为自己做些什么？我们做好了迎接老龄化时代的准备吗？这是个值得我们深思的问题。老去是一种持续的状态，当人口老龄化遇上低生育率，思考老去的问题变得尤为沉重。老去不再只是个社会问题，更是个关系国家、民族未来的关键问题。那我们究竟该怎样面对养老问题？或者我们期待和向往什么样的老年生活？是独居一隅，还是三五成群结伴养老？是机构养老，还是自助养老？是抱团养老，还是共享养老？其实我们可以自己创造很多选择，让老去也能变得坦然和优雅。

在养老资源、养老成本有限及普通百姓日益多样化的养老需求之间找到最优解是件令人费神的事，集体自助养老逐渐被人们所理解、接受并将成为社会所趋。集体自助养老的形式和内容有哪些，如何实现自助养老，自助养老的影响因素有哪些，如何让社会群体特别是老年群体积极主动参与到社会养老中去，将不同老年群体之间的养老需求、老年群体养老需求与社会其他群体需求有机结合，化养老压力为社会发展动力，努力找寻这些问题的答案是撰写本书最真实的动机，希望阅读此书的人能从中获得有用的参考和帮助。

在人口老龄化、高龄化、空巢化日益加速的大环境下，养老模式的可持续性研究逐渐成为城市可持续发展的研究焦点，特别是在大量农村人口涌入城市导致农村空巢老人增长，城市人口膨胀、环境污染、交通拥堵、资源供给紧张等“城市病”问题，严重威胁到城市可持续发展，使社会养老负担更为突出。传统养老模式多以救助和限制型为主，服务质量、水平与社会养老多方需求差距大，老年个体之间呈独立、分散状态。当城市化进程日趋成熟、人们生活水平逐渐提高，居民多元性、差异性、选择性增强，养老需求变得多元化，社会迫切需要一种更为灵活、开放、可持续的创新养老模式以应对未来日益多样的养老需求。

针对我国社会养老服务现状及存在问题，围绕养老需求提升养老满意度，面对未来城市发展进入中后期阶段，通过对当前社会养老模式、养老问题、养老服务需求等分析，提出建立一种适应未来城市可持续发展特征的养老模式构想：集体自助养老模式（Collective Self-help Endowment，CSE），构建集体自助养老服务设计框架。该模式有别于传统养老模式，它充分发挥老年人的自助自理能力，有效利用高科技、信息化社会的优势，具有集体养老、满足个性养老需求、老年人“双重角色”及可持续等特点，其核心理念是“自助、自主、集体、互助”。

（1）在集体自助养老服务设计理论体系构建方面，CSE服务设计的核心关键点不仅要在宏观层面考虑社会养老成本、养老资源的有效配置、养老模式的可持续性等，更要在微观层面考虑养老主体对象老年人的生理、心理需求，满足多样化的养老需求。在六西格玛服务设计、产品服务系统设计的基础上，结合可持续发展战略框架，确立了CSE服务设计理论体系。

（2）定义了CSE概念，从养老目标、养老方式、养老目的等方面论述了CSE的可持续性，对CSE内涵、CSE服务设计关键问题进行了分析，提出了可持续养老CSE系统解决方案，建立了CSE服务模式框架；在六西格玛服务设计路线图的基础上，围绕CSE目标，建立了CSE服务设计流程图，提出了CSE服务设计方法RCDV，并对各阶段中所使用的方法、关键技术进行了研究。

（3）在超大城市自助养老服务需求分析方面，根据物质需求、医疗需求、精神需求三方面细分了未来超大城市自助养老服务，建立了养老服务信息模型。

（4）在超大城市自助养老服务系统方案生成方面，根据不同的养老需求和有限的养老资源、成本设计不同的集体自助养老系统方案。提出了CSE类型，分析了CSE类型选择影响因素，运用定性原则、定量计算的方法实现CSE类型选择，确定不同类型的自助养老服务，进而根据不同类型的自助养老，将其养老需求转化为CSE服务功能特征、CSE服务方案特征。建立了CSE服务设计框架，给出了CSE服务设计过程，并给出了相应的实例；通过分析服务生命周期活动，利用问卷调查、用户访谈方法及SPSS（Statistical Product and Service Solutions）工具，获取老年人在CSE服务生命周期各阶段的需求，建立了CSE需求模型；建立了CSE功能模型、CSE功能设计本体模型，实现了从CSE需求向CSE功能特征的映射；给出了CSE方案域定义，提出了CSE产品与服务集成设计机制，实现了CSE功能至设计参数的映射，构建了CSE服务系统方案配置模型；利用CSE责任表的方法获得了CSE构成元素，建立了CSE服务结构模型，实现了CSE服务系统方案的标准化表示。

（5）在超大城市自助养老服务设计评价方面，建立合理的评价指标体系，运用有效的决策算法，进行了设计方案择优评价。分析了CSE服务设计评价的混合性特点，构建了基于混合评价的CSE服务设计评价体系，给出了CSE服务设计方案评价过程；根据不同的CSE需求，给出了CSE原始评价指标的获取方法与步骤；分析了方案评价体系建立的具体过程，利用CSE需求与CSE功能质量屋关系矩阵，建立了单个自变量与多个自变量的评价指标体系；建立了CSE服务设计混合评价模型，结合CSE服务系统方案配置实例，实现了CSE服务设计评价。

（6）在服务设计实现方面，提出了计算机辅助CSE服务设计原型框架，分析了CSE服务设计端和CSE服务应用端的软件功能需求、工作流程，实现了系统的总体设计，并结合服务应用端实例，给出了CSE服务系统平台的应用过程。

综上所述，本书构建超大城市自助养老服务设计理论框架，从整体系统的角度研究了集体自助养老服务设计实现过程及关键技术，建立了服务设计模型，并对服务设计评价展开了研究，根据不同的养老服务需求提供不同自助类型、方式及方法，构建不同的集体自助养老服务系统，为社会养老服务创新提供有益思路，实现“积极老龄化”。

本书的目的

（1）帮助读者选择和建立各种类型的自助、互助养老模式，降低养老成本，减轻社会养老负担。

（2）提供集体自助养老服务设计的流程与方法。

（3）清楚地阐述了为提升养老满意度，根据不同养老服务需求，提供不同集体自助养老服务方案，介绍集体自助养老服务设计评价指标的确立方法，并给出相应的各种实例。

（4）为社会养老提供灵活多样、可持续开放的养老形式和途径。

本书由中国计量大学肖金花著。

由于笔者水平所限，书中难免出现不当之处，恳请广大读者批评指正。

著　者

目 录

第1章

超大城市养老服务战略及趋势

老龄化社会的到来使养老成为社会的焦点问题。截至2018年底，我国60岁及以上人口比重为17.9%，65岁及以上人口比重为11.9%（国家统计局，2019），表明我国人口老龄化正快速发展。其中，老年慢性病患者1.5亿，失能老年人4000多万（国家卫健委，2018），中国养老服务体系建设成为一项重要的民生工程。养老服务体系指老年人在生活中获得的全方位服务支持系统。养老问题不仅是一种医疗、经济问题，更是一种社会问题，它需要社会提供照顾服务系统的支持。

2014年国务院发布《关于调整城市规模划分标准的通知》，新标准将城区常住人口1000万以上的城市视为超大城市，截至2019年底，我国有武汉、杭州等11个人口超千万的城市。超大城市具有人口高度集聚与分化的显著特征，其发展对我国城镇化发展具有重要影响。同时，超大城市在经济发展、互联网和人工智能及医疗卫生技术水平等方面具有较大优势，这些都是我国人口老龄化背景下医养结合养老服务体系建设的重要条件。未来人口往城市群聚集，城市群是支撑和带动城镇化的重要载体和形式，而超大城市是城市群的中心城市，引领城市群发展。进而，超大城市养老服务体系的建设与完善还具有十分重要的示范和辐射效应。

社会养老服务的提供，在面对人口老龄化加剧时会不可避免地给个人、家庭、组织及国家带来压力和挑战。van Weel & Michels提出在人口老龄化的背景之下，公共健康照护体系将首当其冲。面对我国日益严峻的老龄化趋势和不断增加的养老服务需求，传统的养老方式和观念正在向社会养老转变，但现有的居家养老、机构养老、社区养老等模式多以救助和限制型为主，服务质量、水平与社会养老多方需求差距大，仍不能满足社会发展的要求。当前我国无论是养老服务还是养老产品，都远不能满足老年人的需要，社会养老服务期待多元化的模式出现。

1.1 社会应对人口老龄化的战略

1.1.1 健康老龄化

1946年世界卫生组织提出关于健康的经典定义，即“健康是身体、心理和社会功能的完美状态”，并于1990年提出实现“健康老龄化”的目标以应对全球老龄化日益严重的问题。健康老龄化是指老年人躯体、心理、智力、社会经济等方面在进入老年期时仍能保持良好的功能状态，健康老龄化重在老年人心理健康。该观点的主旨是在人口老龄化社会中，绝大多数老年人如果

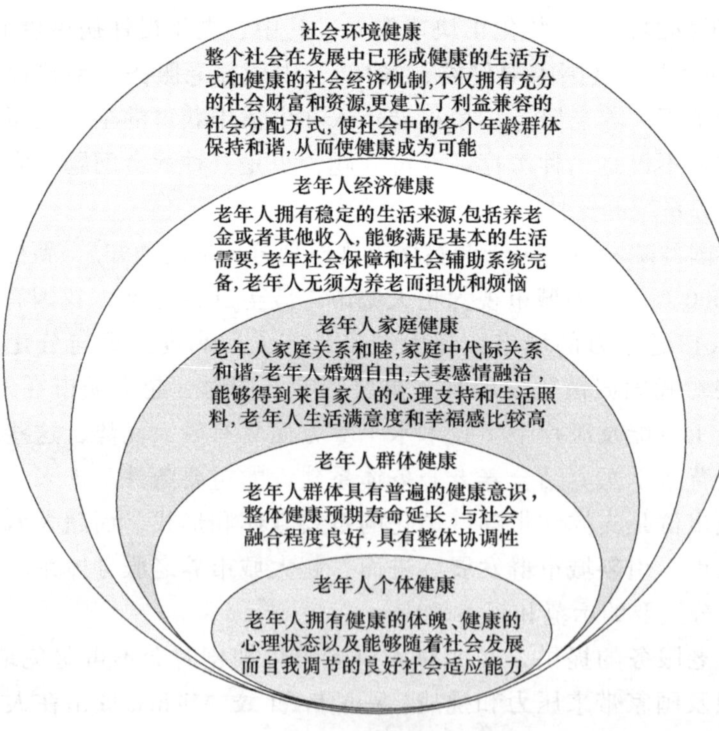

图1-1　健康老龄化的内涵

处于生理、心理及社会适应的健康状态，那社会发展就不受人口过度老龄化的影响。健康的目的是使大部分老年人在养老过程中仍能保持身心健康和生活自理能力，不仅要关注老年人寿命的长度，更要注重提高老年人的生活品质，不仅要关注老年人个体健康，还要关注老年人群体及与之相关的人文环境健康。换句话说，健康包括老年人个体健康、老年人群体健康、老年人家庭健康、老年人经济健康、社会环境健康五个层次，这五个层次围绕老年人个体健康呈现出逐渐向外扩展的层级关系，如图1-1所示。

1.1.2 积极老龄化

1999年世界卫生组织提出了“积极老龄化”的口号，其革命性观点在于：它要求社会以积极的心态看待老龄化，不是将人口老龄化视作一个难题，强调老龄人口要积极参与社会活动，要努力创造条件让老年人回归社会，使其由社会负担转变为社会发展动力。积极老龄化是在健康老龄化的基础上，要求社会全民，特别是养老主体老年人自身，为了提高老年生活质量，以积极的态度应对人口老龄化，积极参与社会文化、经济、政治生活等各项活动，发挥老年人的经验、智慧与技能，继续为社会做出贡献，使社会保持活力。这不仅是对老年人的尊重，更是社会发展的内在需要。

2002年联合国第二届世界老龄大会提出“积极老龄化”应对21世纪人口老龄化的政策框架，《马德里政治宣言》强调各国在应对老龄问题时应优先考虑健康、参与、保障等三方面。健康是实现积极老龄化的基础；参与是实现积极老龄化的前提条件，老年人只有融入社会才能发挥价值；保障是实现积极老龄化的根本保证。老年人的潜力是未来发展的强大基础，强调以独立、参与、照顾、自我充实和尊严为原则，强调老年人的经验、资源和技能是一个成熟、充分融合及富有人性社会发展的宝贵资产。

影响积极老龄化成功实现的决定性因素包括：个人因素（心理因素和遗传背景）、行为因素（自我保健、健康生活方式）、物质环境相关因素（安全、良好的环境）、社会环境相关因素（平等、和平、学习机会和社会支持）、经济因素（收入、工作和社会保护）、涉及卫生和社会服务体系因素（医疗服务、促进健康和预防疾病、精神卫生服务、照料和社区服务）。

积极老龄化的宗旨与西方老年学理论之一的活动理论观点在很大程度上是一致的。活动理论主张老年人经常活动是保持自尊、获得心理满足和健康长寿的基础和关键。调查表明，高龄老人经常参加健身活动、家务劳动，其自理能力受损比例往往较低。健身活动、家务劳动有利于老年人身心健康及自理能力的保持。笔者曾对来自全国不同地域的多位老人进行深度访谈，在问及如何养老时，90%的老人回答在身体状况、自理能力较好的情况下愿意自己养自己，不愿给子女增加负担或去养老院。我国现有的养老模式，无论是机构养老、社区养老还是居家养老都没有体现和强调老年人自助自理的理念。

1.1.3 成功老龄化

成功老龄化通常指外在因素抵消内在老龄化的进程，使老年人各方面功能只有很少下降或没有下降。公元前44年，在Cicero撰写的关于良好老化本质的文章中最早出现成功老龄化（Successful Aging，SA）的概念，现代概念可追溯到20世纪50年代。期间，成功老龄化的定义超过100多种，是众多学科关注研究的焦点。Havighurst（1961）从健康学、社会学角度提出了成功老龄理论，并从“长寿”和“生活满意”两方面对成功老龄化进行了定义。Palmore（1979）将成功老龄化定义为寿命在75岁以上，并且能保持良好的健康和幸福感。Berkman（1993）等提出应从躯体活动能力和认知功能两方面规定成功老龄。Schulz & Heckhausen（1996）用发展理论—生命周期模式，通过检测相关适应选择和失败代偿功能判断成功老龄者。Vaillant（2001）等提出SA的定义来自六个大型研究，包含三方面内容，即积极参与生活、高水平躯体功能和认知功能、发生疾病和疾病相关残疾的概率低。同时将老龄化人群分为三类：病态老龄（impaired aging）、常态老龄（usual aging）和SA，认为常态老龄化具有可塑性特征，通过一系列保健措施，相当一些老人可能转为SA。Crowther（2002）等加上“积极的精神状态”一条，对成功老龄化的定义进行了补充。

SA这一概念虽然已被广泛应用于老年学领域，但至今仍未有统一标准。Bowling & Dieppe（2005）对过去几十年相关研究进行总结，归纳了三种成功老龄化定义：一是，生理医学方法，如身体健康、生活自理能力较好、心理功能损伤少、没有老年性疾病、行为认知功能较好等。二是，心理社会方法，强调生活满意度、个人成长、社会参与及社会功能等心理资源。生活满意度包括个人对过去和现有生活的期望、满意程度及实现目标的差距等；社会参与包括互惠性的社会参与、与他人的积极互动、社会整合等；心理资源则包括积极的自我效能、自我价值观和控制感等。三是，一种主观评定，与前面两种客观测量指标的方式不同，这是一种老年人自己认定什么是成功老龄化及自己是否成功老龄的主观方式，包括诸如功能和资源、身体和社会健康、有成就感、生活满意度、有生产性和价值、财务安全甚至有幽默感等。

Depp & Jest（2009）对成功老龄化定义的量化，与Bowling & Dieppe的结果相似，区分出10类成功老龄化的定义，其中前四类分别是生理功能（26%）、认知功能（13%）、生活满意度和主观幸福感（9%）以及参与社会、生产性活动（8%）。综观众多研究学者的研究结果发现，早期研究人员对成功老龄化更多关注的是老年人生理、功能和经济因素，后来逐渐转为心态和社会因素。

在成功老龄化的理论和模型中，最为经典、最具影响的两个模型分别是1987年Rowe & Kahn提出的SA模型和1990年德国心理学家Paul.Baltes & Margret.Balte提出的选择补偿最优化元模型SOC（Selection Optimization with Compensation）模型。

（1）SA模型

近30年来，成功老龄化研究学者们（Rowe & Kahn，1987；Baltes & Baltes，1990；Berkman et al.，1993）开始关注正常老龄群体中的异质群体，并把正常老龄群体区分成一般（usual）和成功（successful）子群体。

1987年和1997年Rowe & Kahn对之前成功老龄化理论的缺点进行了概括，认为：①用研究者倾向的方式定义成功老龄显得狭隘，它不是一个关于人类发展的整合模式；②忽略了老龄化过程中的积极因素，仅仅将成功看成是没有失败，且忽视了老年人继续发展和获得的可能。Rowe & Kahn认为正常老化的特征和进程是可以改善的，研究重视老龄群体中的异质群体，特别是实现成功老龄的子群体，才能给成功老龄化带来更多建设性的意见和建议。据此，Rowe & Kahn将老龄人群划分为三类人群，即损伤（impaired）人群、一般（normal aging）人群和成功（sueeessful aging）人群，并提出了成功老龄化模型。他们认为人的老化过程随着年龄增长，受到外在非基因因素和内在基因因素的影响，外在非基因因素对老龄化的影响逐渐增强，内在基因因素等对老龄化的影响逐渐减弱。外在因素对老年期是否会面临功能损伤、丧失和疾病的风险有重要影响，而内在因素本身并不能决定老年期是否会面临风险。因此Rowe & Kahn于1987年提出了包括三个成分相互作用的成功老龄化（SA）模型，如图1-2所示。这三个成分分别是维持高水平身体和认知功能，继续积极参与活动，避免疾病、功能丧失和风险因素。三者相互联系、彼此影响，即良好的身体及认知功能提供了积极参与生活的可能性，积极参加各种活动能持续保持身体和认知功能的良好状态，进而避免疾病和功能丧失。成功老龄化就是在这三个成分上都表现出最优化。

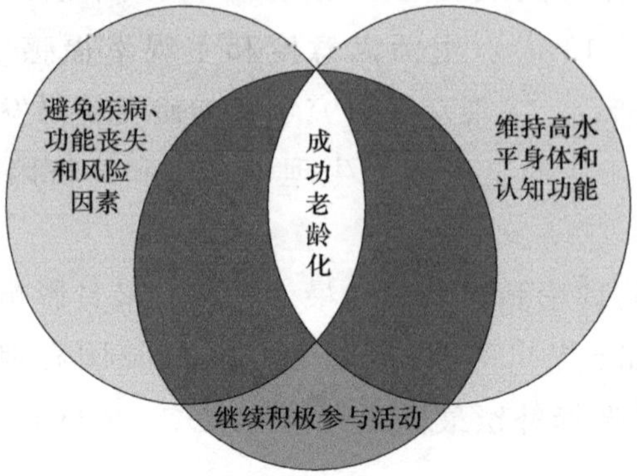

图1-2　成功老龄化（SA）模型

Rowe ＆ Kahn的SA模型得到了很多研究结果的支持。如1984年Schaie、1986年Willis ＆ Schaie所领导的西雅图纵向研究结果支持Rowe ＆ Kahn成功老龄化理论中的外在非基因因素对老龄化的重要影响作用，精确描述了成人认知能力发展变化与年龄的相关性，个体健康状况、活动参与、生活环境及人格特点等变量与认知能力发展之间有密切关系。另外，Rowe领导的研究项目MSAS，对70~79岁的老年人进行了包括身体、认知、生产性活动、自我效能、社交网络和社会支持、生活满意度、控制感和幸福感等在内的多项指标研究，他们从4030个社区中选取1192名老年人组成高功能状态组（成功老龄组），同时选取组成年龄和性别匹配的中功能组和低功能组，依据六项身体及认知能力标准进行研究对比，发现高功能状态组在生理指标、认知指标和心理社会指标上都高于另外两组，证实了成功老龄化人群的存在。

（2）SOC模型

成功老龄化的另一经典模型是Baltes于1990年提出的选择补偿最优化SOC元模型（Baltes ＆ Baltes，1990；Baltes ＆ Baltes，1993；M.Baltes ＆ Carstensen，2008）。SOC模型描述了个体在资源配置中寻找得与失之间的动态平衡，认为个体虽然会在其衰老过程中经历各种资源的丧失（如疾病），但同时也会遇到各种机遇（如学习、教育）。一方面，老年人生理、心理及社会领域中的损失在增加的同时，其储备资源在减少；另一方面，晚年也具有潜在的可塑性。该模型强调老年人如何在面对损失时实现个人目标，即成功老龄化，且它可应用到更大范围内。在SOC框架下，成功老龄化就是通过有效管理资源，避免消极不期望结果并使之最小化，获得积极期望结果并使之最大化。这种介于丧失和获得之间的动态平衡可以通过选择、最优化和补偿三种相互作用的管理策略来实现，如表1-1所示。

表1-1 行为——理论框架中的选择、优化和补偿❶

选择(目标)(selection)	优化(与目标相关的手段)(optimization)	补偿(用来抵消丧失或减少与目标相关的手段和资源)(compensation)
选择性选择(elective selection) 目标具体化 目标系统化(层级) 目标情景化 目标承诺	选择性注意 抓住最恰当的时候 坚持 获得新技能和资源 技能训练	手段的替代 利用他人和外部的帮助 利用治疗性的干预 获得资源和新技能 激活未使用的资源和技能
缘于丧失的选择(loss-based selection) 关注最重要的目标 重建目标层级 改写标准 寻找新目标	努力和能量 时间分配 以其他成功者为榜样	增加努力和能量 增加时间分配 以其他获得成功补偿的人为榜样 疏忽优化其他手段

SOC元理论模型代表了一种连续适应过程，提供了不同的成功准则，成功适应或者最优化是选择、最优化及补偿三个过程相互作用的结果。成功老龄化即老龄阶段个体在与环境互动过程中能持续达到最小化丧失和最大化获得，保持成功发展。

SOC模型和SA模型相比，着重阐释了老年个体在和环境互动中的成功发展过程。Baltes & Carstensen（2008）认为，成功发展需要研究人们如何设定和达到期望状态的方法、策略及其如何随环境变化的动态过程，成功发展不是终点或终极状态。SOC模型作为生活管理策略对老龄化满意度有积极正面的影响，通过选择、优化和补偿策略对老年人的资源限制起到缓冲作用，它们的保护性作用抵消了低资源对老龄化满意度的负面影响，提供了老龄化的

❶ Alexandra M. Freund，Paul B. Baltes.Selection，Optimization，and Compensation as Strategies of Life Management：Correlations With Subjective Indicators of Successful Aging. Psychology and Aging，1998，13（4）：531-543.

满意度。

1.1.4 超大城市养老战略

每个城市都有发展规划，在发展目标中均会提出应对老龄化的战略理念（表1-2），且规划重点关注养老服务模式的转变。这些养老战略根据不同的老年人群养老需求分级、分类提供人性化、个性化的养老服务，从养老政策、养老行业、养老产业等不同领域、不同层面，对未来城市的养老理念、养老规划、养老谋划做好顶层设计。时代在变，应对人口老龄化的战略也要变，在信息化时代，人工智能的飞速发展，特别是在大数据智能运用方面，其作为技术治理手段将助力养老服务业的发展，包括养老服务模式的创新、养老服务系统的设计、养老服务标准体系的重新制定等。

表1-2 国际、国内部分超大城市养老战略理念

名称	城市发展养老战略理念	来源
纽约	①进行老龄化革命；②建立老年人友好城市	A Greener, Greater New York-PlaNYC2011
东京	①向世界展示适应老龄化社会的新型城市模型；②提供丰富老年人生活的社会环境；③创造每个人都能够安心生活的城市环境	东京2020规划，2016.
伦敦	建立老年化友好的“一生的家”建房标准	The London Plan: Spatial development strategy for great London, 2011.
西安	打造一批基础设施完善、公共服务优质、文化包容多元的国际社区	大西安2050空间发展战略规划，2018.
杭州	①“优化结构、破解难题”；②实现“品质养老”	杭州养老服务“十三五”规划，2016.
武汉	①推广形式多样的互助养老模式；②建立立体式、多层次的养老服务网络	武汉养老事业发展“十三五”规划，2016.
香港	老有所养、老有所属、老有所为	香港2030：规划远景与策略，2000.

资料来源：作者分析。

1.2 传统养老模式变迁

1.2.1 家庭养老

《礼记》中提出的“老有所终”的儒家养老思想奠定了中国农业社会长期

的基本养老模式：家庭养老。父母与子女在面对养育和赡养两者关系时，与西方甲代抚育乙代、乙代抚育丙代的“接力模式”不同，中国是甲代抚育乙代、乙代赡养甲代的“反馈模式”。在传统社会，家庭是养老资源供体，也是养老实施主体。新中国成立后，我国开始步入工业化社会，社会分工精细、城镇化进程加速、大量人口流向城市导致家庭结构及功能发生改变，开始出现城市养老问题。对此，政府逐步推出“养老救助+养老保险+养老服务”等政策，并建立以“家”为载体将老年人和服务资源集中的居家养老模式。

1.2.2 居家养老

国外将“居家养老”称为“老年社区照顾”，它建立在国家倡导“在合适环境中养老”的基础上。这种模式以社区为载体，老年人居住在自己家中，通过竞争手段将第三方服务商引入社区，为老年人提供日常生活照料等服务。居家养老服务是世界上绝大多数家庭的需求，其中东方家庭需求度更高，有广义和狭义之分。广义居家养老服务包括入户服务和户外服务，狭义居家养老服务仅指入户服务。服务形式主要也有两种：一是专业服务人员上门开展照料服务；二是在社区建立老年人日间照料中心，为他们提供日托服务。

1.2.3 社会养老

养老最核心的两个问题是：谁出钱、谁出力。在传统社会这两者是合一的，而随着社会的发展，家庭结构的解体导致社会结构发生变化，特别是当代中国城乡家庭在核心化、小型化基础上，因家庭成员外出上学、谋生增多，不完整家庭形态明显上升。社会结构的变化影响了“谁出钱、谁出力”的结构，养老不仅是钱的问题，还有谁来提供养老服务的问题，养老保险解决了养老的“钱”的问题，养老服务则要解决养老过程中“人”和“资源”的问题。自1977年国家出台养老保险制度至今，我国基本实现了养老保险的全覆盖。而随着经济快速发展、城镇化进程加速，大量农村人口集聚城市群，导致城市养老服务需求激增，同时在人口老龄化、高龄化、养老服务资源紧缺、供需信息不对称等多重因素叠加下，城市养老服务问题日益突出，促使其由政府主导向市场、社会化服务转型，利用人工智能、大数据等技术调配养老服务资源，实现精准养老。由此，传统粗放型养老方式亟待升级转向精准养老服务供给。

1.2.4 新兴养老模式

当前我国老年人群正处在一个精神面貌与价值观念快速重构的转折阶段，他们的生活观念每年都在发生巨大变化。老年群体两极分化非常明显：一部分传统老年人仍把照顾下一辈当作重心，生活极为单调保守，这部分群体正在逐渐减少；另一部分新老年人群正在迅速增加，他们具有高度参与精神，积极学习新事物，追求快乐、梦想及自我实现的新价值观正逐渐形成。这表明我国养老需求的多元化不仅体现在量的激增上，同时也体现在质的改变上。

马斯洛需求层次理论表明，人们要在基本生存需求、安全需求得到保障的情况下，才会考虑提升自己的晚年生活品质。当人们的基本生活有保障，随着生活水平的提高，人们自主选择养老方式、个性化养老需求被提上日程，当在某一老年群体中出现品德高尚、有奉献精神、有影响号召力的精英老年人出现时，他们甚至可以自己创造一种全新的养老模式来满足他们的养老需求，如抱团养老、共享养老等更多新兴的养老模式涌现，养老类型随着养老服务需求从基本养老、品质养老到个性化养老、创造性养老转变，养老模式的多样性与马斯洛需求理论正金字塔形相反，呈倒金字塔形，如图1-3所示。这一现象非常有趣，它传递出很多信息，值得我们深思。

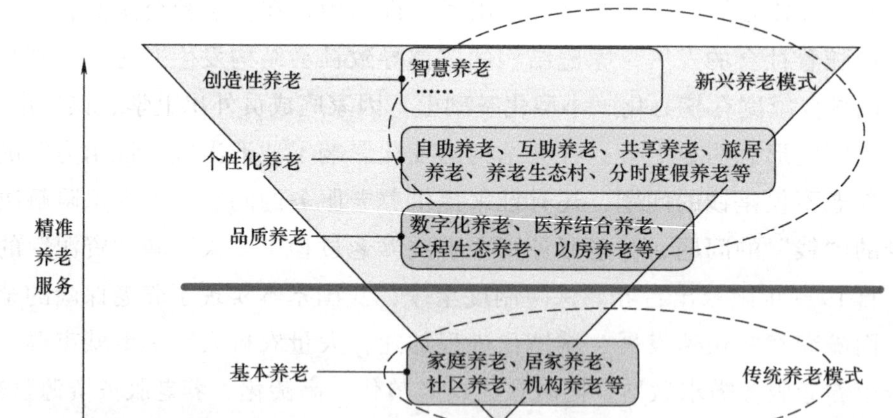

图1-3　养老需求与养老模式的关系

1.3 国内外“自助”“互助”养老现状分析

近年来，“自助”“互助”养老模式在国内外悄然兴起。作为一种新型的养老模式，它融合了现有传统养老模式的优点，同时尝试提供一种更开放、灵活、能满足多样养老服务需求的养老模式。在当前我国“未富先老”的社会背景下，互助养老有很大的发展空间。

1.3.1 “自助”“互助”养老的内涵与特征

互助养老是一种社会参与式养老，其理念是通过服务互助模式增进养老照顾服务供给，解决养老服务与需求供给短缺问题。互助养老模式既可应用于社区居家养老，也可应用于机构养老，既能解决养老照顾服务与护理员短缺等问题，同时也能给老年人提供多层次的社会参与活动机会。通过互助养老，老年人在互助过程中得到了日常生活照料及情感需求的满足，它是协助老年人从家庭走向扩展家庭、融入社区和陌生老年群体的有益尝试，老年人在相互交流中更容易寻找到适合自身情况特点的养老需求和养老方式，促进老年人积极参与社会活动，在互助中逐渐培养增强自助意识。互助的最终目的是自助。互助养老可以通过时间、技能、奉献和尊重等交换形式展开，这种交换实际上也是一种鼓励老年人相互帮助的激励形式，在养老需求日益多元多样、养老资源有限的情况下，老年人作为经济、服务、精神等养老资源的重要供体，借助自助、互助养老，是使有限养老资源、养老成本达到养老效用（生活品质）最优化的有效途径。

1.3.2 国外“自助”“互助”养老现状

20世纪以后，欧美一些发达国家相继步入人口老龄化社会。由于有经济支撑，这些国家都是依赖社会养老功能，在社会保障体制中，老年人被赋予了独立生活的经济能力，社会养老模式以社区养老和家庭养老为主。虽然这些发达国家养老社区福利设施、服务体系完善，但它们更多的还是政府行为，很少有体现老人自助自理、集体养老的模式，但也有少数国家开始尝试自助养老模式。

(1) 西欧：“时间银行”互助养老

“时间银行”这一概念于20世纪80年代由美国人埃德加·卡恩提出，它指人们将公益服务的时间存进时间银行，当自己需要服务时可从中支取“被服务时间”，其实质是通过时间银行中介用时间量化服务，实现劳动成果的延期支付，达到社区互助共济目的。卡恩希望这种模式能为社会变革带来一些经济和精神效益，他认为所有的互助活动都是出于爱心责任、基于个人能力的奉献，不存在价值的差异，只有时长的区别。时间银行的核心理念包括以下四项：第一，每个人都有价值：无论他提供的是时间、经验、技能还是知识，都是为社区做贡献，其个体价值需要得到他人的尊重；第二，重新定义工作：保持邻里联系、照顾孤老弱势群体等活动价值无法用金钱来衡量，这些有助于增强社区凝聚力的工作都被视为有意义的工作；第三，互惠互助：人与人之间付出与给予是构筑社会积极关系与健康社区环境的基石；第四，增加社会资本：集体力量大于个体力量，人们通过互助增进信任、增强沟通及对社区的归属感，为社会网络发展提供源源不断的社会资本。

时间银行主要依托社区建立，从1990年在美国成立第一家时间银行，至今遍布世界六大洲26个国家的时间银行已超过1000家。时间银行根据建立初衷，有针对性地为不同群体类型提供互助平台，互助类型丰富多样，主要是个人对个人、个人对机构两种模式，互助内容包括清洗、做饭、看护、家务、聊天等日常护理服务及医疗、交通、文化教育、法律等专业服务。

时间银行模式在欧美等发达国家和地区发展较成熟，从事助老服务的“时间银行”只是其中之一，在英国、德国、美国等国家都有通过时间银行的形式互助养老，有些规模很大，有全国性的“总行”和专职人员，且有稳定的资金来源（个人、企业、基金会、政府机构等捐款）和完善的制度，如英国以提供医疗互助为主的 RGTB（Rushey Green Time Bank）及美国以提供安老互助为主的 PIC（Partners In Care），它们不仅采用先进的计算机技术对服务过程进行系统管理，而且政府还立法保障该模式的发展，严格要求时间银行的经费来源、互助双方的权利义务关系等。

时间银行引入社区居家互助养老有明显的优势，如引入有偿激励机制保障互助养老的可持续性，通过良性互动提升老人社区认同感与归属感，发挥老年群体价值，构建社会资本。但时间银行也存在争议，如其服务行为只与时间挂钩，与劳动强度无关，这种计量显得不太公平。总之，当前对时间银行模式下的居家养老研究主要集中在以下领域：第一，时间银行模式下居家互助养老的运行方式；第二，时间银行信息系统的运行；第三，时间银行对居家养老的影响。而从社区居民参与的角度研究时间银行模式下居家互助养老的实践途径仍然较少，特别是让居民主动积极参与互助养老的方式、途径更为缺乏，这从另一方面证明当前自助集体养老研究十分迫切。

（2）美国：社区自治模式

美国在社区养老服务方面积累了较多有益经验。美国文化强调自立、自强，政府倡导自助养老，提供多种项目帮助老人做力所能及的工作，发挥自身价值。所以美国社区养老采取典型的社区自治模式，即社区主导、居民主动参与、政府不直接干预、由下而上实施的社区发展模式。

美国社区养老服务自助、互助形式与内容如表1-3所示。

表1-3　美国社区自助、互助养老形式与内容

自助、互助形式	自助、互助内容
祖父母的养育项目	每周低收入的老人为残障儿童工作一段时间获得报酬，包括辅导孩子家庭作业、关注孩子、与孩子建立友谊，并把自己的经历和智慧告诉他们
老人帮助老人的项目	年老的、生病的等各种有需要的老人雇佣低收入的老人，陪伴关心他们，帮助他们解决饮食、账单支付等日常生活中的问题
为高龄老人提供的雇佣项目	为经济困难的55岁及以上的老人提供工作。老人在接受健康检查、在职培训及相关服务后，可在社区内的老人服务中心、学校、医院、日间照顾中心等做兼职，领取一定的薪水
招募老年志愿者项目	红十字会、福利团体及社会服务机构等招募和培训老年志愿者，让他们在社会工作者的指导下提供志愿性服务，如为卧床不起的人购物、接送服务对象、做修理维护工作、让医院中的病人心情愉快等

（3）德国：老人之家、不同辈分群体间“拟家庭式互助”

德国传统的养老方式是养老院养老，但近年来德国养老院也在转型，逐渐兴起居家养老。与其他国家不同的是，德国的居家养老更多的是由老人们自发兴起，自己组建多种自助、互助养老形式，如“邻居互助小组”、老人之家、大学生与老人互助及“拟家庭式互助”等，其互助养老类型及内容如表1-4所示。

德国自助、互助养老类型多种多样，体现了老年人的自发自主行为，同时互助养老并不限于老年群体之间，它还把社会其他群体的需求（如大学生、单亲父母）跟老年群体的养老需求有机地结合起来，在政府的协助下实现社会群体间的互助，满足不同群体间的社会需求，这点非常值得我国自助、互助养老借鉴。

表1-4 德国自助、互助养老类型及内容

邻居互帮互助小组	老人之家	大学生与老人互助	拟家庭式互助
①低龄老人牵头组建邻居互助小组 ②轮流到每家活动 ③由低龄体壮的老人帮高龄老人做较重的体力活（收拾院子、冬天铲雪、开车采购）	①体现互助理念 ②由当地政府和福利机构合资建造，配有公用厨房、大餐厅及专门负责维护管理人员 ③单身老人结伴而居：在一起相互照顾、结伴游玩，既填补了内心的孤独，也节省了生活的费用 ④老少同堂混搭互助：单身老人与单身父亲或母亲组建临时"家庭"，互补互助	①当地民政部门和大学服务中心介绍大学生到孤寡老人家居住，免房租 ②学生承担部分照顾老人的义务	①基于不同人群的生活需求，在固定生活场所内构建"家庭"的结构和氛围 ②老人体验到被子女关注和照料的幸福感

（4）日本：居民互助型非营利组织

日本非营利组织包括政府助手型、社会福利协会、社团组织经营型及居民互助型四种类型，它承担着日本80%以上的社会养老服务，是其养老服务的主要力量。日本政府源于沿袭国家福利模式，对非营利组织的支持和发展缺乏政策及法律的援助，所以大规模、资金雄厚的福利非营利组织体系相对薄弱，而小规模、自发形成的活跃在社区层面的自然组织比较发达。其中居民互助型就是一种贴近居民生活的小规模福利非营利自然组织，为居民生活提供不可或缺的福利服务。其互助理念是：同一社区的居民本着邻里互助精神自发成立一种福利服务供给体，目的在于通过互帮互助营造一种宽松、民主管理的社区生存环境，而非营利目的。居民互助的经济及劳动力来源主要依靠社会捐助、经营收入、政府资助及志愿者提供的无偿劳动，由于它具有成本低、亲情浓以及能满足居家老人养老需求等优势，近年来在日本发展速度非常快，同时这种低成本、重亲情的互助养老组织形式也非常贴合我国更多普通百姓居家自助、互助养老服务需求，因此对我国有借鉴意义。

1.3.3 国内"自助""互助"养老现状

互助养老作为一种互助共济的养老思想和实践在我国有着悠久的历史渊源。"老吾老以及人之老""人不独亲其亲，使老有所养，鳏寡孤独废疾者皆有所养"在儒家大同思想中便有所提及。古代互助养老实践主要是以血缘为纽带的家族亲友互助，通过族田义庄达到祭祖赡族的经济功能和社会功能。我国现有传统的家庭养老观念和模式深受古代互助共济养老思想的影响，基于血缘、地缘、情感形成的邻里熟人网，仍对现今社会养老起着重要支撑作用。

随着中国进入老龄化社会，20世纪90年代初天津、杭州等城市出现自发、自治的老年互助组合养老现象。随后出现了邻里互助、亲友互助、社区志愿互助等互助养老形式，互助内容包括低龄助高龄、以劳换劳、聘请方式、无偿照顾等。

（1）基于地缘和血缘的“亲友邻里互助”

“亲友邻里互助”以亲情、友情及信任关系为纽带，在亲缘、地缘的联系下，亲友和邻里之间缔结互助养老关系，满足老人日常生活、人际交往及精神慰藉等养老需求，同时以较安全可靠的形式减轻子女养老负担。基于地缘和血缘的“亲友邻里互助”养老就是一种结伴集体养老，这种养老形式大多是老人的自发行为，它能促进老人（特别是空巢家庭老人）的自助、互助养老积极性，逐渐受到老人及其子女们的广泛欢迎。

（2）以社会团体组织为依托的“精英老年人”与“大众老年人”间互助

陈静和江海霞（2013）提出：精英老年人主要是指身体健康状况良好、文化程度和政治觉悟较高、集体意识和爱国主义精神较强，具有较稳定的经济收入、较广泛的人际资源网络，积极参与社会经济、政治、文化活动，具有较强社会奉献精神和较大社会影响力的老年人。陈静和江海霞还根据老年人的文化程度、人际资源等5项指标，将老年人群体区分为精英老年人群体和大众老年人群体，如表1-5所示。

表1-5　精英老年人群体与大众老年人群体的区别

	文化程度	参与的主要内容	人际资源	社会影响力	参与社会活动
精英老年人群体	较高	政治、经济、文化等多个领域的活动	较丰富	较大	积极参与社会活动，兼顾家庭生活
大众老年人群体	较低	体育健身、娱乐休闲活动	较贫乏	较小	以家庭生活为中心，较少参与社会活动

精英老年人作为老年群体中的魅力型权威，其社会参与对于改变我国传统居家养老模式中老年人的养老观念和行为有积极的作用。他们通过地方老年协会等行业性社团组织、社会公益组织或民间社团，为遭遇特殊困难的老年人提供法律援助，组织老年人参与社会文化娱乐活动，丰富老年人业余生活，实现“精英老年人”与“大众老年人”之间的互动与互助。

(3)“搭伴养老”

“搭伴养老”是指男女老人不进行结婚登记而生活在一起，主要以养老和相互照顾为目的而共同生活。它既是一种养老模式，也是一种准婚姻模式。搭伴养老的主体是60周岁以上无配偶的老年男女，因种种原因选择“搭伴养老”，可以有效地解决老人居家的晚年生活问题。它的优势是老人彼此之间可以相互照顾，得到情感慰藉，消除、减少孤寂感。这种现象近年来在我国众多地方不断出现，其根源是老人对现实生活的需求、妥协，社会政策、经济、亲子关系的考虑，以及老人对再次择偶的心理和价值取向上的选择等。搭伴养老作为一种互助养老的方式，开始得到越来越多老年人的认可，但也引来很多争议，它在给养老生活带来快乐和帮助的同时，因婚姻关系不受法律保护，搭伴生活一旦出现问题，弱者的生存权益（特别是女性老人）难以得到保障，不利于老年生活的稳定性。

(4)“亲和源”模式

上海“亲和源”养老模式就是一种颠覆传统的全新养老模式，它在弘扬传统孝道的基础上，根据社会现状与时代特点，将“机构养老”与“居家养老”完美结合。这种模式意在满足老人的尊严、自由度和支配欲，从而实现养生、养心、健康与快乐。该模式的优点在于：第一，把人员集中起来，把护理资源也集中起来，这样配置效率会比较高；第二，在“亲和源”的老人接受服务的要求集中度会提高，需求的集中度也会提高，这样便于提供服务，更好满足老人的需求，其中的一个关键词就是“集中”。“亲”体现了亲和源养老的基本模式与理念，传递出集中、尊重和家的概念；“和”体现了亲和源的基本建设及服务；“源”体现了养老模式的观念更新，把养老当作一种产业、一种新的消费模式。“亲和源”虽然给社会养老注入一种新的养老理念、运营理念，但同样也存在一些问题，如老少同堂的问题、同龄相处的问题及缺乏多样性和差异化需求的问题等。

1.4 我国城市养老服务体系存在的问题

1.4.1 养老服务研究现状

随着人口老龄化、高龄化问题日益突出，国内越来越多的学者对社会养老服务问题展开了研究，研究主要体现在养老保障体系、养老模式及养老服务体系运行机制等三方面。何文炯（2009）、席恒和瞿邵果（2014）针对我国现行社会养老保障体系存在的缺陷及原因，提出构建更加公平、可持续的社会养老保障体系；藤田桂子（2000）从养老保险制度、医疗保险制度比较研究中日老年社会保障问题；丁少群、王信（2012）对农村可持续养老保障制度改革进行研究，认为加强城乡社会养老保险制度一体化能提升国家应对农村老龄问题的行政能力；沈洁（2003）从公助、互助、自助养老体系构建的角度，在宏观层面对养老保障机制进行了研究。曹煜玲（2011）从对中国养老服务模式演变进行系统分析，提出构建“适度普惠型”的城市养老服务体系理念，该体系能保证老年人享受服务的普遍性、自立性、权利性、公平性及选择性；刘金华（2006）从老年生活质量角度对中国养老模式选择进行了研究；田逸娇（2013）从英、美、日等欧美发达国家的养老实践模式，对社区养老服务进行了研究；张尧、刘娇（2010）从我国家庭人口结构视角提出构建“四二一”家庭结构的养老育幼模式。赵婷婷（2013）从社会福利角度对我国城镇养老服务机构问题进行了研究；朱玲芳（2007）以社区服务中心为依托，提出“圈层式”民间养老服务机构的组织结构模型。

以上均是从养老保险保障制度、运行机制、养老模式的角度研究养老服务问题，其研究领域多为人口学、社会保障、产业经济学等领域，从设计学领域系统地考虑养老服务设计的可持续性、养老主体的主动参与性、满足养老需求的多样性等还很缺乏，已有的养老服务系统设计主要是单一对医疗、健康护理或某一居家养老服务信息的系统设计，从养老服务系统整体的角度进行设计研究，相较于当前我国养老服务现状及养老需求显得尤为重要。

1.4.2 养老服务设计

服务设计是从客户某一需求出发，借助客户参与、以人为本、创造性的方法，确定提供服务的内容与方式的过程。在设计学的发展过程中，服务与设计两个概念相结合是一个较新颖的领域。服务设计是一项系统工程，主要研究将设计学理论、方法系统地运用到服务的定义、规划及创造中。其内容包含四个方面：一是需求挖掘，即明确服务内容；二是用户定义，即明确服务对象；三是流程规划、技术分析，即明确服务流程及实现技术；四是为整个服务系统构建一个实现服务的载体，即服务设计的最终输出形式是多样的，它有别于传统的产品设计，可以是有形的产品，也可以是无形的软件、界面、环境、体验，或两者结合。

20世纪90年代初，关于服务设计的定义、设计原则、设计流程、设计方法与工具的研究逐渐兴起，最初便与工业设计密不可分。1984年Shostack首次提出将有形产品与无形服务相结合的设计理念。2004年欧洲多个高校建立服务设计网络，展开学术研究。2008年芬兰阿尔托大学建立了服务工厂，致力于对服务设计的全过程研究。国际设计研究协会联合会（the International Association of Societies of Design Research，IASDR）对服务设计给出的定义是：服务设计是从客户的角度来设计服务，目的是确保服务界面。

目前国际上与服务相关的研究主要从服务营销、服务管理及服务过程控制等方面进行探讨，其中服务科学、产品服务系统和服务工学三大特色领域备受关注。服务设计是一个系统的解决方案，包括服务模式、产品平台、交互界面、商业模式的一体化设计，它给当今快速发展的服务业带来了巨大影响，同样给我国养老服务行业带来重大冲击。后工业社会是以服务为基础的社会，产品生产经济逐渐转变为服务性经济，研究并完善服务设计理论与方法对我国现代服务业转型，尤其是老龄化社会养老服务行业具有特别重要的现实意义，这正是养老服务设计亟待研究、探讨的关键。

1.4.3 我国城市养老服务体系存在的问题

我国对养老问题的现有研究主要集中在养老保障体系的建设方面，如对养老金制度、养老政策的改革等。随着老年人口数量激增及养老需求发生变化，养老保障制度建设也在由以养老金制度为主向经济保障和服务保障并重的方向发展，在老年人基本生活得到保障的同时，建立健全满足多元化养老需求的养老服务体系，提高老年人生活质量，真正实现老有所养，是解决养老问题的关键。

面对我国日益严峻的老龄化趋势和不断增加的养老服务需求，现有的居家养老、机构养老、社区养老等模式已不能满足社会发展的需求。当前养老需求的快速增长与已有养老服务供给不足之间的紧张关系，在我国普遍存在，一些调查表明：无人照顾成为老年人“最大的困难”。结合我国具体国情，针对我国人口结构发展未来呈现更加老龄化的趋势，在社会养老服务上如何提高老年人的“自养”能力以及与配偶、邻里之间的“互养”能力，怎样以更加合理的方式、方法实现“自养”“互养”，让老年人重新发现自我价值显得尤为重要。

虽然互助养老现象在中国出现得较早，互助形式和内容也日益丰富，但至今仍没有一种较为成熟、完善的自助、互助养老模式可以灵活满足日益多元化、个性化的养老需求。现有的养老模式仍以居家养老、机构养老和社区养老等为主。机构养老和居家养老满足了部分老人养老服务的需求，但都存在着难以克服的难题。当前我国养老服务体系仍存在明显不足，主要体现在以下几方面。

① 不管是机构养老、居家养老，还是社区养老，现有的养老服务体系的管理者、组织者都不是以老年人作为主体，缺少老年人的自我积极主导作用；

② 现有的养老服务体系中老人更多的是处于被照顾状态，未能体现出，如何提高老年人自养以及邻里之间互养的能力；

③ 现有的养老服务体系未能充分发挥网络、信息化社会的优势，信息化社会的到来同样冲击、改变着老年人的生活方式，虽然有些地方开始采用网络等方式解决部分养老问题，但充分、有效地利用高科技、信息化的优势，提供系统化、专业化的养老服务还非常匮乏；

④ 社会养老还没有形成一种新的商业消费模式。

人口老龄化已成为中国社会的常态，我国与西方发达国家不同，是在信息化、网络化的时代背景下进入老龄社会的，这为我国积极应对老龄化提供了空前的契机和资源，而治理老龄社会需要转变思路、创新观念。

当前我国无论是养老服务还是老年产品，都远不能满足养老需求。在我国人口迅速老龄化的形势下，针对我国老龄产品和服务现状，以设计学为思考切入点，通过对当前社会养老模式、养老问题、养老服务需求等的分析，设计出适合我国老年人实际需求的养老产品，建立老年人所需的养老服务系统，提出集体自助养老（Collective Self-help Endowment，CSE）模式，建立集体自助养老服务系统（包括为老年人提供健康、沟通交流、有生活品质的物质、精神等方面的服务设计，还包括由老龄产品、服务机构、网络、服务政策、服务团队、基础设施等建立起来的产品服务系统），对集体自助养老服务的影响因素、类型等进行分析研究，对如何实现集体自助养老服务的系统解决方案设计流程、方法及其评价指标体系、评价过程等展开研究，不仅能为政府面对社会养老服务需求多元化提供一种新的有益思路，同时还能借助信息化社会科技、网络资源优势，为社会养老服务搭建一个可供选择、多元化的自助养老平台，充分发挥老年人自助、自理、自主能力，让老年人在养老中重新发现自我价值，享受身心健康、优质的晚年生活，真正实现“自养”“互养”，这也是本书的价值所在。

1.5 超大城市养老服务趋势

人口迅速增长是超大城市发展面临的首要问题，有关人口老龄化的空间分布研究一直是人口学所关注的热点，Hilnter & Smith（1974）、Flynn（1980）、Golant（1984）、张善余和高向东（2002）、张纯和曹广忠（2007）、刘娜（2012）等从不同角度提出老年人口明显集中于都市区的核心区，中心市区人口老龄化速度、密度大大超过郊区，这加重了城市养老负担。相较于农村养老，未来超大城市养老还将呈现出许多新特点，并面临越来越严峻的挑战。具体表现在以下几方面。

1.5.1 超大城市养老模式随城市化S曲线由形式单一走向丰富

城市化发展S曲线理论于1979年由美国地理学家诺瑟姆提出。该理论根据数学模型推导，依据城市化水平Y（Y由城市人口U占国家或某一地区的总人口P比重得出，$Y=U/P$），提出城市化过程分初期、中期、后期三个阶段。当Y达到30%~70%时，城市发展处于中期阶段，达到70%以上进入后期阶段。城市化水平越高，城市人口越密集，城市居民的多元性、差异性、选择性就越强，城市养老需求也就越多元化、多样化。因而，超大城市养老模式随城市化发展S曲线轨迹由形式单一、选择有限逐渐向形式多样、选择丰富、自助个性需求发展，如图1-4所示。

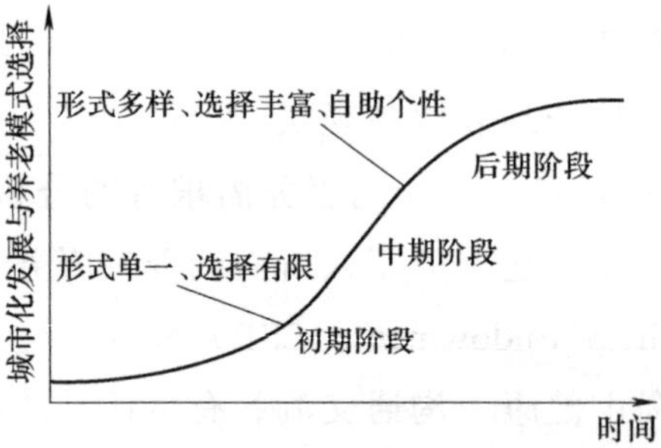

图1-4 城市化发展S曲线与社会养老模式选择

1.5.2 可持续养老将成为超大城市可持续发展的研究焦点

在超大城市化过程中，随着大量农村人口迅速涌向城市，城市出现交通拥堵、环境污染、人口膨胀、资源供给紧张等威胁超大城市可持续发展的问题。这些“城市病”增加大了社会养老压力，导致社会养老问题变得更为严重。现有关于超大城市可持续发展的研究主要集中在城市资源效率分配、城市空间规划、城市交通及人口结构调控等方面，对超大城市养老问题的研究非常有限，现有的研究也主要针对养老保障制度、养老金改革等方面，对超大城市养老模式的改革研究极其匮乏。随着人口老龄化日益严重，可持续的养老模式设计研究将成为超大城市可持续发展的研究焦点。当前城市的养老模式主要为机构养老、居家养老和社区养老，且多以救助和限制型为主，服务质量、水平与社会养老多方需求差距大，在人口结构快速变迁、传统家庭养老功能萎缩等情况下，远不能满足社会日益多元化的养老需求。当超大城市发展趋于成熟稳定后，人口规模得到调控、城乡交接发展有效平衡过渡，社会迫切需要一种更为开放、灵活、满足多种养老服务需求、可持续循环的创新养老模式，以适应未来成熟的超大城市养老。

1.5.3 集体自助、互助养老是未来超大城市养老新方向

自助、互助养老是一种社会参与式养老，其理念是通过服务互助模式增进养老照顾服务供给，解决养老服务与需求供给短缺问题。该模式既能解决养老照顾服务与护理员短缺等问题，同时也能给老年人提供多层次的社会活动参与机会。超大城市人口密集、流动性大，不仅导致城市居民结构多元化，同时也使社区类型变得多样，过去的熟人社区被解构，取而代之的是每家每户闭门难入、邻里关系冷漠疏远的陌生人社区。通过互助养老，可拉近老年人之间的距离，使老年人在互助过程中得到日常生活照料及情感需求的满足，从而排解孤独无助感。它是协助老年人走出家庭、融入社区和陌生老年群体的有益尝试，更有助于其寻找到适合自身情况特点的养老需求和养老方式，促进老年人积极参与社会活动，在互助中逐渐培养增强自助意识。互助的最终目的是自助。在超大城市人口高度密集、养老资源有限的情况下，老年人作为经济、服务、精神等养老资源的重要供体，借助自助、互助养老，是使有限养老资源、养老成本达到养老效用（生活品质）最优化的有效途径。因此，集体自助、互助养老是未来超大城市养老的新方向。

1.6 小结

本章主要讲解了国际应对人口老龄化的战略、我国传统养老模式的变迁，分析了国内外自助、互助养老现状及我国养老服务体系存在的问题，并对超大城市养老服务趋势进行了阐述。

第2章

什么是集体自助养老

2.1 集体自助养老概念

集体自助养老（CSE）是面对未来城市人口老龄加速和重度老龄现象，提出的一种适应城市可持续发展特征的创新养老模式构想，如图2-1所示。该模式有别于传统的居家养老模式，是介于家庭养老与社会养老之间、依托于社区的一种新型的可循环养老模式。它能充分调动老年人的积极因素，体现老年人自助自主、集体互助的养老理念，具有集体养老、能提供多样化和个性

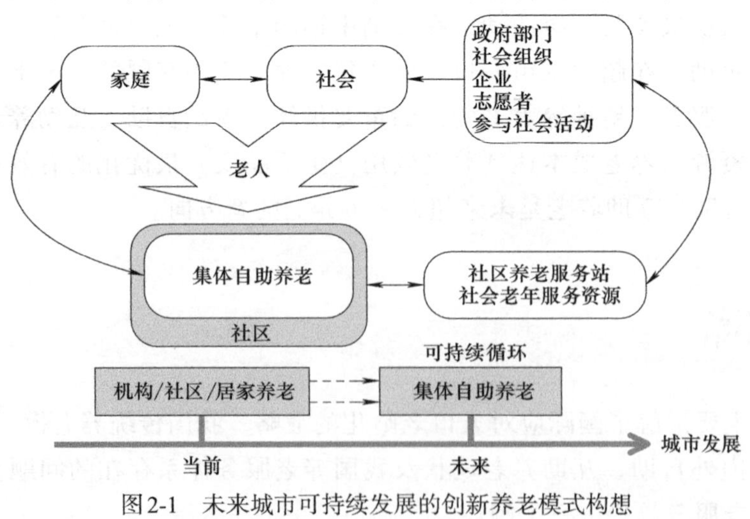

图2-1　未来城市可持续发展的创新养老模式构想

化养老服务需求、老年人充当养老服务需求提供者与被提供者“双重角色”及养老模式的可持续性等特点。

该模式的建立围绕老年人的身心健康、提升老年幸福生活展开，结合不同的养老服务需求构建不同的养老群体，通过多种形式与内容的自助、互助养老，使老年人的自理能力、身心健康能持续保持良好的状态，使城市养老步伐迈向“积极老龄化”。

2.2 集体自助养老的可持续性

CSE模式与传统养老模式相比有明显不同，在老年人对养老服务需求选择、养老服务人员、服务对象及范围、养老服务管理者和组织者、老年人充当的角色、养老目标及养老目的等方面均体现出其可持续性特点，具体如表2-1所示。

表2-1 CSE模式与传统养老模式的分析比较

	传统养老模式	CSE
养老服务需求选择	老年人被动接受机构、社区、政府提供的养老服务	老年人自主选择想要的养老服务
养老服务人员	经过专业培训的服务人员	老年人自己为自己服务
养老服务对象及范围	服务对象、范围非常有限	面向社会普通百姓
养老服务管理者和组织者	政府、机构、社区等工作人员	老年人是主体
老年人充当的角色	①被照顾、被接受服务人群 ②视老人为弱者、帮助对象 ③退出社会活动 ④社会负担、包袱	①双重角色：既是服务者又是被服务者 ②继续参与社会活动，为社会做贡献 ③老年人技能、经验和资源是未来发展强大的人力资源
养老目标	①社会养老机构资源有限 ②政策性和扶持性养老 ③生命养老：寿命的延长	①充分调动老年人的积极因素 ②充分发挥老年人自助、自主、自理能力 ③品质养老：提升晚年生活品质和幸福指数 ④实现积极老龄化
养老目的	①对老年人特别是孤老弱势群体提供政策性和扶持性帮助 ②解决日常生活问题	①降低养老成本、减轻养老负担 ②使老年人身心健康持续保持良好状态 ③提供灵活多样、可持续的养老形式和途径

2.3 集体自助养老类型

在CSE中，养老概念、养老消费理念、养老消费模式发生显著变化，进而导致养老需求发生显著变化。因养老服务受主观与客观、个体与群体、微观与宏观等多层次、多方位因素影响，自助、互助的养老类型也呈现多元化、多样化特点。依据养老需求及自助程度的不同，本书把CSE分成三大类型，即完全自助养老、自助加互助养老、完全互助养老。

2.4 集体自助养老特征

CSE的核心理念是“自助、自主、集体、互助”。“自助”是要充分调动老年人的积极心理，倡导自己养自己。“自主”是老年人能依据自身个体情况、个体意愿，如兴趣爱好、性格特点、职业技能、养老需求等，自主建立和选择相应的养老群体。超大城市未来“集体”养老包括三层含义：一是人类本身属于群居生活，群居与独居相对应，人们能在群居生活中得到安全感，长时间独居容易使人心态扭曲、精神不振、社交能力逐渐失去，老年人最怕孤独，现在社会空巢、独居老年人越来越多，即使是和子女住在一起，子女因社会工作压力大，经常早出晚归，几乎没有时间和老年人交流，集体养老可以调动老年人的积极因素，化解消极因素，使老年人建立良好的心态，达到心理健康；二是健康积极养老，老年人不仅可以在其小范围老年群体当中积极参与集体活动，还可以融入社会大集体，积极参与社会、经济、文化娱乐等活动，达到身体健康；三是集体养老能有效地整合各种社会养老资源。“互助”是在集体养老的基础上，通过同龄互助、低龄助高龄等形式在养老过程中达到助人自助，其内容包括职业技能交换、自理能力好的老年人帮助半失能或失能的老年人、经济基础差的老年人与经济基础好的老年人进行有偿互助等。互助的形式和内容可以更多样化，通过互助活动实现老年人物质、情感需求的满足，并在相互交流中容易找到适合其身心特征的活动内容和方式，在互动中逐渐培养自助意识，提升自助养老能力。

CSE的特征之一是它是个“集体”，“集体”不同于“集中”，“集中”包含更多的被动含义，而“集体”体现的是自主含义，它是指执行有益的社会职能的高度发展的群体，群体成员拥有一定的活动范围，有共同的经济基础、思想基础和社会利益。在未来超大城市集体自助养老模式中，以社区为单位，由不同的居家老人组成一个养老集体，每个养老集体下面可以包含多个养老小群体，如图2-2所示。社区与社区之间不同的养老集体，根据老年人养老需求和意愿，可以跨社区形成一个更大范围的新的养老集体。与此同时，该养老集体主张强调老年人自主自治形成，老年人根据养老服务需求，自主建立多个养老主题群，这个群体是开放的，随时可以增减成员，还可以利用信息化社会优势，开展线下实体群和线上虚拟群相结合的组织活动或交流，社区相关工作人员只需做些协调工作即可。CSE养老模式与国外已有“自助”“互助”养老模式相比，最大的区别是“集体”养老的特征，每个老年人都拥有建群的自主权，建群的分类方式和性质可以多元化、个性化，不局限于具体

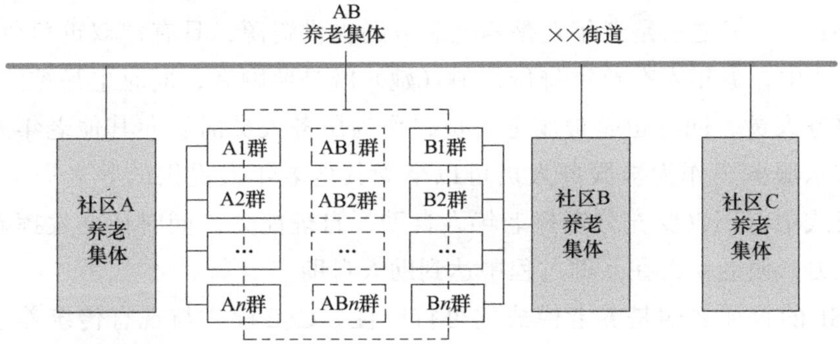

图2-2　养老集体与群体

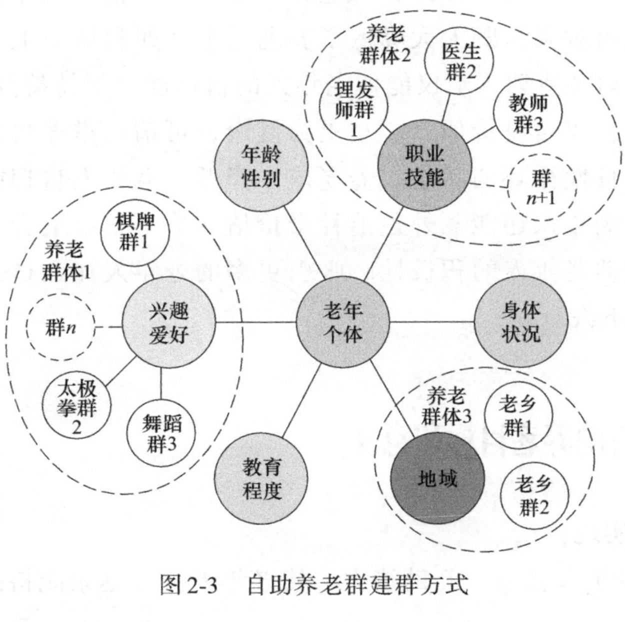

图2-3　自助养老群建群方式

的养老服务需求，如图2-3所示。只要和老年生活相关的主题都可以，如可以按地域划分建立“老乡群”，或者按兴趣爱好划分建立“棋牌群”“老年舞蹈群”，一个老年人可以同时加入多个群体，这样群体和群体之间会有很多交叉性，能给老年人创造更多的活动机会和交流机会。

CSE的特征之二是该模式能充分体现和满足养老服务需求的个性化、多样化特点。每个老年人的兴趣爱好、经济基础、性格特点、教育水平、身体状况、配偶情况、家庭成员、职业、年龄、地域等个体因素的不同，导致养老服务需求的个性化和多样化。CSE模式是一种开放的养老模式，老年人可以自主建立、自愿选择所需、所想的养老群体；同时随着老年人年龄和身体状况的变化，养老服务需求也会发生变化，而CSE模式正好能应对老年人多样、动态变化的养老服务需求。

CSE的特征之三是老年人是养老服务的提供资源，具有“双重角色”。在CSE模式中，老年人有双重身份，他（她）既是照顾者，同时也是被照顾者，既是服务人员，同时也是被服务人员，作为服务人员需要向其他老年人提供养老需求服务，作为被服务人员可以享受其他老年人提供的养老需求服务。在该模式中，不仅要充分发挥老年人自助、自理能力，同时还要发挥老年人互助能力，使老年人在互助过程中达到助人自助。

CSE的特征之四是养老模式的可持续性。CSE模式与现有传统养老模式相比，对养老过程中包括身体健康和心理健康方面的各项养老服务需求，通过老年人自助、互助的形式，做些力所能及的事情，老年人作为养老所需的劳动力支出对象，既大大降低了养老成本（如聘请护工、保洁人员），同时适当的劳动（活动）不仅能使老年人的自理能力保持持续良好的状态，还能使老年人发挥自身价值，心理更为健康，可谓一举多得。这样CSE就可以进入一个良性循环的状态，养老成本降低、老年人自理能力提升、身心健康，同时老年人还能额外创造社会价值。这不仅更适合普通百姓家庭养老，还能调动老年人的积极性，吸引更多的老年人加入CSE模式，使该养老模式持续下去。

2.5 集体自助养老目标和意义

通过CSE实现：

① 挖掘老年人自助、互助能力，使老年人身心健康能持续保持良好的

状态；

② 通过老年人自助、互助的形式，降低养老成本、减轻社会养老负担；

③ 为社会养老提供灵活多样、可持续开放的养老形式和途径。

2.6 小结

本章主要对集体自助养老概念、类型、特征、目标及意义进行了阐述与探讨。

第3章

集体自助养老服务设计理论

集体自助养老服务设计因养老需求丰富多样，需提供若干可行性设计方案，为保证设计方案能满足自助养老需求，且能动态持续设计更多可行的CSE服务系统方案，需建立CSE服务设计理论支撑体系以保证设计的通用性及可行性。CSE是一种可持续养老模式，它是由自助养老产品、自助养老服务、网络、基础设施集成的系统养老解决方案，其最终目标是围绕养老需求，提升养老满意度。因此，CSE服务设计理论体系将从CSE服务设计目标（提升养老满意度）、CSE服务设计目的（实现积极老龄化）及CSE实现基础支撑理论展开构建，CSE服务设计目标将结合六西格玛服务设计、产品服务系统设计、可持续养老理论，围绕CSE养老目标进行研究探讨，如图3-1所示。

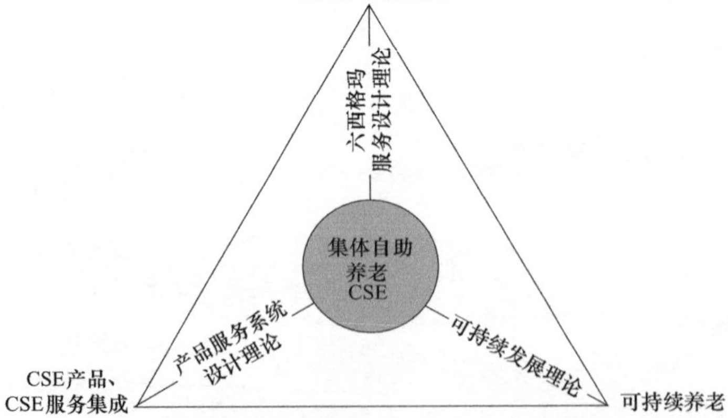

图3-1　集体自助养老服务系统设计理论架构原型

3.1 六西格玛服务设计理论

统计学家用希腊字母σ表示标准偏差，以描述任一过程参数的平均值分布或离散程度。“六西格玛”（简写6σ）本意表示小偏差，延伸含义是“追求完美品质”的动力，它告诉我们产品、服务的努力方向和如何才能达到目的。

六西格玛服务设计（Service Design For Six Sigma，SDFSS）是一种用来设计或重新设计一个产品或服务的有规律的、严格的方法，是一种设计服务功能全方面（如人力资源、信息技术等）结构化、数据化驱动的方法。SDFSS在进行服务开发系统构架时结合设计分析（如要求的级联）与设计综合（如过程工程），重点在关键满意要求（Critical-To-Satisfaction Requirement，CTSs）、辨识、优化和利用传递函数和记分卡工具的验证上。最简单的传递函数是CTSs或级联功能要求（Functional Requirement，FRs）与关键影响因素（*xs*）之间的数学关系，通过应用传递函数［$CTSs=f(x)$］保证客户的期望得到满足。为了达到此目的，六西格玛服务设计将各种设计方法如公理化设计、TRIZ创造性方法和统计技术等应用到全部设计决策层次中，辨识、优化关键设计因素（*xs*），并在终端用户的使用环境中证实全部设计决策。

3.1.1 六西格玛服务设计重要性及其内涵

SDFSS是过程设计的重要方法，需要有关键机制来开发和改进业务效能，并提升客户的满意度和质量，其最终目标是达到设计的绝对卓越。优越的服务设计会提供优越的功能，从而使客户高度满意。SDFSS的最终目的是消除和减少服务概念和服务运作阶段的设计脆弱性，而推出集成的工具、方法。减少运作的脆弱性指调整关键质量、关键成本和改进交付要求（CTSs），概念的脆弱性往往因缺乏一种兼容的、理想的系统化解决方法而被忽视。通过改善运作脆弱性来改进其概念脆弱性的各种纠正行动，其效用是非常有限的，因为通过实践推动设计走向“设计—测试—调整—再测试”的无限循环，这种传统质量管理方法会产生设计的隐蔽成本，这种纠正的代价是高昂的且难以在服务项目的开发过程中实施。因此，在概念阶段实施SDFSS，当系统化的设计方法预先与质量概念和方法集成时，客户的满意度将是一个可以达到的目标。

在SDFSS中，设计的重点从改进服务设计生命周期的后面各阶段转移到前端各阶段，即以预防来代替事后解决问题，这种转移对服务系统的总成本和质量有最大影响。通常认为，80%以上的总成本都被用在概念开发阶段。Yang&EL-Hail提出80%以上的设计质量是在早期各阶段得以保证的，如图3-2所示。

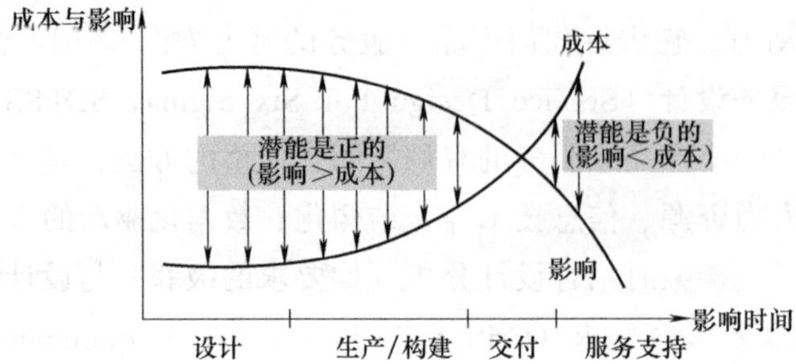

图3-2　设计阶段对生命周期的影响

3.1.2　六西格玛服务设计流程及方法

(1) 服务生命周期

为了提供优质的产品或服务，我们需要一套方法、活动体系保证服务的质量，该体系称为质量运作系统，它包括服务的全部规划和系统化的活动。对于任何产品或服务来说，它的寿命都包括概念、开发、使用和处置等阶段，我们称之为产品或服务的生命周期。图3-3所示是典型的产品/服务生命周期流程，它包含从提出想法到废弃服务的生命周期。

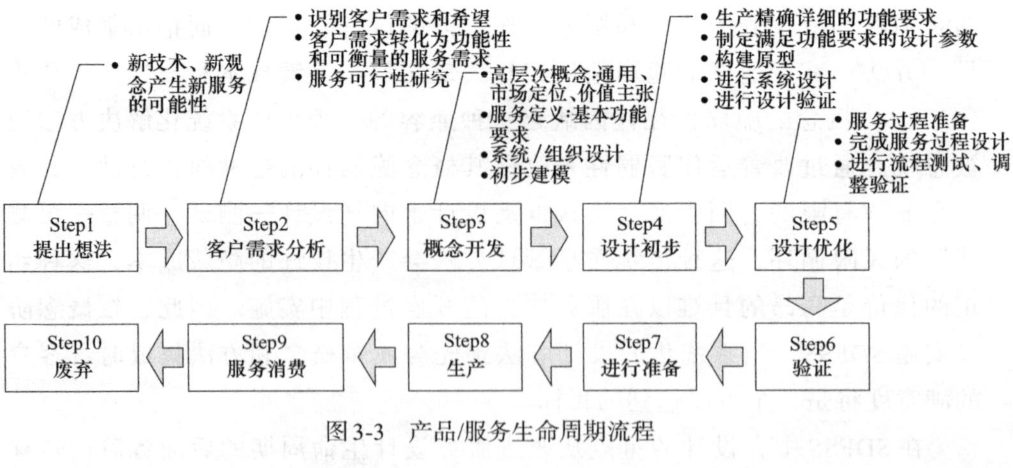

图3-3　产品/服务生命周期流程

Step1：提出想法。新技术、新观念会产生新服务的可能性，在此阶段可以提出几种可能性。

Step2：客户需求分析。此阶段识别客户需求，并将客户需求转化为功能性和服务需求。

Step3：概念开发。此阶段开发各种概念以满足前面步骤的功能要求，可以利用TRIZ工具创新概念，利用Pugh进行关键概念的选择。

Step4：设计初步。优先化的概念要求必须转化成具有具体规格的设计参数。在此阶段，可以借助QFD或公理化设计工具转化设计参数。

Step5：设计优化。此阶段形成具体设计并进行仿真测试。各概念要求利用传递函数、过程建模和实验设计，从系统层向下流子系统设计参数，设计要做到耐受外部不可控“噪声因素”是鲁棒的。

Step6：验证。此阶段制造原型，通过多次迭代使原型尽可能接近最后使用条件的环境及尽可能承受更多“噪声”，并对原型测试结果进行最后的调整，以保证服务过程是最好的且符合客户期望的。

Step7：进行准备。在生产环境成功验证的基础上，设计团队将评估全部过程基础设施和资源的准备状态，仔细规划和理解所要求的行为。此阶段对设计过程成功转移到生产过程极为重要。

Step8：生产。此阶段要采取适当的控制措施以保证设计如期执行，并尽快在失效模式和影响分析（FMEA）后解决异常问题以减少任何有关过程中的错误。

Step9：服务消费。了解服务消费和支持的总生命周期，对规划适当的基础设施和步骤来说极为重要。

Step10：废弃。所有产品和服务最终都会变得过时或老化，或被新方法、新技术替代。而且客户属性动态变化、循环性质决定了服务要不断改进才能保持客户期望值。

表3-1列出了服务生命周期关键六西格玛服务设计（SDFSS）的目的、方法和工具。

表3-1　服务生命周期SDFSS的目的、方法和工具

服务生命周期步骤	步骤的目的	关键6σ服务设计的方法、工具
1.提出想法	保证新技术、新概念对下游的开发是鲁棒的	市场和客户研究，技术路线图，增长发展策略

续表

服务生命周期步骤	步骤的目的	关键6σ服务设计的方法、工具
2.客户需求分析	保证新服务概念能提出正确的功能满足客户需求	QFD,Kano分析,客户参与的方法(调查、访谈等),多代规划
3.概念开发	保证新概念能得出良好的设计和没有设计脆弱性,保证新概念对下游的开发是鲁棒的	QFD,TRIZ,设计映射(过程映射、功能映射),FMEA(失效模式和影响分析),可服务性设计,仿真/优化,设计计分卡
4.设计初步	设计具有具体规格的参数,设计可靠性、质量、可处理性和方便使用的目标	设计映射(过程映射、功能映射),创新工具:TRIZ和公理化设计,Pugh概念选择,FMEA,鲁棒设计,设计评审,过程管理
5.设计优化	能力向上流来证明客户的需求得到满足	传递函数具体化(DOE、仿真等),Taguchi,鲁棒设计,可靠性,设计计分卡,仿真,变动管理,过程能力,防差错,假设测试
6.验证	保证所设计的产品能交付有用寿命的期望产品功能,确保过程、服务设计对生产、消费和废弃阶段中的变化是鲁棒的	原型/运行的DOE,仿真,过程能力,可信度区间,样本大学,假设测试
7.进行准备	保证过程能一致交付所设计的服务	控制计划,统计过程控制(SPC),转移计划,防差错,故障寻找、诊断,培训计划
8.生产	以高度一致性产生所设计的服务	SPC,检查,防差错
9.服务消费	保证客户对消费有满意的经历	服务质量
10.废弃	保证客户在废弃阶段报废设计没有麻烦	

(2) SDFSS方法：ICOV过程

SDFSS方法可以分解为辨识（Identify）、表达（Characterize）、优化（Optimize）和验证（Verify），缩写为ICOV。它分布在服务设计生命周期的前7个开发阶段，如图3-4所示。

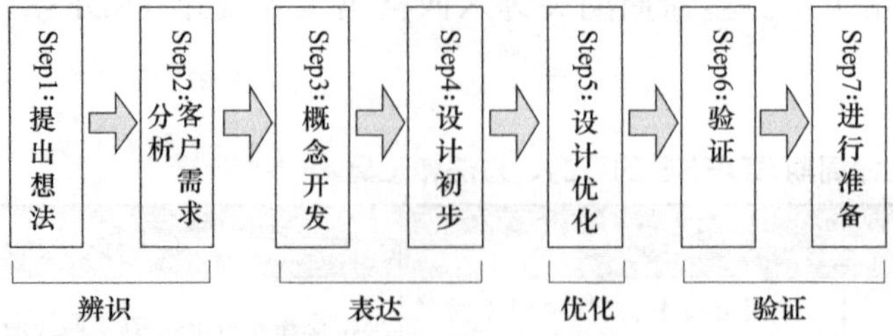

图3-4 ICOV服务生命周期

① 辨识客户和设计要求，明确CTSs、设计参数和相应过程变量。

② 表达概念、规格及技术风险、项目风险。

③ 优化设计的传递函数。

④ 验证优化的设计满足客户意图。

从人们提出从需求开始，服务设计的过程便开始了。设计团队在提出想法时（Step1），设计契约（charter）应简要、清楚地描述要设计什么。在Step2中，设计团队须记录他们所需的全部信息，特别是外部客户（如定期消费者或最终使用者）和内部客户（如业务部门）的需求。借助质量功能配置过程确定服务设计功能要求。该步骤要考虑用什么样的方法来实施设计过程，提供交付服务，考虑服务能不能持续运作。在Step3中，设计团队应给出许多解，然后进入Step4设计初步得出解。设计团队可能会找出他们希望的几个解，但最终必须选用一个。通常团队会与原设计契约仔细比较，总结归纳设计要求和解，并将总结放到形态矩阵中［形态矩阵是全部功能和对应于可能设计参数（解）的一种方法］，设计团队通过此矩阵综合出一个全面设计方案集，选出受成本、技术和可用技能约束的最好解。注意，被选出的解须经过充分的设计优化步骤（Step5）。在Step5中，设计团队需要做出被优化解的具体文件，该文件必须包括产生服务所需的全部信息，如设计文档、过程图、通信、运行规章、软件编码等。在Step6中，设计团队假设各传递函数的可用性，制造出一个原型，测试和评价服务的效能性，测评内容包括：①它能不能工作，是否满足设计契约？②如果出现故障，设计解决方案能不能得到改进？当这些问题得到满意的回答后，设计团队就可以进入Step7进行准备，即在哪里服务及需要哪些服务设施。在该步骤中，设计团队和利益攸关者必须一起做出许多决定。至此6σ服务设计与服务生命周期系统很好地集成在一起，ICOV六西格玛服务设计各阶段与服务设计开发过程的7个步骤如图3-5所示。它是一个事件驱动的过程，每一阶段入口准则得到满足时，就会产生各种里程碑。

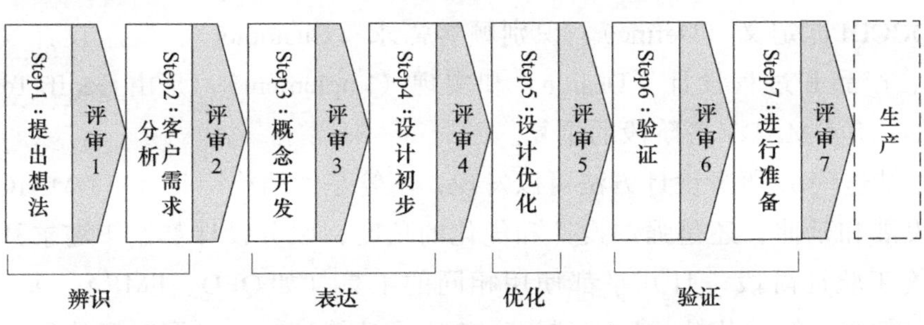

图3-5 ICOV六西格玛服务设计过程

（3）其他SDFSS方法

六西格玛服务设计除了ICOV方法外，常用的方法还有IDOV、DMADV等。

IDOV即辨识（Identify）、设计（Design）、优化（Optimize）和验证（Verify），是通过产品和服务设计来满足6σ标准的一种常用方法。它的4个阶段与ICOV 5个阶段可同时表达为：

① 辨识阶段。此阶段将客户的需求与设计联系起来，包括收集客户需求、进行竞争分析、开发CTSs及建立团队契约。

② 设计阶段。此阶段重点在CTSs，包括辨识概念要求、开发不同概念、选择最好的概念、评价方案、配置CTSs等。

③ 优化阶段。此阶段要求利用过程能力的信息和容差的一种统计方法，开发具体要素、预测效能和优化设计。

④ 验证阶段。此阶段由测试和验证设计组成。多用正式的工具来测试，并且要注意近期的运作和改进要求。

DMADV即定义（Define）、测量（Measure）、分析（Analyze）、设计（Design）和验证（Verify），是另一种受欢迎的6σ服务设计方法，以下是它的5个阶段。

① 定义阶段：确定项目目标和客户需求。

② 测量阶段：度量和决定客户需求、规格，分析竞争者。

③ 分析阶段：分析满足客户需求过程的选择。

④ 设计阶段：进行细节设计和验证计划。

⑤ 验证阶段：验证设计的性能及满足客户需求的能力。

DMADV的另一种形式是DMADOV，即定义（Define）、测量（Measure）、分析（Analyze）、设计（Design）、优化（Optimize）和验证（Verify），其他改进版本包括DMEDI和DCCDI。

DMEDI即定义（Define）、测量（Measure）、调查（Explore）、开发（Develop）和实现（Implement），是由Price Waterhouse Coopers创立的。

DCCDI即定义（Define）、识别顾客需求（Customer）、概念设计（Concept）、产品和过程设计（Design）和实现（Implement），是由Geoff Tennant创立的，是DMADV各阶段的重复。

总结这些6σ服务设计方法可以发现，不管是六西格玛设计（DMAIC）流程的发展和延伸，还是强调设计和优化的角度，服务设计都始于需求开发阶段、终于验证阶段，且几乎都使用相同的工具（如QFD、FMEA、基准化、DOE、仿真、统计优化、防止错误、鲁棒设计等）。ICOV同时还使用一些非传统的工具，如公理化设计、设计映射、TRIZ。

3.1.3 六西格玛服务设计建模技术及方法

(1) 传递函数

传递函数是描述线性系统动态特性的基本数学工具之一，所有系统都有一个传递函数或一组传递函数。最简单形式的传递函数是一个系统或过程的输入与输出之间的数学关系表示。例如一个呼叫中心的回答速度取决于服务人员数量、呼叫次数及每次呼叫花费的时间，回答速度是这三个因素的函数，它们的关系就是传递函数。DFSS团队通常借助自己传递函数方面的知识，设计活动及优化输出的功能要求，为设计服务实体所用，构建服务系统或过程。

传递函数描述各过程变量（x_1，$x_2\cdots$，x_n）之间或各设计参数之间的关系。功能要求（变量y）是客户感兴趣的系统或过程的有关输出变量，用关系$y=f(x_1, x_2, \cdots, x_n)$表达。在服务设计中，团队通常利用传递函数设计和监视一个过程，并检测它是否失控，一旦通过DOE（实验设计）推导及量化后，便可能得出一个传递函数$y=f(x_1, x_2, \cdots, x_n)$决定各过程变量关系，进而控制一个过程计划。响应$y$是一个过程或功能或输出度量的设计要求，如客户满意度。传递函数说明以x为过程输入到输出的转换，或包含产生服务过程步骤为输入到输出的转换。如在一个呼叫服务中心，客户的满意度（y）是等待时间（x_1）、服务时间（x_2）、服务人员知识（x_3）、话务系统（x_4）等的函数（f），所有这些x_x都可以用来定义、度量、优化呼叫服务满意度（y）。设计传递函数要借助设计映射和设计递阶。

为了产生具有6σ质量的概念实体，服务DFSS项目路线图着重为设计过程提供一个框架解，在该路线图中明确了三种形式的映射（图3-6）。

① 客户映射：从客户属性到功能要求的映射。借助QFD工具实现（QFD代表一种从原始客户属性到功能要求的映射）。

② 功能映射：从功能要求到设计参数的映射。主要工具是公理化设计方法、FAST技术。功能需求的6σ概念可能（ys）是设定的，这种映射过程用串级要求到一个递阶中的办法来建立服务实体中概念层次上能力的一种系统化方法。

③ 过程映射：从设计参数到过程变量的映射。主要使用技术有图形过程映射、价值流映射、IDEF系列。改变或调整过程变量可以产生满足功能要求的设计参数。

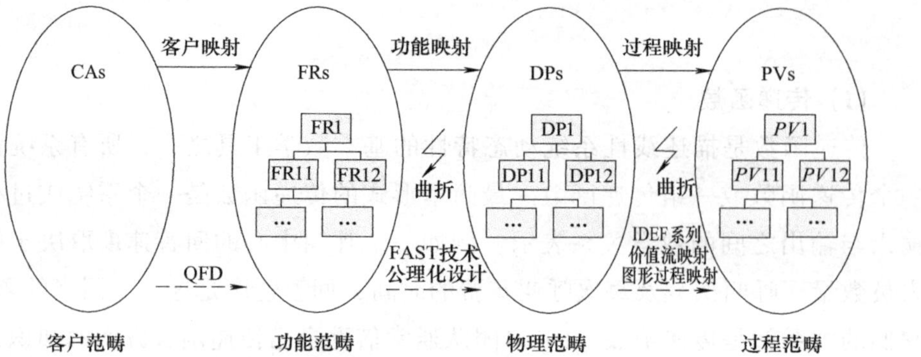

图3-6 设计映射

图3-6中还包含了设计递阶的概念，如过程、子过程等。在某一给定的设计递阶层次上有一组要求被定义为此层次上所需要求的最大集合，当在映射过程中使用有限数的逻辑问题时，确定可接受的功能要求可能包括几次迭代。功能映射是不同递阶层次上的概念表达，可以用数学或图形表达，绘出各功能单元的输入（因）—输出（果）关系。在数学上，利用映射量度来表达，属于同一递阶层次的量度被群集在一起，设计人员通过将一个设计分解为许多较简单的量度的办法来实现设计递阶，这些较简单的量度集体地满足最初映射确定的高层功能要求，分解从辨认交付客户所确定设计任务的最小功能要求集开始。图3-7是一个呼叫服务中心的设计映射。

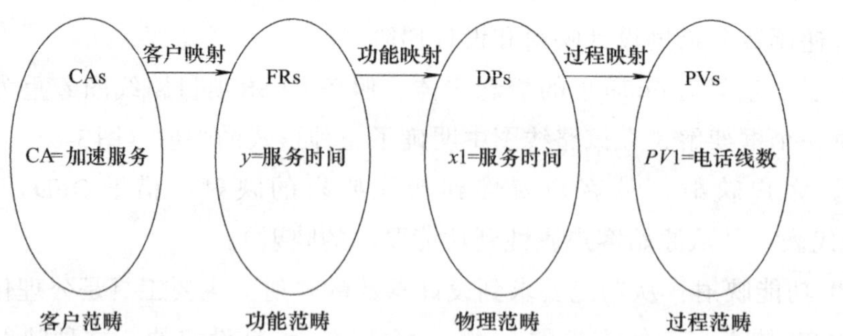

图3-7 呼叫服务中心的设计映射

设计映射的最终目的是通过传递函数或其他模型形式辨识各种关系，以利于进行具体设计。具体的传递函数不仅有助于设计优化，而且有助于进一步设计分析和综合活动。如一个给定子过程的功能要求可以是递付另一要求的子过程输入信号，它们之间的关系就产生了设计递阶。

设计映射的步骤如下。

① 利用QFD获得高层次的功能要求；

② 根据项目范围确定界限；

③ 利用过程映射和功能建模技术映射到最低可能的层次（最低层次表示有标准的设计参数或过程变量），辨识第一层次的传递函数；

④ 确定相应的设计映射递阶层次；

⑤ 在同一层次内，对每个要求（y）和每个映射，决定可能的映射；

⑥ 对功能映射、过程映射选择和利用一种相容的映射技术；

⑦ 集结每个递阶层中的各映射链为一个整体映射。

（2）传递函数与优化

在服务设计中，通过研究多项式的传递函数可以分析出设计要素如何在一个传递函数中起作用。多项式传递函数表示许多有用模型的最通用成分，它是连续、可求导的函数。在图示的多项式和其他函数中，我们从对平面中各点指定笛卡儿坐标开始，它们就可能用两个参数（或变量）、线条和曲线画出代数方程。如果我们长期跟踪石油、住房或汽车的价格，就可以在图纸上描绘出一条多点曲线来观察它们的价格变化。新价格的出现会逐渐修改该曲线。一次一个影响因素，曲线斜率的方程式为：

$$y = f(x_1) = a_0 + a_1 x_1 \tag{3-1}$$

这是一个线性传递函数方程式，其中a_1x_1是线性项，a_0、a_1是y相交和斜率，同时它也是一个一次多项式或线性多项式。在此，x叫自变量，输出y叫因变量，它们之间的关系可以通过一件商品以恒定速率a_1的销售收入与初始收入之间的关系得出。输出y是该商品销售后的总收入，x_1是商品销售（量）的变量。y、a_0及a_1x_1均以价格为单位，因此斜率（a_1的单位）就是每个单位销售的单位收入。该传递函数的图形如图3-8所示。

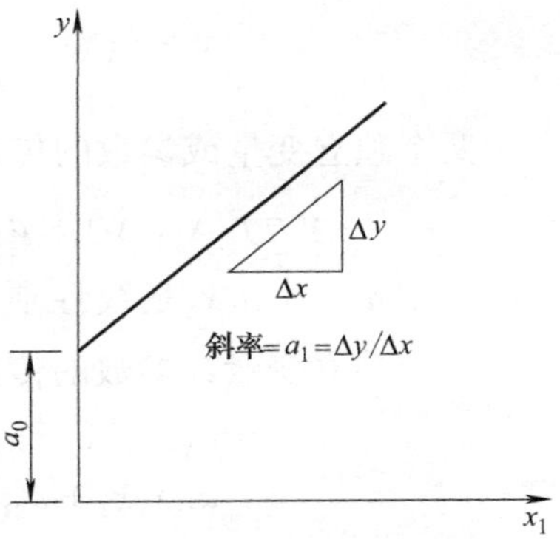

图3-8　线性传递函数

假设这里有另一件商品（x_2），它同时也在销售，而且我们想知道两件商品的总销售收入，那么这时收入可以表示为：

$$y=f(x_1,\ x_2)=a_0+a_1x_1+a_2x_2 \tag{3-2}$$

其中$a_1x_1+a_2x_3$是线性项，该传递函数的图形如图3-9所示。它是一个平面图形，同时该传递函数可以通过自变量x_1、x_2之间交互作用的交叉乘积项来加强，体现在有限商品销量与竞争商品销量关系之间。因此式（3-2）变成：

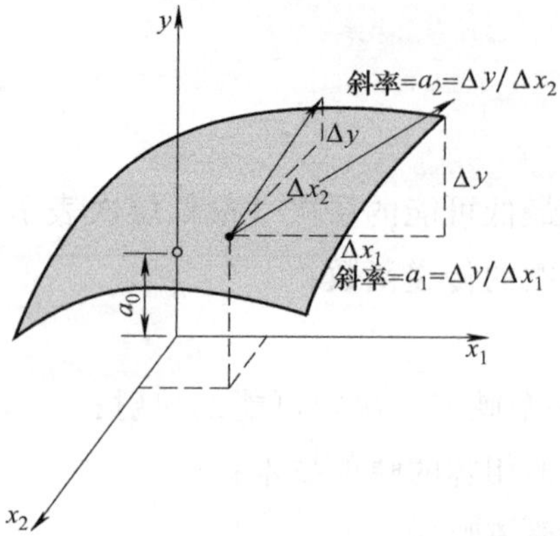

图3-9 平面中的线性传递函数

$$y=f(x_1,x_2)=a_0+a_1x_1+a_2x_2+a_{12}x_1x_2 \tag{3-3}$$

其中$a_1x_1+a_2x_2$是线性项，$a_{12}x_1x_2$是交互作用项。

此外，我们经常还会碰到传递函数不是以恒定速率变化，而是以线性速率变化，即因变量y相对自变量x_1的瞬时变化速率是线性的，也就是y是自变量x_1的二次函数。假设在销售的案例中只有一项线性更新x_1，其收入（y）的二次方程式为：

$$y=f(x_1)=a_0+a_1x_1+a_{11}x_1{}^2 \tag{3-4}$$

其中a_1x_1是线性项，$a_{11}x_1{}^2$是二次项。

在设计映射过程中设定的客户满意度目标中经常会碰到二次传递函数，在此情况下当影响的独立因素（x）假设一个期望的目标值时，客户的满意度（y）最高。例如，某餐馆调研客户用餐反馈意见，用餐最高满意度平均通常在一个小时的全面感受接待时达到，满意度从差（1）到优秀（6）在标尺上用六点来度量。客户满意度（y）有时或多或少会降低，用数学方程式可以表示为：

$$y=f(x)=\frac{\left|y_0-y_{\mathrm{T}}\right|}{(-x_0{}^2+2x_0x_{\mathrm{T}}-x_{\mathrm{T}}{}^2)}(x-x_{\mathrm{T}})^2+Y_{\mathrm{T}} \tag{3-5}$$

两个独立变量或参数的传递函数形式列出如下：

$$y=f(x_1,\ x_2)=a_0+a_1x_1+a_2x_2+a_{12}x_1x_2+a_{11}x_1{}^2+a_{22}x_2{}^2 \tag{3-6}$$

其中$a_1x_1+a_2x_2$是线性项，$a_{12}x_1x_2$是交互作用项，$a_{11}x_1{}^2+a_{22}x_2{}^2$是二次项。三个独立变量或参数的传递函数形式列出如下，其他依次类推。

$$\begin{aligned}y=f(x_1,\ x_2,\ x_3)=&\ a_0+a_1x_1+a_2x_2+a_3x_3+a_{12}x_1x_2+\\&a_{13}x_1x_3+a_{23}x_2x_3+a_{11}x_1{}^2+a_{22}x_2{}^2+a_{33}x_3{}^2\end{aligned} \tag{3-7}$$

其中$a_1x_1+a_2x_2+a_3x_3$是线性项，$a_{12}x_1x_2+a_{13}x_1x_3+a_{23}x_2x_3$是交互作用

项，$a_{11}x_1{}^2 + a_{22}x_2{}^2 + a_{33}x_3{}^2$是二次项。

传递函数因包含随机参数而有概率的不确定性，为了使其有效，必须综合考虑参数的不确定性，明确不确定性的全部可能来源（包括噪声）。在服务DFSS背景下，优化客户满意度（y）的第一步是：方差（$\sigma_y{}^2$）为最小；第二步是：移动平均（μ_y）到目标（T_y）。通过这两步优化，可达到服务设计的鲁棒性。

（3）SIPOC

6σ是一种达到业务或组织效能新水平的着重过程的方法论，它向各种业务提供观点和工具，强调作为输入、活动、输出的系统过程，是为全部系统要素提供一个整体的方法以及它们相互结合作用创造价值的一种途径。理解了什么是关键过程的输入变量和什么变化与偏移可能发生，我们就能保持控制任一产品或服务的6σ性能。6σ设计以一种积极主动的方法强调设计，6σ实体设计会产生一种以最有效、经济、灵活的方式来提供服务的过程。在最简单的程序中，过程模型通常可以用一个过程图来表示，即IPO（Input-Process-Output）图（图3-10）。在IPO概念的基础上扩展到输入的供应商、输出的客户，就形成了SIPOC概念，即供应商（supplier)—输入（input)—过程（process)—输出（output)—客户（customers）。SIPOC是许多步骤的线状流，是一种收集信息、模拟任何过程的有效工具，其可以通过表格的形式列出（图3-11）。该工具的使用一般有两种方法：一是在实际应用过程中收集每列与次序无关的所有信息；二是每次取一子过程步骤，在微观层次上应用SIPOC。

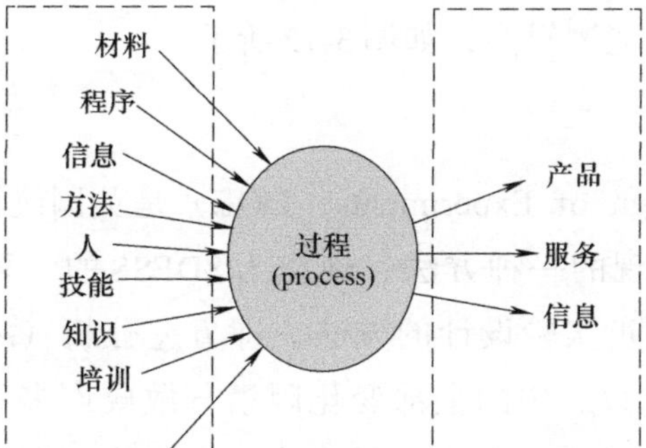

图3-10　IPO图（Oakland,1994）

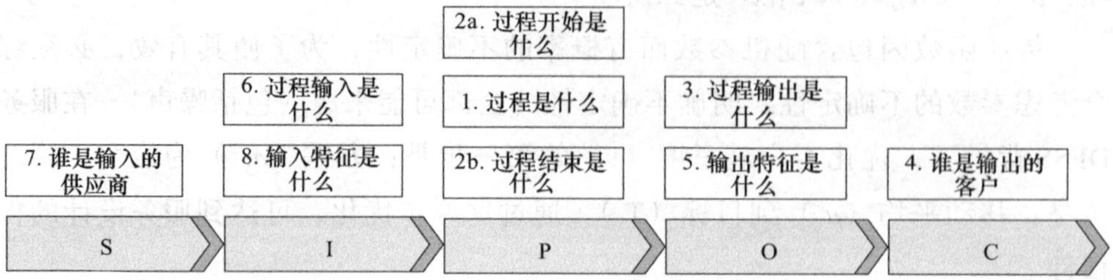

图3-11　一般的SIPOC表

（4）价值工程FAST技术

价值工程（Value Engineering，VE）是指通过系统化的活动对产品或服务进行功能分析，降低服务成本，实现最低总成本的必要功能，进而提高产品或服务的价值。功能分析系统技术（Function Analysis System Technique，FAST）是一种确定和分析功能结构的关键技术。在服务设计中，FAST能辨识过程和步骤的功能性，基本功能是需要提供满足客户需求的主要功能。价值工程展开设计问题为一系列步骤，每个步骤趋向一个可能解的进展。功能映射是价值工程展开的起点，FAST技术为设计产生一张逻辑功能图。

1963年，Charles开发的FAST是通过使用逻辑问题确定一张逻辑功能图的主要工具。其步骤是：

①决定概念过程范围；②辨识新概念设计基本功能；③应用四个逻辑问题测试基本功能的定义［四个基本问题为：a.这个功能是如何完成的？b.为什么要执行这个功能？c.这个功能何时执行？d.采用什么机制（过程、步骤、软件、硬件）来执行它？］

最终获得一张功能逻辑图，如图3-12所示。

（5）实验设计

实验设计（Design of Experiments，DOE）是英国统计学家Ronald Fisher于20世纪20年代发现的一种方法，现成为SDFSS的一种主要优化工具。随后Fisher还开发了修正实验设计的方法，即方差分析（Analysis of Variance，ANOVA）。该方法将数据中的全部变化因素分散成许多不同来源的组分，这些组分被叫作信号与噪声。在实验设计中，对每个可控因素有一个信号组分和一个噪声组分，表示各种变化不属于任何可控的变化。通过信号—噪声比可精确定位各类噪声及其交互作用影响的位置。

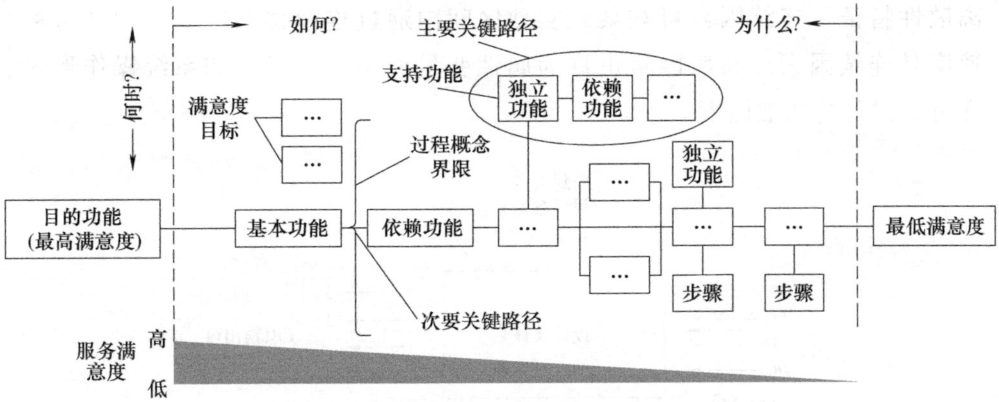

图3-12 功能逻辑图

DOE是利用优化达到CTSs、FRs、DPs的方法，达到产品、服务、过程效率及效果的突破性改进。我们要在每种情况下创建一个响应变量（y），并改变能引起y性能变化的各种因素，可以列出$CTS=f(FRs)$，或$CTS=f(FDs)$，或$DP=f(PVs)$，或$FR=f(DPs)$。值得注意的是，大部分实验都发生在DPs和PVs之间的关系中。

以往处理一个过程的实验，每次仅要求改变一个因素（One Factor At a Time，OFAT），但随之发现OFAT方法不能挖掘出个因素间的交互作用。因此，DOE也被称为统计的实验设计。实验和数据分析的目的通常是在一个利用P图的映射上，建立和具体化设计参数和实验因素（图的过程变量和噪声因素）之间的传递函数，如图3-13所示。如前文所述，传递函数是设计优化和具体化的方法，它先利用适当的映射方法来辨识，然后用推导、建模或实验来具体化。

在DFSS中，为了设计一个全面的DOE，需要借助以下步骤：①设定目标，确定问题；②选择需要；③选择因素和程序；④辨识噪声因素；⑤选择DOE设计；⑥计划有关资源、供应品、调度安排、样本量、风险评估等的实验。

一般来讲，实验容许设计团队以系统化的方式调整设置，获知哪些因素对结果的功能要求或设计参数影响最大，利用该实验数据，可以不断改进设置，直到获得最优质量为止。因素可分为控制因素和噪声因素。控制因素是过程变量或设计参数，噪声因素导致功能要求（y）偏离客户期望目标或意图性能。噪声因素有外部源（使用、环境）、单元到单元的源（输入和输出的变化）及恶化源（长期使用后的一般后果）等三类。因素同时还具有连续性和离散性特征。连续因素可在某一实数区间内通过连续移动来表示，如价格、速度是连续因素。离散因素也称为属性变量或类别变量，如系统操作形式、交付方式等是离散因素。

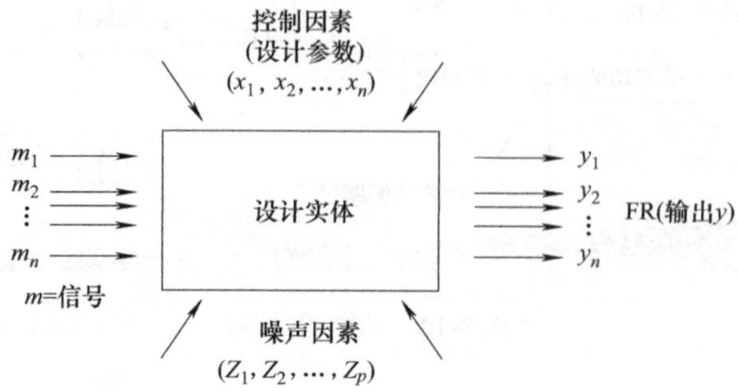

图3-13　P图

在某一DOE研究中，每个因素至少可变化一次，即每个因素至少有两个设置，否则这个因素是固定因素，而不是变量。在实验中，层次是一个因素的设置数目。对连续因素来说，层次通常对应不同数值，如一项服务价格可以给定30元和50元两个层次。对离散因素来说，层次数通常是“有用的选择数”，如公共养老服务设施放置的有利位置，位置是明确的（绝对的、无条件的）。

3.2　可持续发展理论

1972年德内拉·梅多斯（Donella Meadows）著作的《增长的极限》提出，未来我们的发展受日益增加的世界人口及资源耗竭的限制。

1987年世界环境与发展委员会在《我们共同的未来》报告中首次提出可持续发展（Sustainable Development，SD）概念：既满足当代人的需求，且不损害后代人满足其需求的发展。该定义获得国际社会广泛共识。

Tomohiko Sakao（2009）认为：生态、社会、经济是可持续发展不可或缺的三个方面。

① 生态方面：包括对自然资源、物质及生态系统多样性的保护；

② 经济方面：基本目标是维护市场功能，提高竞争力，意味着社会经济增长、繁荣、安全、长期福祉；

③ 社会方面：需改变生活方式以保证子孙后代满足需求的机会及分配机

制的公平。

William Ruckelshaus（2008）认为可持续发展运动是人类自发、主动的一场革命运动。

可持续发展概念提出后，各领域研究人员从众多不同的角度对其现状的严重性进行了探讨，如人为气候变化、物种丧失、资源限制及可持续发展可能带来的影响和机遇。

可持续发展目标包括：

① 尽量减少地球不可再生矿物质开采的需求量；

② 减少人造物的需求量；

③ 避免人类过度活动造成的自然界退化；

④ 在与前三个目标不相悖的情况下，通过非物质化及替代方式，尽可能满足全世界人民的需求。

集体自助养老目标与第四个目标非常贴近，通过自助、互助养老服务，尽可能满足所有老年人的养老需求。

Ram Nidumolu（2009）等在总结前人可持续发展成果的基础上，提出可持续发展的实现技术分为五个阶段。

① 视可持续发展需求为机遇；

② 构建可持续价值链：借助生命周期评价等相关技术，提高整个价值链效率；

③ 设计可持续产品及服务：通过设计创新提高产品及服务的使用性能；

④ 发展新的商业模式：改变传统竞争方式，探索崭新的价值获取、交付方法，如用CSE替代传统养老模式；

⑤ 构建下一代实践平台：关注可持续发展问题。

可持续发展理论为社会发展带来很多美好愿景，但迄今为止，其在各领域的实践可操作性仍不理想，即便如此，人们依然越来越重视可持续发展能力的商业意义。

Jagdish N（2011）等指出可持续发展战略目前主要有三个缺陷。

① 不直接关注用户；

② 未意识到全球日益过度的消费即将带来的威胁；

③ 未采取整体的系统方法。

家庭养老、机构养老等传统的养老方式已无法适应人口迅速老龄化、高龄化的现状，可持续养老就是改变人们的养老方式，直接关注老年人群体本身，视老年人、社会养老为社会可持续发展的机遇，而不是社会包袱及负担，设计可持续的自助养老产品及养老服务，通过老年人之间内容丰富多样的自助、互助形式，构建一个可持续的养老服务系统平台，在整个养老服务生命周期内，采用系统的方法，提供系统的养老服务解决方案，以合理、可行的方式尽可能地满足每一位老年人的养老需求，实现可持续养老。

3.3 产品服务系统设计理论

产品服务系统（Product Service System，PSS）广义指由产品、服务及网络组成的系统，狭义指产品与服务的整体解决方案。该系统能有效地促进消费、生产的可持续性，更好地满足用户需求，降低人类消费、生产等活动对环境的影响。Patrick Müller（2009）等指出产品服务系统也被称作产品服务组合（product service combinations）、功能经济（functional economy）、产品到服务（product-to-service）、集成产品和服务（Integrated Product/Service Offering，IPSO）、服务化（servicizing）、工业产品/服务系统（Industrial Product/Service Systems，IPS_2），这些术语的含义本质上与PSS相似，均是产品与服务的集成。

3.3.1 产品服务系统定义

PSS概念的提出是基于可持续消费模式，许多发达国家已意识到过度的消费会消耗大量的资源和能源，并一直在积极致力于研究一种比传统的商业模式对环境影响更低的消费模式。PSS概念自20世纪90年代中后期由联合国环境规划署提出后，经过十几年的发展，至今仍没有一个统一的定义。表3-2按时间顺序列出了一些有代表性的定义或描述。

表3-2 产品服务系统相关定义

时间	作者	PSS定义
1999	Goedkoop	PSS是一个能满足顾客需求的产品和服务组合，是顾客需求的非物质解决方案，该系统对环境产生的影响比非系统、单独的产品和服务小
2001	可持续设计中心	PSS是一个预先设计的、能满足市场客户需求，由产品、配套设施及网络组成的系统，比具有相同功能的独立产品、服务对环境产生的影响小
2002	Oksana Mont	PSS是由产品、服务、支持网络及基础设施组成的系统，系统设计目标是提高竞争力，满足消费者需求，降低对环境的影响

续表

时间	作者	PSS定义
2003	Manzini&Vezzoli	PSS为一种创新战略，它将经济重点从只设计实物产品转移到设计产品和服务组成的系统，它是一种新的利益相关者（制造商和顾客）关系，能产生新的价值增长点，是一种潜在的总体资源优化模式
2004	Arnold Tukker	PSS是由有形产品及无形服务组成、能共同实现特定客户需求的专门设计的系统
2007	Baine et al.	PSS是一个由产品、服务、网络合作伙伴及支持基础设施构成的系统，该系统可更好地满足顾客个性需求，具有经济可行性和竞争性，且能提供更为非物质化的解决方案以降低消费对环境的影响
2009	Durugbo et al.	PSS提供了一个提升竞争力和促进制造商及环境可持续发展的媒介，它是一种技术方法，旨在为制造商提供商业价值的同时为客户增加价值
	Patrick et al.	PSS是在规划、开发和交付过程中集成产品和服务的概念

图3-14表明了PSS概念的演变趋势，从最初的产品系统和服务系统各自分开、独立完成各自功能，到产品增加服务功能、服务实现依托产品支撑，产品服务化、服务产品化均能形成PSS，直至产品和服务完全相融产生PSS。

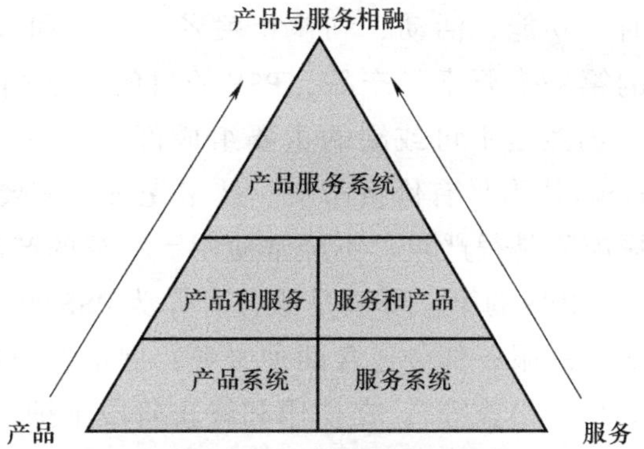

图3-14　PSS概念的演变趋势

PSS将为客户个性化需求提供更加灵活、适应性更强的系统解决方案。需要明确的是，现在PSS中服务的组成部分已不再是产品的附加物，而是与产品的地位等同，是集成解决方案的一部分。

产品服务系统的概念会影响生产和消费模式的转变，进而促进可持续发展的实践和社会的形成。PSS优化的最终目的是探索产品服务系统要素（包括生态设计、优化分配、产品定制、附加服务、回收系统、再制造和循环）的发展，从而使系统在环境和经济方面达到最优化。

PSS的益处很多，对于公司，PSS为它们提供了机会，去寻找新的市场需求、市场战略趋势、发展以及潜在的被环境所限制的生产和消费模式；对于政府和社会，PSS有助于规划促进消费的可持续发展模式和可持续生活方式的政策，同时为理解和影响商业关系提供一种新途径，为发展产品网络制定更有效的政策；对于消费者，PSS为他们在市场提供更加多样化的选择、维护和维修服务、各种付款方案，和适合他们的产品使用所有权、责任的不同方案；对于环境，PSS可通过引进产品使用的选择方案来降低产品的整体数量，例如共享、租用、消费策划，但不影响产品设计。

综上可知，PSS的目标是更好地满足顾客差异化需求、减少物质消耗、降低环境影响，其核心理念是制造商交付给顾客的产品和服务所提供的功能或结果不以拥有有形产品为目的。从设计角度而言，PSS方案设计的核心是要设计产品和服务组成的系统解决方案，以满足顾客所需功能或结果。产品和服务设计的侧重点通常各不相同，产品设计通过结构满足顾客需求，而服务设计则通过活动满足顾客需求。与传统的产品和服务设计相分离比较，PSS需根据顾客的需求，建立统一的设计框架以支持两者的集成设计。

3.3.2 产品服务系统设计本质特征

PSS包括四个要素，即产品、服务、基础设施和网络。当生成PSS概念时，功能、活动、利益相关者、产品和服务元素应该被看作一个整体。PSS的第一个要素是产品，PSS的目的不是向客户提供特定产品，但在PSS中产品仍然是不可或缺的重要组成部分，是实现PSS功能的物质载体。Dyah S. Dewi认为具有价格昂贵、技术先进、需要保养、便于运输、受时尚和趋势的影响不是很严重、不经常使用等特征的产品适合于PSS应用。

PSS的第二要素是服务。作为PSS的一部分，服务也需要优化环境。PSS概念的服务部分包含两种服务：保证客户使用产品的服务（市场、销售服务、分享、租赁等）；在使用和终止阶段维护产品（生产、更新、回收、封闭循环或安全的产品处理）。

PSS的第三个要素是基础设施，它能优化已经存在的共享和私有体系，比如道路、沟通线路、废物收集系统等。基础设施影响着消费方式，它能固化客户的环境不友好行为，并阻止更多环境友好的选择在社会中传播。基础设施是支持或阻碍服务导向解决方法和PSS建立的重要因素。基础设施塑造服务和网络构架，影响PSS的环境和消费者行为以及对于消费新行为模式的接受程度。

PSS的第四个要素是网络，为各种不同参与者提供产品服务体系。PSS网络和因素链的不同之处是：有时需要包含传统认为是产品链之外的人员。由于PSS起始于客户和功能的需要，所以其困难在于选择最适合把功能传递给客户的角色，并确保所提供的服务质量。

产品和服务集成的PSS具有以下特点。

① 生产和消费的不可分性：PSS具有服务的特性，生产与消费同时进行；

② 顾客参与PSS交付的过程；

③ PSS中包含服务成分，且具有面向过程、无形性和非物质性特点；

④ 不确定性，包括资源及技术是否过时、合同要求、服务网络、宏观经济因素等。

PSS属性决定PSS性能，PSS影响因素包括内部因素（PSS组成要素、PSS属性等）、外部因素（社会文化背景等），两者缺一不可。PSS影响因素为产品服务系统设计确定了问题域，指出了需要解决的问题，明确了设计目标。

3.3.3 产品服务系统设计流程

众多产品或服务的工程技术及方法已应用在PSS领域，但现有研究对PSS方案设计关注得不多，更多是将服务作为市场及管理的核心主题之一。20世纪90年代提出的服务工程，主要是面向服务实现的系统开发，包括服务建模、实现方法及工具等。Sakao和Shimomura把产品看作服务的一部分，拓展了服务工程内涵，提出服务/产品工程，并研发了“服务资源管理器”计算机辅助设计系统，建立了流模型、域模型、情景模型及视图模型四个服务/产品子模型。

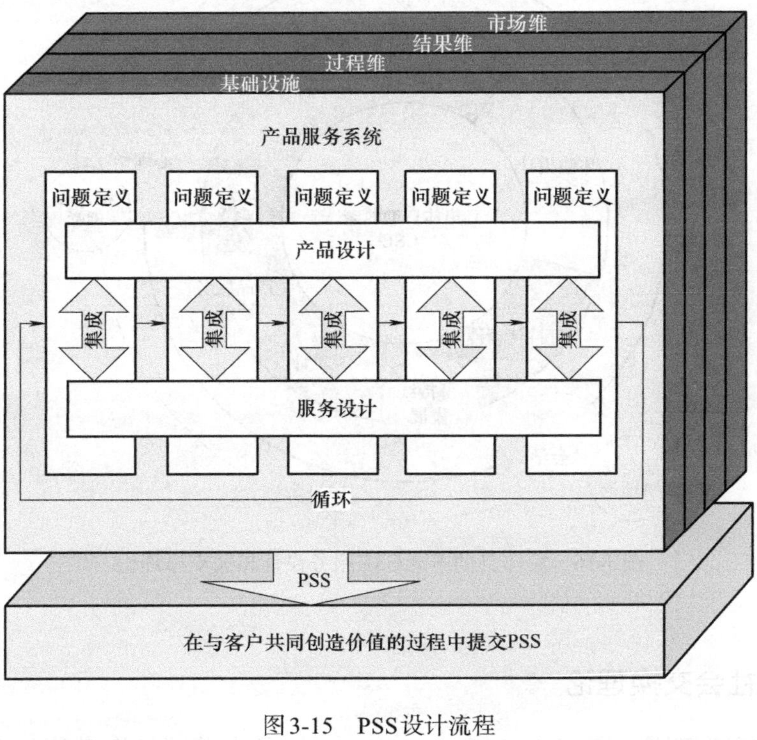

图3-15 PSS设计流程

N. Morelli指出PSSD需要兼顾基础设施、过程、结果和市场四个方面的因素，是产品设计和服务设计并行进行的循环过程，PSS的交付与价值创造需要客户的共同参与。设计流程对设计师的设计工作有很大的指导作用，合理的设计流程可以使设计师的工作事半功倍。PSS的设计和交付的背景与构成即设计流程如图3-15所示。

3.4 集体自助养老服务设计理论体系框架

工业设计是一门新兴的交叉学科，融技术、艺术、科技于一体，涉及社会学、心理学等众多相关研究领域。因此，CSE服务设计理论方法体系所涉及的研究领域不仅包括产品设计、服务设计、交互设计、体验设计、可持续设计等设计相关研究领域，还包括社会学、心理学、经济学等CSE服务实现基础相关理论支撑，具体如图3-16所示。

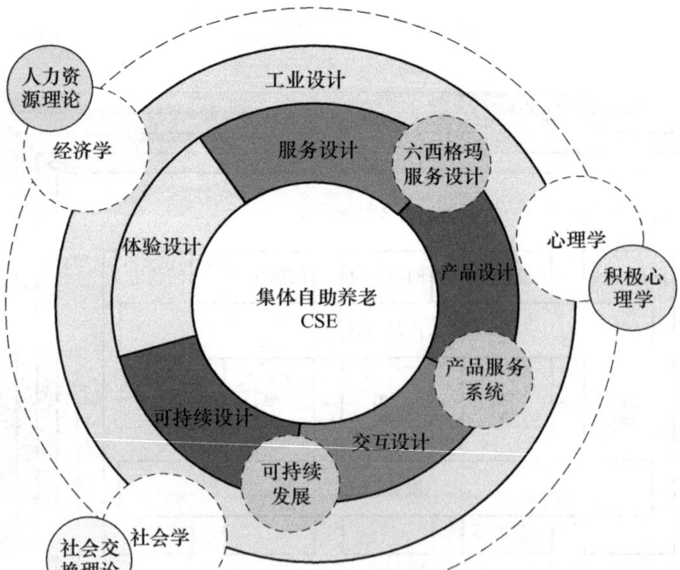

图3-16 集体自助养老CSE服务设计相关支撑理论

3.4.1 社会交换理论

社会交换理论（Social Exchange Theory）是由美国社会学家G.C.霍曼斯

（George Casper Homans）于20世纪50年代创建的。该理论从经济学的投入与产出角度研究社会交往中的报酬与代价，主张一切人类社会活动都可以归结为交换，如图3-17所示。霍曼斯认为：“社会交往是一种至少是在两个人之间的交换活动，无论这种活动是有形的或无形的，是多少有报酬的或有代价的”。霍曼斯主要从成功命题、刺激命题、价值命题、满足命题、赞同命题、理性命题等经济学、人类学、心理学、社会学领域理论展开人际交往研究，从经济视角揭示人际交往的最终目的是双方各自获得最大交互利益。但霍曼斯交换理论过分夸大了社会交换中个人的动机与目的，忽视了人类文化、人类生活的意义与价值，把人们之间复杂的关系看成赤裸裸的交换关系，忽视了人与人之间互相帮助、无私奉献的行为，这是该理论最大的局限性。随后社会交换理论的另一代表人物彼得·布劳（Peter M.Blan）在霍曼斯的基础上提出社会交换是人们期望从交换对象那里得到回报的自愿行动，他认为人们在自愿行动服务中为了继续得到必要的服务，需要对这些服务尽相应的义务，这是交换的一个必要条件。这样交换过程就成了调节社会互动和促进社会关系网形成的机制，最后产生了调节、限制交换的群体规范。同时他还提出人们可以纯粹的自身利益形式进行社会交换，通过它们的周期性及其逐渐扩大的特性在社会关系网中产生信任，人们之间相互服务伴随着相互信任、平行发展，逐步扩大。布劳将社会报酬分为内在性报酬和外在性报酬。内在性报酬是从社会交往关系中取得的报酬，如社会赞同、爱、乐趣、感激等；外在性报酬是在社会交往关系之外取得的报酬，如金钱、帮助、服从、商品等。据此，把社会交换形式分成内在性报酬社会交换、外在性报酬社会交换、混合性社会交换。

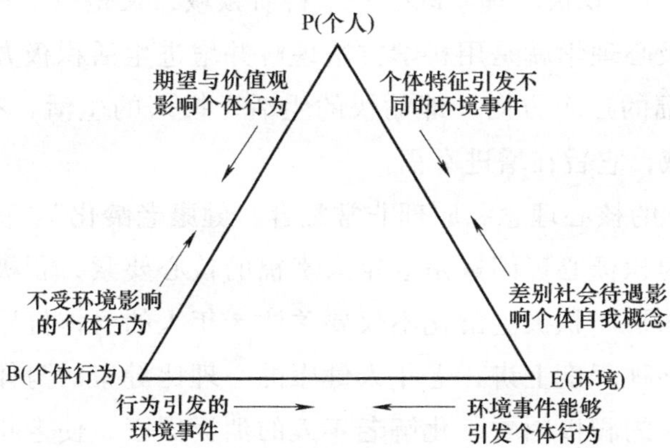

图3-17　霍曼斯社会交换理论

CSE服务设计互助支撑除了社会交换理论外，还包括人力资源理论、非政府组织理论和积极心理学。人力资源理论认为老年人也是重要的人力资源，通过教育和培训，老年人仍然可以为社会做出贡献，面对老龄社会的到来，承担一定的养老服务工作，通过互助达到自助，且一举多得。非政府组织理论提醒我们在面对社会养老问题时，可以发挥社会团体的力量，特别是老年人群体自身，在社会各方面支持下成立老年互助组织、互助协会，发挥老年人的自助、自主能力。

CSE服务设计建立在老年人自愿互助的基础之上，随着社会老龄化的加剧，养老将成为社会全民的责任。集体自助养老通过不同内容与形式的自助、互助加强了老年群体的互动与交流，鼓励老年人发挥他们的经验和才智，实现积极老龄化。

3.4.2 积极心理学

积极心理学最早由马丁·塞利格曼提出，他认为积极心理学的力量是帮助人们发现并利用自己的内在资源，进而提升个人素质和生活品质。积极心理学关注的是普通人如何在良好的条件下更好地发展生活，研究积极的特质和素质，它不仅是关于疾病、健康的科学，同时也是关于工作、教育、爱、成长和娱乐的科学。

积极心理学的研究内容包括三个层面：一是主观层面，即积极的主观体验（幸福、愉悦、感激、成就）；二是个人层面，即积极的个人特质（个性力量、人际交往技巧、美的感受力）；三是群体层面，即积极的机构（家庭、学校、社区、社会）。积极心理学既是一个科研领域，又是一个临床领域。作为科研领域，积极心理学就是用科学方法理解并增进生活积极方面，也就是说关注代表着幸福的三个方向，即愉快的生活、投入的生活、有意义的生活；而作为临床领域，它旨在增进幸福。

积极心理学的核心理念和原理非常契合“健康老龄化”“积极老龄化”的养老目标，因为积极心理因素是老年人幸福的核心要素，积极的心理能提高老年人的情商水平。积极老龄化不仅要关注老年人的身体健康，更要关注其心理健康。从某种程度上讲，老年人健康的心理比健康的身体更重要，如何充分调动老年人的积极因素，化解老年人的消极因素，使老年人养老生活获得最大幸福感，正是集体自助养老模式需要探讨的核心问题。

3.4.3 集体自助养老服务设计理论方法体系构建

SDFSS为了设计、提供优质的服务，在不同的服务生命周期会借助一系列有规律、结构化、数据化的方法和工具，获取用户关键满意要求，保证服务质量，达到用户预期目标。CSE设计研究中除了要研究在多样化、个性化的养老需求中提升养老满意度外，还要重点研究该养老模式的可持续性。SDFSS在整个服务生命周期对该服务系统的可持续性并未涉及，当整个服务生命周期结束后，该服务项目同时被终结舍弃。但CSE服务设计的核心关键点之一是需要让集体自助养老可持续进行下去，养老不仅是社会问题，更是经济问题。CSE不仅要在宏观层面考虑社会养老成本、养老资源的有效配置、养老模式的可持续性等，更要在微观层面考虑养老主体对象老年人的生理、心理需求。如前文所述，CSE是一种可持续的养老模式，但SDFSS没有涉及可持续性研究，因此CSE需要融入可持续内容进行研究探讨。

Anthony（2002）提出可持续发展战略框架（the Framework for Strategic Sustainable Development，FSSD），该框架包含五个相互作用层次，如表3-3所示。

表3-3 可持续发展战略框架

层次序号	层次名称	层次内容
第一层次	系统层	与目标相关的系统：描述整个系统构成原则（如社会、自然、经济）、系统行为
第二层次	成功层	定义成功：设计允许任何满足成功原则的行为，形成未来状态的原则性定义，并不指定具体行动；在可持续设计中，这些原则对应着可持续发展的基本原则及保证设计目标成功的任何原则
第三层次	战略方针	选择使系统走向成功的行动方针：为了逐步实现成功，如何选择可供使用、使设计目标成功的行动，且搭建措施灵活、投资合理的平台
第四层次	行动层	遵循战略方针的具体行动：为了使系统达到一个有利的目标、满足过程指导方针的具体措施，如开发使用可再生能源的新产品
第五层次	工具层	支持系统进程的方法、工具：包括生命周期评估、可持续发展指标、环境管理系统，需要监控行为（第四层）以确保他们选择的战略（第三层）能够在系统中（第一层）获得成功（第二层）

该战略框架包含了五个明显不同的层次，这表明可持续发展首先要明确系统实施目标（第一层次），然后为实施目标成功实现需要满足设计目标成功的设计原则（第二层次），接着制定战略方针（第三层次），进而选择具体行动措施（第四层次），并在此基础上借助具体的工具、方法（第五层次）使系

统目标获得成功。

FSSD是复杂系统开发的战略框架，其提出可持续发展原则是检验系统成功的唯一标准，这里的可持续发展是指全球社会经济生态的可持续发展。FSSD为系统开发指明了过程步骤，其本身并不包括帮助理解系统动态研究的工具，在系统开发过程中需要加入系统建模及仿真工具（SMS）才能完成系统开发。

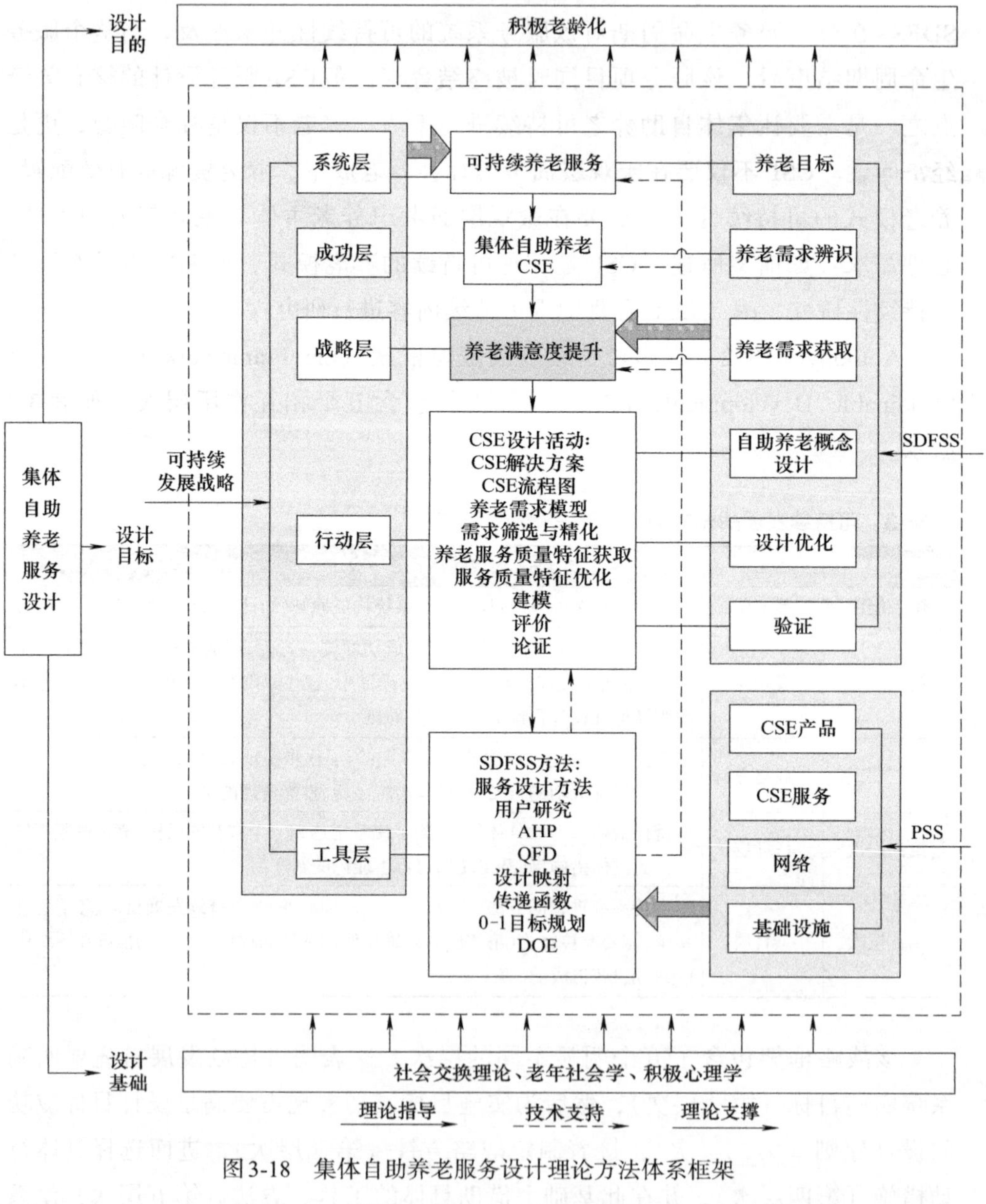

图3-18 集体自助养老服务设计理论方法体系框架

SDFSS路线图为了提供优越的服务设计（系统目标），从获取用户关键满意需求（系统成功）开始，为了服务设计的全面质量，减少和消除服务设计各阶段的脆弱性（战略方针），推出集成一套活动体系（行动）、方法、工具，实现最终目标，使用户高度满意。SDFSS在整个服务生命周期同样从不同层面展开系统研发设计，从某种意义上讲与可持续发展战略框架有相似之处。集体自助养老服务系统的实现是建立在社会互助交换理论基础之上的，集体自助养老服务设计的最终目标是提升养老满意度，最终实现积极老龄化。结合SDFSS理论方法体系，参照FSSD原则进行重新构造，得到CSE服务设计理论方法体系框架，如图3-18所示。

3.5 小结

本章主要探讨了集体自助养老CSE服务设计理论基础，从六西格玛服务设计、可持续设计、产品服务系统设计等不同理论角度，结合集体自助养老目标，建立基于SDFSS的集体自助养老CSE服务设计理论体系。

第4章

超大城市自助养老服务需求分析

需求在《辞海》中有两层意思：一是“索取”，二是“需要、要求”。彭聃龄提出需求是“有机体内部一种不平衡的状态，体现在有机体外部生活条件或内部环境的一种稳定要求，且是有机体活动的源泉”。现有文献对需求理论探讨最具代表性的是马斯洛需求层次理论和马克思主义需求理论。

心理学和社会学中的“需求”一般指人的内在性倾向，马斯洛需求理论将人的需求分为5个层次，由低到高即生理需求、安全需求、社交需求、尊重需求及自我实现需求。依照马斯洛的需求理论，人们在低层次需求得到满足后必然转向高层次需求，生理需求是最基本、最强烈的需求。现阶段，对大多数老年人，尤其是贫困老年人而言，老有所养、老有所医是最基本的生存需求。随着人们生活水平的提高，社交、尊重及自我实现需求将成为老有所养的重点。

马克思主义需求理论认为人的需求层次是由低级向高级发展的，呈阶段性特点。它把需求分为以物质需求为基本的低级需求和以精神满足为主的高级需求，把人的衣、食、住称为第一需求，当低级需求满足以后就会引发高一级的需求，即精神需求和发展需求。

4.1 养老服务需求与集体自助养老目标

20世纪80年代后，我国政府提出“六个老有”（老有所养、老有所医、老有所为、老有所学、老有所教、老有所乐）全面概括了老年人的养老需求。其中“老有所养”是满足老年人衣食住行的基本需求，即马斯洛需求理论的最基本的生理需求，“老有所医”是实现健康老龄化需求，“老有所为”是老年人自我实现的需求，“老有所乐”是老年人的终极需求。“六个老有”中“老有所养”是基础，“老有所为”是重点，“老有所教、老有所学”是动力，“老有所医”是条件，“老有所乐”是目标。“六个老有”内容丰富，非常适合我国老年人的特点，也非常符合CSE的养老目标，有助于实现健康老龄化和积极老龄化。

穆光宗在“六个老有”的目标政策框架基础上提出老年需求结构理论假说，认为老年人的需求包括生存需求、感情需求、发展需求、价值需求、归宿需求五类，强调老年人的发展性需求及价值性需求；晋凤提出社区养老需求，主要包括物质经济上的供养需求、生活照料需求、医疗保健需求及精神支持需求。

CSE设计的最终目标是通过集体自助养老，提升老年人生活品质，进而实现养老满意度的提高。“生活质量”这一概念最早由美国经济学家J·K·加尔布雷斯于1958年所著《富裕社会》一书中提出，生活质量又称生存质量，是全面评价生活优劣的概念，它通过客观条件指标、主观感受指标两类指标体系对个体生理、心理、社会功能三方面健康状态进行评估。冯立天提出物质充裕、身体健康长寿、家庭关系和睦、生活环境舒适、文化活动丰富是中国老年人对生活质量的追求。叶南客、唐仲勋认为老年人生活质量内涵主要包括三个方面：一是生活状况，即老年人物质、精神生活状态；二是主观形态，即老年人价值实现和幸福感；三是老年人生活条件及环境质量。随后，他又提出老年人生活质量是一个多层次、多因素的动态系统。施祖辉对社会生活质量指标体系的构建、演变进行了研究。刘渝琳、王路、赵卿将老年人口生活质量与人口生活质量演变加以比较，图4-1反映出老年人口这一特殊群

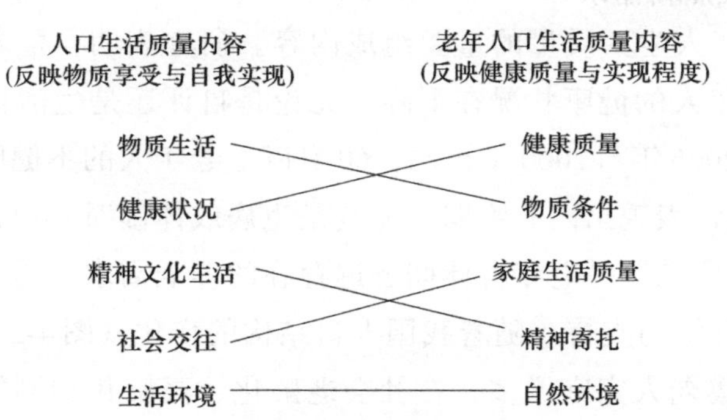

图4-1　人口生活质量与老年人口生活质量比较

体的生活质量与人口生活质量在体系目标、内容结构上都有差异。对于老年人口生活质量而言，周长城认为老年人物质生活富裕并不等于幸福，他们对生活的满意度有自己的主观评价。生活满意度是衡量生活质量的主观指标，它受主观、客观等多重因素影响。一个生活质量较高的群体可能会对生活质量并不满意，而一个生活质量较低的群体可能会对生活质量产生高度满足。

养老需求受老年人个体、家庭成员、经济基础、社会环境等多层因素影响，虽然我国养老需求呈多样化、个性化发展趋势，但我国老年人养老需求的共性特征也很突出，体现在：

(1) 经济保障需求

老年人随着年龄的增长，身体各项机能进入衰退期，抵御能力、适应能力都在减弱，他们需要生活、安全的基本生存保障以安度幸福晚年。然而，多数老年人针对养老准备不足，体现在经济保障方面较多依赖子女、家庭和社会。“养老准备”是指老年个体所具有的提高未来老年生活质量的有利应对措施，从来源上可区分为正式养老准备（Formal Prearation for the Elderly Support）和非正式养老准备（Informal Preparation for the Elderly Support），前者指个体从国家等正式组织获得包括退休金、养老金、社区照顾等在内的为养老而做的准备，后者指个体通过自主行动对未来养老所做的准备，主要包括个人的经济储备、家庭成员互助、思想观念准备等。非正式养老准备实际上是建立自我养老资源，它能给老年人自主、坦然、稳定的感觉，对老年个体、家庭及社会意义非凡。据调查，现有城市老年人、农村老年人非正式养老准备均不足，这也是CSE服务系统建立的另一重要目的所在，即通过自我养老资源的建立，让社会更多普通百姓能积极地做好养老准备。

(2) 健康及照料需求

健康是老年人生活质量的重要组成内容。研究表明，随着我国老年人寿命的增长，老年人的健康状况在下降，无论是自评还是生活自理，2000年与1992年相比、2006年与2000年相比，60岁以上老年人的不健康状态都在“扩展”。老年人经常表现出内心脆弱，尤其是生病或体虚时，内在的求助心理十分强烈，“老有所助”是老年群体间普遍存在的养老需求，需要得到家庭、社会及更多人的理解与支持。随着我国人口结构的变化（图4-2）及人们生活水平的提高，空巢老人家庭增多，在社会老龄化、高龄化加剧的情况下，我国老年人照料需求存在较大缺口。因此，健康需求将成为CSE服务系统建立的重点考虑因素之一。

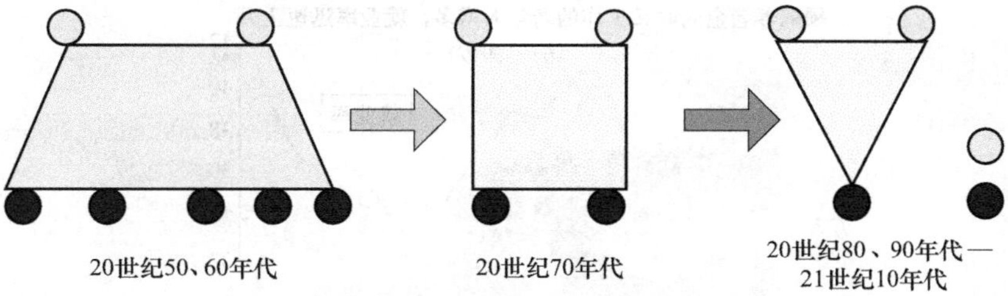

图4-2　新中国成立后我国家庭人口结构变化趋势

（3）亲情关怀需求

老年人需要亲人的体贴、关怀和理解，非常希望自己的喜怒哀乐有人倾听。受中国传统家庭观念影响，“养儿防老”在养老中表现为多数老年人在解决生存必需的日常照料和经济来源时都依靠自身和子女的力量，这反映出老年人对亲情强烈的刚性需求，且随着年龄增大而递增。对亲情需求的强烈依赖性给现有的机构养老、社区养老及家庭养老，尤其是空巢家庭养老带来极大的冲击。

（4）自由生活及发展需求

老年人生活质量提高的重要前提是独立性，老年人能独立自主地选择自己想要的生活方式，也是老年人解决自身问题的重要方面。面对养老问题，老年人在家庭中首先考虑的是不能成为子女的负担。社会养老要实现积极老龄化，老年人也在改变过于依赖子女的思想，改变自己是社会包袱的思想。可以说，老年人人力资源是社会发展的宝贵资源。据报道，2014年度日本65~69岁老年人的就业率为40.7%，意味着5个老年人中就有2个在工作（图4-3）。在日本，有越来越多的老年人既领取养老金又工作赚钱。退休后的老年人很多身心健康、有工作能力，大部分人希望能继续工作，重新寻找自身价值。

CSE的重要一点是老年人通过集体自助，树立“助人自助”“自助多福”的观念，调整心态积极投身到社会中，融入集体、融入社会，积极参与“自助、互助养老”活动，实现老有所为、老有所乐。

CSE的目标是提高养老满意度，因此，本书在马斯洛需求理论及老年人口生活质量的基础上，结合中国老年人养老需求共性特征，提出从经济、健康、情感、自我实现等四个层面对养老需求进行分析研究，构建集体自助养老服务系统，如图4-4所示。

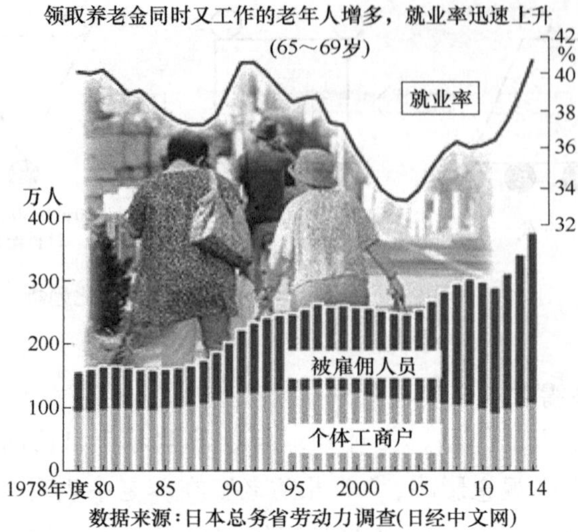

图4-3　日本65~69岁老年人就业率

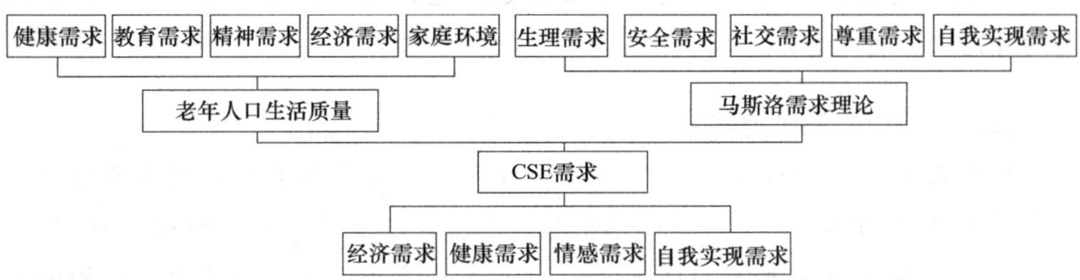

图4-4　CSE养老需求

4.2　超大城市自助养老服务需求细分

国际上通常将老年人需求归纳为3M，即物质需求（money）、医疗需求（medical）、精神需求（mental）。针对3M需求，Naruse（2011）等发现日本超60%老年人有日常生活活动能力障碍；而抑郁症治疗和保健需求将在未来显著增加（Stein，2016），老年人的社交网络等资源以及日常活动管理能力在照顾需求方面变得明显重要（Bilsen，2006）。目前我国城市老年人有较高的养老服务需求，但满足程度却较低，城市社区老年人健康状况不容乐观，多数老年人感到孤独。未来迫切需要满足老年人医疗预防保健服务及精神慰藉需求。当前我国老年人群正处在一个精神面貌与价值观念快速重构的转折阶段，他们的生活观念每年都在发生巨大变化，老年群体两极分化非常明显：一部分传统老年人群仍把照顾下一辈作为重心，生活极为单调保守，这部分群体正在逐渐减少；另一部分新老年人群正在迅速增加，他们具有高度参与精神，积极学习新事物，追求快乐、梦想及自我实现的新价值观正逐渐形成，这表明我国养老需求的多元化不仅体现在量的激增上，同时也体现在质的改变上。可见，未来养老服务需求发生转变，特别是此次全球疫情发生，更凸显了养老服务体系建设的重点是亟待加强养老服务供给侧改革的精准性、针对性和实效性。Northam（1975）提出城市化发展S曲线理论，当城市化水平越高，城市人口越密集，城市居民多元性、选择性日益增强，城市养老服务需求亦日益多元化。超大城市养老服务需求呈爆发式增长，传统养老模式的服务质量及水平远不能满足老年人抑郁症、慢性疾病、孤独感等新的医疗健康、精神慰藉需求，未来城市养老服务将从一元供给到多元提供转变以应对多元多样、动态变化的服务需求，因而需要新治理手段介入养老服务。

4.3 超大城市养老服务信息模型建立

老年人个体存在差异，导致养老服务需求的个性化和多样化，在新时代、新思想、新观念下，超大城市新老年人群的养老服务需求更多元化、多样化。因此在构建超大城市自助养老服务系统前，首先要做的是对超大城市老年人基础数据进行收集，包括老年人身体状况、经济基础、教育水平、性格特点、兴趣爱好、年龄、性别、职业、地域、家庭成员、配偶情况、子女数量等个人特征及家庭特征相关的基础信息数据，基于此对其养老服务需求进行梳理、细分，建立养老服务信息模型。养老服务需求有不同的分类方法和理论，每个城市可根据自己的需要选择合适、合理的分类方式。现有文献中最具代表性的是马斯洛需求层次理论，该理论表明人们首先要在基本生存需求、安全需求得到保障的情况下才会考虑提升自己的晚年生活品质，当人们的基本生活有了保障，随着生活水平的提高，人们自主选择养老方式、个性化养老需求被提上日程，当在某一老年群体中出现了品德高尚、有奉献精神、有影响号召力的精英老年人时，他们甚至可以自己创造一种全新的养老模式满足他们的养老服务需求，如抱团养老、共享养老等，养老类型随着养老服务需求

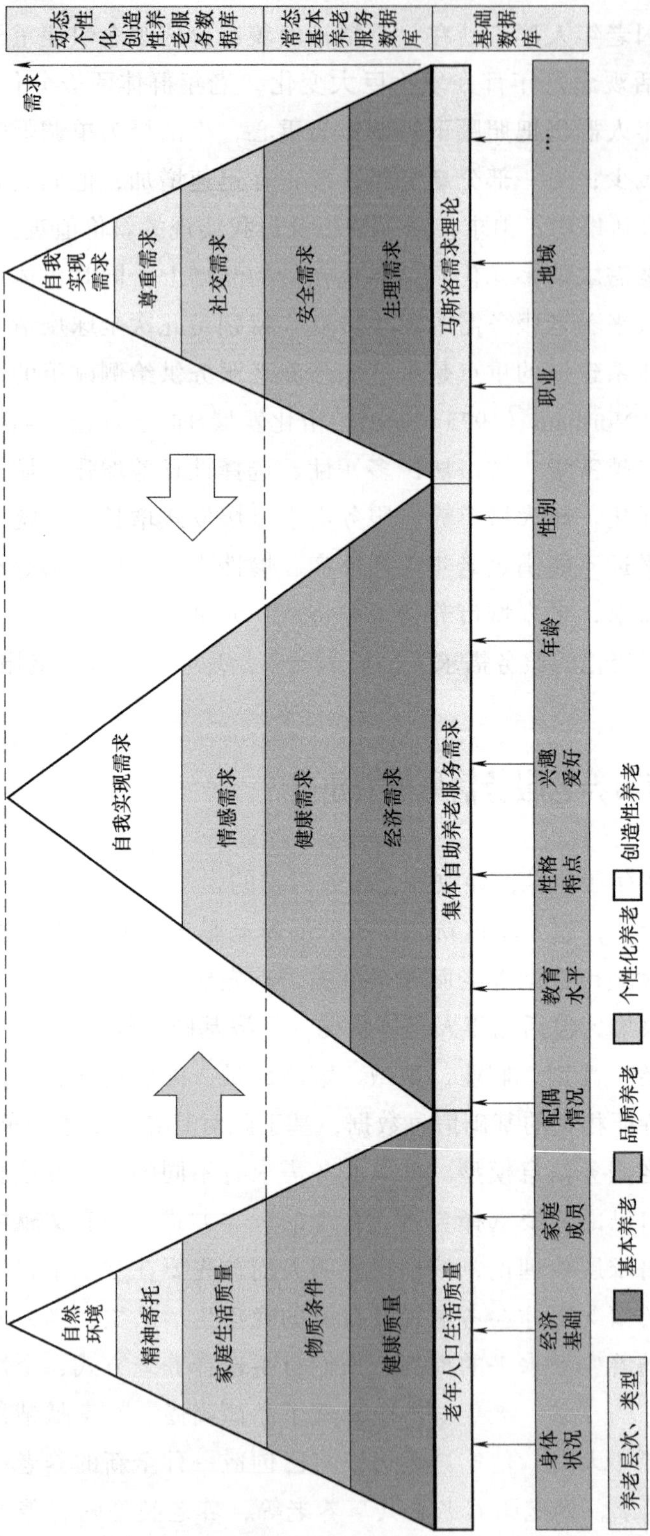

图 4-5　超大城市养老服务信息模型

从基本养老、品质养老到个性化养老、创造性养老转变。随着人口急剧老龄化、社会养老资源有限、人口结构及家庭功能改变，构建集体自助养老服务系统对提升新时期老年人生活质量迫在眉睫。生活质量是全面评价生活优劣的概念，通过主观、客观指标体系全面评价个体生理、心理、社会功能三方面的健康质量。将马斯洛需求层次理论与老年人口生活质量相结合，我们可以从经济、健康、情感、自我实现等四个层面进行养老服务需求分析，建立养老服务信息模型，如图4-5所示。该模型包含三个模块：一是老年人基础信息数据库，该数据库的建立不仅有力支撑养老服务供需两端的精准匹配，同时有助于养老服务满意度的提升，实现服务供需双方共赢，如当某老人需要上门助餐或家政服务时，集体自助养老服务系统可借助老年人基础信息数据库优先为其提供地域、兴趣爱好等相同的服务人员，服务供需双方共同点匹配度越高越有助于他们之间的交流及服务过程执行的通畅，进而提升服务质量和满意度；二是常态化的基本养老服务需求数据库，主要是经济、健康方面的养老服务需求，包括老年人的衣食住行医等物质层面的硬需求；三是动态化的个性化、创造性养老服务需求数据库，主要是精神层面的软需求，包括情感交流、人文关怀、社交需求、自我价值实现等。

超大城市养老服务信息模型三个模块数据库的建立也要遵循养老服务需求层级有优先递进关系的原则，老年人基础信息数据库是支撑常态基本养老服务和动态个性化、创造性养老服务数据库的基础，因此要优先建立老年人基础信息数据库，实现和实施精准养老服务才有可行性。在精准养老服务信息模型中，养老服务需求层次随马斯洛需求理论呈正金字塔形，而服务需求的多元化、多样化以及养老模式的多样性与正金字塔形的养老服务信息模型恰恰相反，呈倒金字塔形，如图4-6所示。这一现象非常有趣，它传递出很多信息，值得我们深思。如果把养老服务需求分为物质需求和精神需求两大类的话，养老服务需求、服务模式的多元化和多样化随需求层次递增呈倒金字塔形的现象就很好理解，因为物质需求主要是以任务为驱动的线性需求（硬需求），包括老年人的衣、食、住、行、医等各方面，这类需求随着人们生活水平的提高也会呈现多样化、个性化，但整体相对固定；而精神需求是以人为中心的非线性需求（软需求），包括老年人的情感交流、人文关怀、社交需求、自我价值实现等，这类需求的解有各种可能，是开放的，没有统一答案。当人们的经济基础得到保障后，精神需求便呈爆发式增长，如图4-7所示。此外，相较于物质需求，精神需求对老年人的身心健康、生活品质的影响更大，伴随着养老服务需求日益增加，多元化、多样化、个性化的养老模式将被充分激活。因此该模型的建立可为民政部、人事部对超大城市养老资源优化配置、养老产业转型升级提供参考依据。

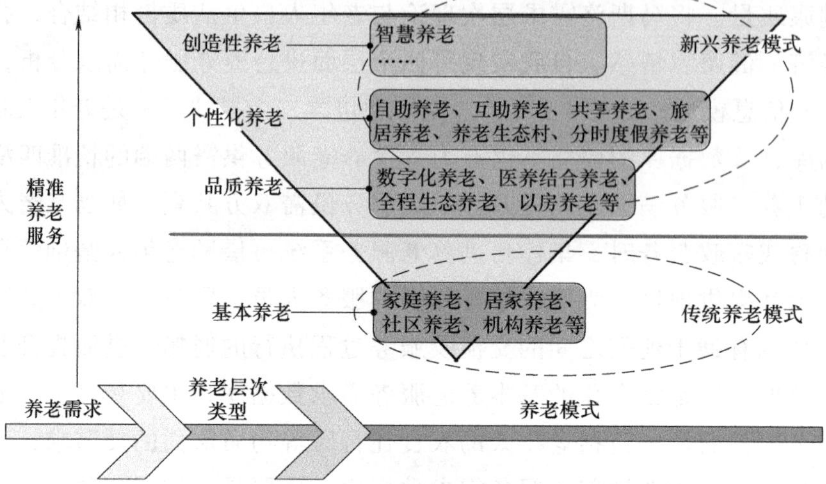

图4-6 集体自助养老服务系统养老需求与养老模式关系

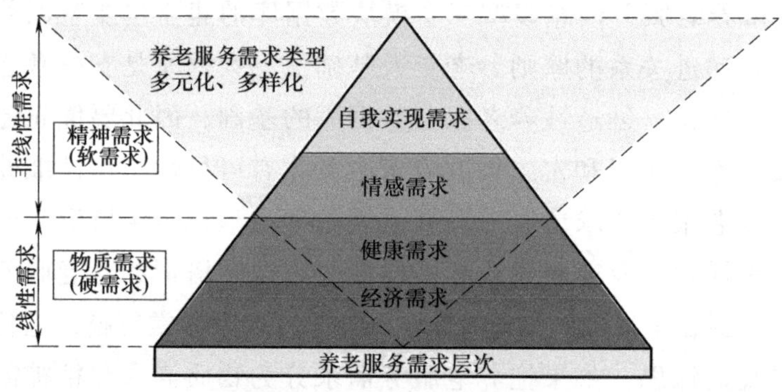

图4-7 养老服务需求增长层级

集体自助养老服务系统构建之始，服务信息模型中养老服务需求的初始数据可以通过访谈、问卷调研等方法获取，养老需求罗列得越详细越便于精准养老服务的实施。我们仍旧以经济、健康、情感、自我实现四个层次的需求为例，在此基础上通过访谈法进一步细分老年人的养老需求。养老服务需求只有细分后，精准养老服务系统构建才有应用价值。当系统构建起来之后，老年人新的养老服务需求可在系统实时发布。此时，借助人工智能深度学习的技术方法，可以让电脑将输入的新的养老服务需求与养老服务信息模型中已有的养老服务需求聚类，这是体现人工智能技术驱动精准养老服务系统实施非常关键和重要的一步，聚类的目的可以衡量不同养老服务需求数据源间的相似性，把需求进一步细分，以便与不同的养老服务资源对接，实现精准养老。

4.4 小结

本章主要对养老服务需求、超大城市养老服务需求细分及养老服务信息模型构建进行了研究和探讨。

第5章

超大城市自助养老服务设计路线图

如前文所述，养老不仅是一个经济问题，更是一个全民参与的社会问题，可持续养老模式（Sustainable Pension Model，SPM）不仅要从宏观层面探讨社会资源、人力资源、环境资源、养老成本、养老可行性等问题，还要从微观层面探讨老年人生理需求、心理需求、个性化需求、养老满意度等问题。可持续养老模式是将宏观层面和微观层面两者之和达到最优，其影响因素如图5-1所示。

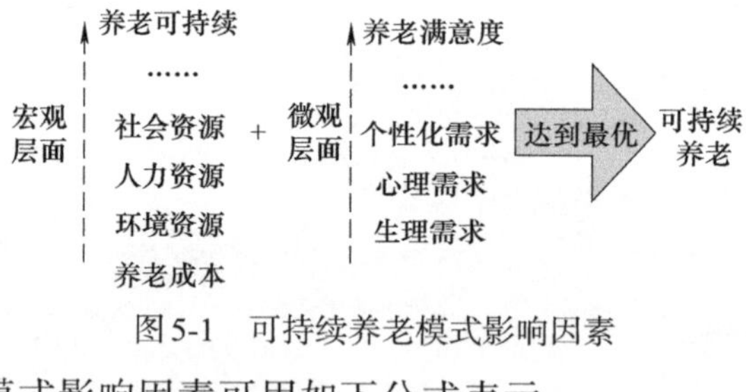

图5-1　可持续养老模式影响因素

可持续养老模式影响因素可用如下公式表示：

$$
\begin{aligned}
I_{spm} &= a_1 I_h + a_2 I_w \\
I_h &= I_{h1} + I_{h2} + \cdots + I_{hn} \\
I_w &= I_{w1} + I_{w2} + \cdots + I_{wm}
\end{aligned}
\tag{5-1}
$$

其中I_{spm}是可持续养老模式影响指标；I_h是宏观层面所有养老指标；I_w是微观层面所有养老指标；a_1，a_2分别是宏观层面、微观层面影响可持续养老指标的权重系数，宏观因素和微观因素之间存在交互作用。

老年人的技能、经验和资源是社会发展的宝贵资产，自助养老成为实现积极老龄化的重要途径。未来城市可持续养老的最终目标是建立在“积极老龄化”的基础上，不仅要关注老年人身体健康，更要关注其心理健康，即充分调动老年人的积极因素，包括积极情绪、积极情感、积极特质、积极关系等，化解消极因素，使老年人身心健康，提高老年人晚年生活品质和幸福指数。

5.1 超大城市自助养老服务模式构建框架

CSE服务模式构建框架围绕老年人身体健康、心理健康、提高生活品质等三方面展开，如图5-2所示。身心健康及晚年生活幸福对应着不同的养老服务需求，身体健康需求侧重指以任务为中心的线性需求，包括以“衣、食、住、行、医”等为主的日常生活及医疗保健需求，心理健康需求侧重以人为中心的非线性需求，包括情感交流、视听体验、人文关怀、社交娱乐需求等，而提升幸福生活包含人们对美好生活的向往，从积极心理学的角度看，包括快乐、幸福感的主观体验，爱的能力、人际交往技巧、美的感受力等积极个人特质，以及关系良好的社区群体层面。

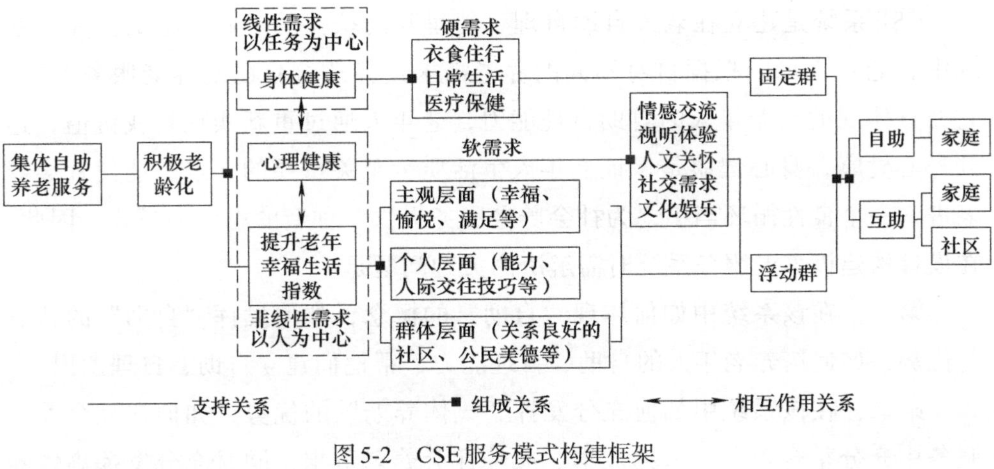

图5-2 CSE服务模式构建框架

为了让CSE模式能有效地运行起来，我们以社区为一个集体养老单位，结合养老服务需求，每一个养老集体包含固定群和浮动群两大养老群体类型以满足不同的自助、互助养老形式和内容，固定养老群主要是针对身体健康方面的养老服务需求，浮动养老群则主要是针对心理健康和提升品质生活的养老服务需求。为了充分发挥CSE的核心理念，即挖掘老年人的自助、互助能力，每位老年人都有自己的固定群和浮动群，在不同的群体提供和接受不同的养老服务需求，如图5-3所示。

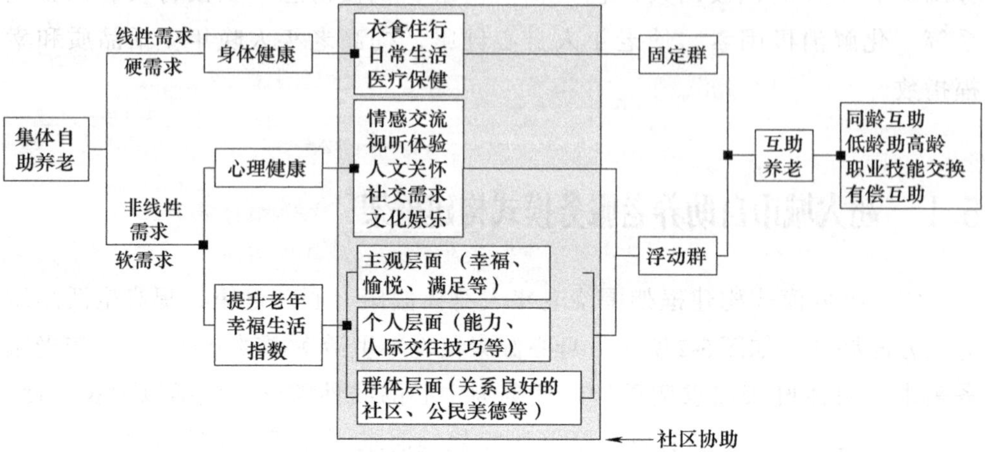

图5-3　集体自助、互助养老形式与内容

5.2　超大城市自助养老服务设计关键问题分析

CSE系统是建立在老人自助自理、邻里互助扶持的基础之上的。在该系统中，老年人可以根据自身不同的养老需求选择适合自己的养老服务系统，它充分体现的是老年人的自助自理能力，老年人通过重新实现自我价值，达到身心健康，身心健康是保证老年人生活质量至关重要的一点，能使社会养老进入一个良性循环当中，为社会养老服务提供一种新的思路和模式。因此，在设计构建该养老服务系统时需解决的关键问题是：

第一，在该系统中如何体现“自助”的概念，如何发挥“自助”的特点与优势，如何培养老年人的自助、自理能力，帮他们建立自助、自理意识。

第二，在该系统中如何充分发挥“集体养老”的优势，如何在社会养老服务中充分整合资源、节约成本、减轻社会养老负担，同时充分发挥集体养老归属感的作用，使邻里相互帮助、扶持，让老年人心有所属，寻找到一个志同道合的大家庭安度晚年。

第三，社会养老服务需求众多，如何从众多养老服务需求中分析、寻找能自助实现的养老服务需求，以及当前社会迫切需要的CSE养老服务需求。

第四，在该系统中，依据不同的自助养老服务需求，在现有社会自助养老案例匮乏的情况下，如何寻找实现CSE服务的方式、方法及关键支持技术，并评价其有效性、合理性。

第五，CSE系统的建立及其影响因素分析。

不同需求的CSE系统的建立会涉及众多不同的考虑因素，同时不同的CSE系统之间也会存在交叉、互动，这给CSE系统的建立带来极大的挑战。

5.3　超大城市自助养老服务设计流程

在CSE服务设计过程中，首先将获取的用户养老需求转化为养老服务的功能特征，然后将功能特征转化为服务设计方案特征，形成一个方案集，最后从方案集中优选出最佳方案，并给出具体的设计参数。根据SDFSS方法的ICOV、IDOV等不同模式，本书提出CSE的设计路线为RCDV，即需求辨识（Requirement Survey）、概念开发（Concept）、设计优化（Design）、验证（Verify），如图5-4所示。这一设计路线注重用户需求的获取、分析及概念开发的重要性，更适应于服务生命周期的概念和开发阶段。

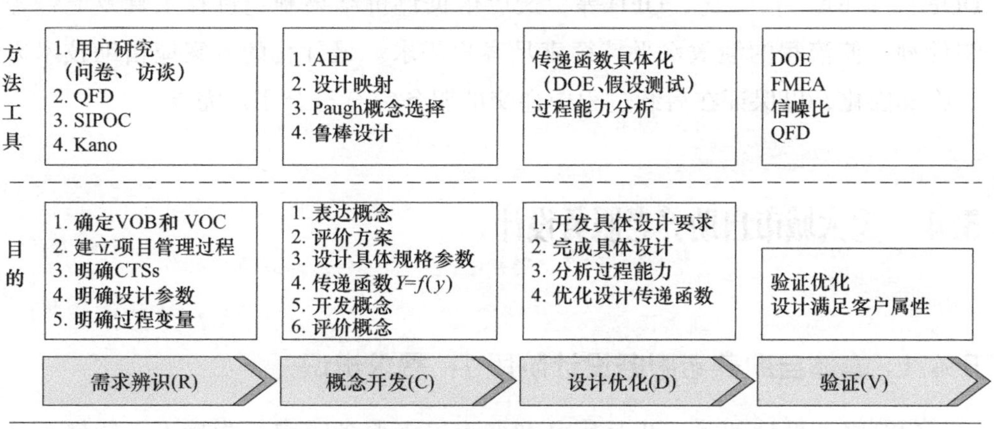

图5-4　CSE的设计路线

（1）需求辨识阶段（R）

SDFSS理论强调用户需求对服务设计全过程的作用，把重心放在服务设计生命周期的前端，即用户需求辨识、概念开发阶段，且概念开发始于用户需求，因此用户需求辨识是服务设计的关键一步。该阶段的主要工具有：用户研究（问卷调查、访谈）、定性定量分析、QFD、SIPOC、Kano分析等。

（2）概念开发阶段（C）

在用户需求辨识的基础上选择最好的服务概念，确定关键质量特征，设计具体规格的参数、技术需求并进行服务的概念设计，利用QFD将用户需求逐级展开为设计要求，通过系统设计和Paugh概念选择的方法，形成一个可以实现用户需求的方案集，并对概念进行开发与评价。

（3）设计优化阶段（D）

建立系统的服务过程知识库，运用设计映射将用户需求CTSs转化为功能需求FRs，开发具体设计要求，完成具体设计，利用传递函数评价、优化设计方案，确定最佳设计方案，达到服务质量、成本、交付时间的平衡。

（4）验证阶段（V）

评价测试服务的效能是否满足用户需求，达到预期目标，通过减少潜在的失效模式和功能变异性来改进服务和过程。通过建立、测试并固定原型，验证服务的可靠性、稳健性，分析设计过程能力。该阶段使用的工具有DOE、FMEA、信噪比、QFD等，最后依据评价结果制定过程工具及流程控制计划，使流程的绩效水平持续满足客户需求。最优化的方案应借助技术方法将其固化，以保证在后续过程中递交的服务完全符合用户需求。

5.4 超大城市自助养老服务设计

5.4.1 集体自助养老服务设计阶段1：需求辨识

CSE服务设计的第一步是定义和调查养老服务需求，为接下来的概念开发提供方向。在CSE服务设计开发中，CSE系统的构建首先是建立在对社会养老问题、养老服务需求的分析基础之上的，随着人口老龄化、高龄化的加剧，人口结构的改变及人们生活方式的变化，社会养老问题越来越突出，对当前社会养老存在问题的分析有助于我们理清社会养老服务需求，重新定义社会养老概念，为社会养老服务提供更多、更好的选择。因此分析养老需求并将关键需求融入养老服务设计中是服务生命周期最前端的过程，也是最重要的一个阶段，该阶段中任一小错误都有可能导致严重的后果。

社会养老服务需求日益多样化，针对CSE养老目标，CSE养老满意度需求的获取、梳理、分类、筛选很关键，具体步骤如下。

第一步，通过访谈法、观察法等用户研究方法获取养老需求，把全部的养老需求记录下来，定性分析得到一个养老需求集D。

第二步，用户对养老满意度的描述一般来说比较笼统、模糊、缺乏系统性，且存在大量冗余。因此，在构建CSE服务系统时，需要对用户养老需求进行分类、筛选、整理。

设$D_{c0}=\left\{d_{c1}，d_{c2}，\cdots，d_{cm1}\right\}$为用户养老需求集，其中$d_{ci}(i=1，2，\cdots，m1)$为用户养老需求。设$d_{ci}，d_{cj}\in D_{c0}$，则$d_{ci}$和$d_{cj}$之间在内容上存在以下三种关系。

① 独立关系。若d_{ci}所包含的内容与d_{cj}所包含的内容无关，则称d_{ci}和d_{cj}是独立关系。

② 交叉关系。若d_{ci}所包含的内容与d_{cj}所包含的内容存在交集，则称d_{ci}和d_{cj}是交叉关系。

③ 包含关系。若d_{ci}所包含的内容是d_{cj}所包含内容的子集，则称d_{ci}和d_{cj}是包含关系。

在对养老需求进行筛选时，存在包含关系的一对养老需求中，被包含的养老需求可以删去。存在交叉关系的一对养老需求，在删去交集内容后，可构建一个新的养老需求，这样就能初步实现冗余去除处理。

经过初步筛选，养老需求可能有以下四种关系。

① 相互独立关系。若d_{ci}的不满足不会对d_{cj}造成任何影响，d_{ci}和d_{cj}则称不相关。

② 互斥关系。若d_{ci}和d_{cj}（全部或部分）不能同时被满足，d_{ci}和d_{cj}则是相互排斥的。

③ 相互冲突关系。若d_{ci}的满意度下降会引起d_{cj}的满意度上升，d_{ci}和d_{cj}则相互冲突，或称“负相关”。

④ 相互协作关系。若d_{ci}的满意度提升会引起d_{cj}的满意度提升，d_{ci}和d_{cj}则称相互协作，或称“正相关”。

第三步，在CSE养老需求初步筛选的基础上，获得一个新的用户养老需求集D_{c1}，通过抽样问卷调查，问卷采用5分制量表，定量分析获取CSE关键满意需求，得到特征设计参数。

设 $D_{c1}=\{d_{c1}, d_{c2}, \cdots, d_{cp}\}$ 为用户养老需求集，其中 $d_{ci}(i=1, 2, \cdots, p)$ 为用户养老需求。对 d_{ci} 需求重要程度从低到高赋予不同的值，1分为很不重要，2分为不重要，3分为一般，4分为重要，5分为很重要。求 d_{ci} 的平均值，公式为：

$$d_{ci}=\sum\frac{(x_1+x_2+\cdots+x_n)}{n} \tag{5-2}$$

其中 $x_1+x_2+\cdots+x_n$ 为 n 位调查对象对 d_{ci} 的取值和。以3分为基数，对每项需求平均值再除以3，保留特征值大于1的因素，放弃特征值小于1的因素，进而得到养老关键满意需求集 D_{c2}，即 $D_{c2}=\left\{\frac{d_{c1}}{3},\frac{d_{c2}}{3}, \cdots,\frac{d_{cq}}{3}\right\}$，其中 d_{ci}（i=1，2，…，q）。

第四步，根据养老需求间存在的关系再次对其进行筛选，将具有互斥关系的养老需求在服务开发过程中加以取舍。

经过筛选后的养老需求集为 $D'_c=\{d_{c1}, d_{c2}, \cdots, d_{cq}\}$，其中 d_{ci}(i=1，2，…，q)为养老需求，对具有相互独立关系、相互冲突及相互协作关系的养老需求的取舍则通过权重排序进行筛选、精化。

本书采取层次分析法（Analytic Hierarchy Process，AHP）确定养老需求因素的重要度。层次分析法是定性与定量相结合、系统化、层次化的分析方法，它将复杂问题分解成若干组成因素，再把这些因素按目标、准则、方案等顺序分成若干组，形成不同的层次结构，上一层次的元素作为准则对下一层次的某些元素起支配作用，同时它又受更上一层次的元素支配，这样就形成了一个自上而下的递阶支配层次关系，处在最上面的层次是目标层，通常只有一个元素，中间层次是准则层，最低层次是方案层，它们是系统评价参数，典型的层次结构模型如图5-5所示。通过用求解判断矩阵特征向量的办法，求解每一层次各元素对上一层次某元素的优先权重，“优先权重”是一种相对的量度，最后用加权和的方法递阶归并各备择方案对目标层的最终权重，最终权重最大者即为最优方案。AHP比较适合目标难以定量描述的问题，通过对目标的层层分析，逐渐建立一套相关因素集，其优点是通过逐步细化达到最终目标，并建立较全面所需的相关因素集。本书在前一步骤考虑到对相关养老需求集的筛选，因此较好地避免了所建养老需求集可能造成的冗余，从而保证了设计特征参数的精准度。

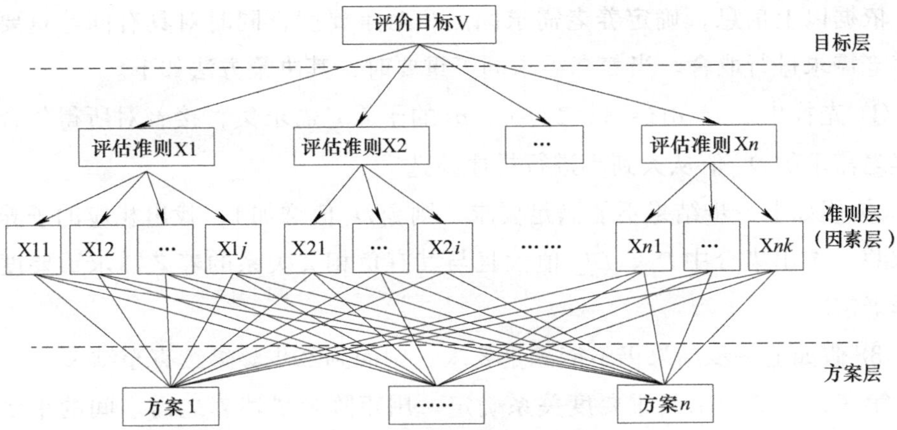

图5-5　AHP层次结构模型

AHP确定养老需求重要度的方法如下。

第一，在不考虑养老需求相关性的情况下，确定养老需求权重。用数值序列1~9表示，归一化处理后得到养老需求权重矢量$\boldsymbol{z}_r$，$\boldsymbol{z}_r=(z_1, z_2, \cdots, z_p)^{\mathrm{T}}$，其中$\sum_{i=1}^{p} z_i = 1$。

第二，养老需求之间相互关系确定。用矩阵$\boldsymbol{A}$来描述养老需求间的相互关系。用数值0表示养老需求间不相关；用数值1、3、9分别表示养老需求间的弱协作关系、中等协作关系及强协作关系；用数值–1、–3、–9分别表示养老需求间的弱冲突关系、中等冲突关系及强冲突关系。由此得到矩阵：

$$\boldsymbol{A}=\begin{bmatrix} a_{11} & a_{12} & \cdots & a_{1p} \\ a_{21} & a_{22} & \cdots & a_{2p} \\ \vdots & \vdots & \vdots & \vdots \\ a_{p1} & a_{p2} & \cdots & a_{pp} \end{bmatrix} \tag{5-3}$$

其中$a_{ij}=a_{ji}$，$a_{ii}=9$。通过对矩阵$\boldsymbol{A}$的相互关系分析可得到有关养老需求的相关性信息。以养老需求d_{ci}为例，存在以下相关性信息。

① 正相关数D_{pi}，表示养老需求数与d_{ci}正相关；

② 负相关数D_{ni}，表示养老需求数与d_{ci}负相关；

③ 正相关度D_{spi}，表示养老需求的相关度总和与d_{ci}正相关；

④ 负相关度D_{sni}，表示养老需求的相关度总和与d_{ci}负相关；

⑤ 平均相关度D'_{avi}，表示与d_{ci}相关养老需求的相关度平均值，即$D'_{avi}=\frac{1}{p}\sum_{j=1}^{p} a_{ij}$。

依据以上信息，确定养老需求间的相对重要度，同时对具有同等重要度的养老需求进行取舍。当养老需求同等重要时，其决策方法如下。

① 先找出$D_{ni}=0(i=1,\ 2,\ \cdots,\ p)$的子养老需求集，接着对所得集合中各养老需求的$D_{spi}$值从大到小进行排序筛选。

② 假如上一步结果不能满足要求，则令D_{ni}值增加1，找出相应的子养老需求集，选出集合中D_{pi}、D'_{avi}值大且与其有负相关关系的养老需求重要度低的养老需求。

③ 假如上一步结果仍不能满足要求，则回到②步骤继续直至结束。

第三，养老需求间重要度关系确定。用矩阵$\boldsymbol{Z}_r$描述养老需求间的重要度关系。以d_{ci}为例，在考虑其他养老需求与d_{ci}相关关系的基础上，确定针对其他养老需求d_{ci}间的相对重要度，获得相对重要度矩阵$\boldsymbol{Z}_i$，其中$d_{ij}\in[0,9]$，当$d_{ij}=0$时，$d_{ji}=0$，当$d_{ij}\neq 0$时，$d_{ij}=1/d_{ji}$。利用AHP获得针对其他养老需求d_{ci}间的相对重要度矢量$\boldsymbol{Z}_i=(z_{1i},\ z_{2i},\ \cdots,\ z_{ii},\ \cdots,\ z_{pi})^{\mathrm{T}}$，其中$\sum_{j=1}^{p}z_{ji}=1$。据此可得到养老需求间的重要度关系矩阵$\boldsymbol{Z}_r$。

$$\boldsymbol{Z}_i=\begin{bmatrix} d_{11} & d_{12} & \cdots & d_{1i} & \cdots & d_{1p} \\ d_{21} & d_{22} & \cdots & d_{2i} & \cdots & d_{2p} \\ \vdots & \vdots & \vdots & \vdots & \vdots & \vdots \\ d_{i1} & d_{i2} & \cdots & d_{ii} & \cdots & d_{ip} \\ \vdots & \vdots & \vdots & \vdots & \vdots & \vdots \\ d_{p1} & d_{p2} & \cdots & d_{pi} & \cdots & d_{pp} \end{bmatrix} \boldsymbol{Z}_r=\begin{bmatrix} z_{11} & z_{12} & \cdots & z_{1i} & \cdots & z_{1p} \\ z_{21} & z_{22} & \cdots & z_{2i} & \cdots & z_{2p} \\ \vdots & \vdots & \vdots & \vdots & \vdots & \vdots \\ z_{i1} & z_{i2} & \cdots & z_{ii} & \cdots & z_{ip} \\ \vdots & \vdots & \vdots & \vdots & \vdots & \vdots \\ z_{p1} & z_{p2} & \cdots & z_{pi} & \cdots & z_{pp} \end{bmatrix} \tag{5-4}$$

第四，养老需求重要度确定。用$\boldsymbol{Z}'_c$矢量表示养老需求重要度，即：

$$\boldsymbol{Z}'_c=\boldsymbol{Z}_r\times z_r=(z_{c1},\ z_{c2},\ \cdots,\ z_{cp})^{\mathrm{T}} \tag{5-5}$$

第五，最终养老需求确定。依据养老需求的重要度排序，删除不重要的养老需求。当养老需求重要度区分不明显时，则用第二步中的方法进行筛选决策。最终得到的养老需求$D_c=\{d_{c1},\ d_{c2},\ \cdots,\ d_{cm}\}$及相应归一化处理后的养老需求重要度矢量$\boldsymbol{Z}_c=(z_1,\ z_2,\ \cdots z_m)^{\mathrm{T}}$。

5.4.2 集体自助养老服务设计阶段2：概念开发

（1）依据养老需求确定服务质量特征

CSE服务设计路线图中存在三种映射形式。

① 需求映射：从养老需求属性到养老功能的映射。针对前文已筛选和精化的养老需求，设计团队通过召集来自服务生命周期各阶段的专家人员集思广益，用头脑风暴法尽可能提出满足养老需求的功能要求，获得相应的服务质量特征集。养老需求与服务质量特征集可能存在以下三种映射关系。

a. 一一对应关系：某一养老需求只有唯一的服务质量特征；

b. 一对多关系：某一养老需求对应多项服务质量特征；

c. 多对一关系：多项服务质量特征对应某一养老需求。

通过头脑风暴法获得的服务质量特征集在内容上同样存在独立、交叉和包含关系，对内容有交叉、包含关系的服务质量特征，需要进行去冗余处理。去冗余后的养老服务质量特征，在相关性方面同样存在相互独立关系、互斥关系、相互冲突关系及相互协作关系。服务质量特征的筛选既要考虑其重要度，同时也要考虑养老资源利用率、养老成本、养老可持续性、养老可行性等要求，在对具有互斥关系的服务质量特征进行取舍的基础上，得到具有独立关系、相互冲突关系及相互协作关系的养老服务质量特征集 $S_Q(s_{q1}, s_{q2}, \cdots, s_{qn})$。

② 功能映射：从养老功能要求到设计参数的映射。借助公理化设计（Axiomatic Design，AD）方法实现功能映射。公理化设计是设计领域建立在科学公理、法则基础上的科学理论，将传统以经验为主的设计转变为规范化、程序化的方法。公理化设计是科学的设计前提，是要基于两个公理的理论体系。对此，Suh提出公理化设计必须满足以下两个公理。

公理1：独立公理。指在一个可接受的设计中，从功能要求到设计参数映射过程中，保持各功能要求的独立性。

公理2：信息公理。指在满足独立公理的条件下，使设计中的信息量最小。

Suh将设计过程分为客户域（Consumer Domain）、功能域（Function Domain）、结构域（Physical Domain）、过程域（Process Domain），设计过程就是求解这各个域之间的映射关系。每个域都有各自的元素，即客户域客户需求（Custom Needs，CNs）、功能域功能要求（Function Requires，FRs）、结构域设计参数（Design Parameters，DPs）、过程域过程变量（Process Variables，PVs）。

根据公理化设计原理设计的过程如图5-6所示。

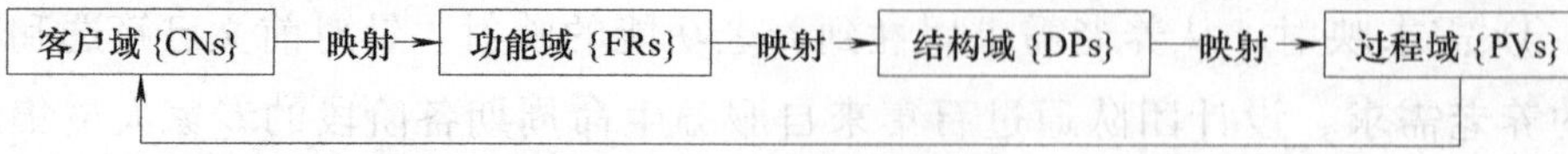

图5-6 公理化设计过程

Aungst等提出可通过矩阵实现各域之间的转换，设有相应的矩阵A，B，C，则转换公式为：

$$(CNs) = A(FRs) \tag{5-6}$$

矩阵A定义了功能特征。

$$(FRs) = B(DPs) \tag{5-7}$$

矩阵B定义了结构特征。

$$(DPs) = C(PVs) \tag{5-8}$$

矩阵C定义了过程特征。

③ 过程映射：从设计参数到过程变量的映射。过程映射是一种在过程各步骤之间表明关系的方法，它可以用来开发价值流映射，并阐释一个过程如何在价值和流动层面上保持良好运作。价值流映射（Value Stream Mapping，VSM）曾应用于精益制造过程，它同样可用于服务过程。每当一个客户享有一种服务时，社会就产生一个价值流。VSM可以在设计团队局部层次上运作或在企业层次的信息流、服务流上运作，它们可直接运用到过程图中，并评估每一步骤是否增值，如图5-7所示。当设计团队需要消除过程中的非增值活动时，就可应用VSM，客户非常乐意为增值的活动、步骤付费。非增值活动应予以消除、简化或集成。服务消费的可见性可通过记录各变量效能获取。VSM是一种极好的帮助可视化服务运作的工具。

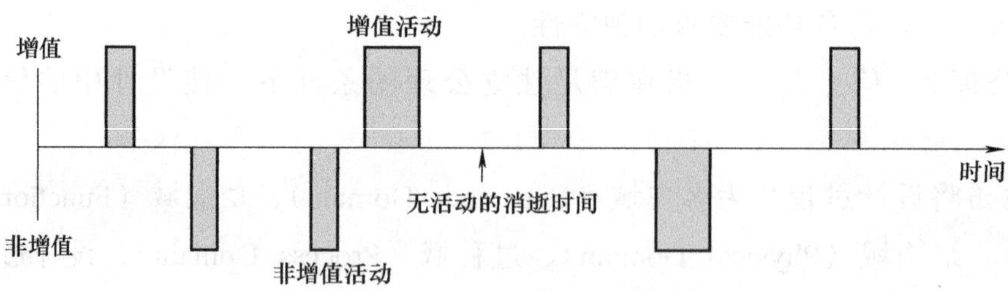

图5-7 价值流映射增值、非增值过程图

VSM过程的步骤如下。

a. 选择和确认VSM资源：清楚写明有多少不同的服务，要求什么样的质量；

b. 装备一个“作战室”：用所需的后勤资源，如便条、纸张、签字笔、计算机等准备一个工作空间；

c. 绘出当前状态图：从什么是客户价值的概念开始，思考每个过程的步骤如何增加或创造客户的价值；

d. 绘出和执行未来的状态图：团队需要一张良好、明确的回路图，揭示流的概念、单元的概念及全面预防维护；

e. 拟定、实施一个通信计划。

（2）服务质量特征重要度分析

在对养老服务质量特征重要度进行分析时，因养老需求与养老服务质量特征间存在交互作用，且养老服务质量特征之间存在相关性关系，这两个影响因素都要考虑。本书仍采用AHP对服务质量特征重要度进行分析。

① 养老需求与服务质量特征之间重要度分析。用矩阵$\boldsymbol{Z}_{qc}$来表示养老需求与服务质量特征间的重要度关系。设各项服务质量特征不相关，在确定养老需求与服务质量特征之间的重要度时，针对每项养老需求与服务质量特征相互比较，获得一个与该养老需求相关的服务质量特征之间的重要度关系矩阵$\boldsymbol{Z}_{qci}$。通过AHP得到该养老需求的各服务质量特征的重要度矢量$\boldsymbol{Z}_{qci}=(z_{1i}, z_{2i}, \cdots, z_{ii}, \cdots, z_{pi})^{\mathrm{T}}$，由全部养老需求项的服务质量特征间的重要度矢量组成养老需求与服务质量特征间的重要关系矩阵$\boldsymbol{Z}_{qc}$。

② 服务质量特征之间相关性分析。借助使用与养老需求间相关性分析同样的方法，得到服务质量特征间相关性关系矩阵$\boldsymbol{B}$，并算出与服务质量特征相关的正相关数S_{qi}、负相关数S_{mi}、正相关度S_{aqi}、负相关度S_{ami}及平均相关度S'_{avi}。

③ 服务质量特征重要度确定。借助使用与确定养老需求间重要度关系矩阵一样的方法，得到服务质量特征之间重要度关系矩阵$\boldsymbol{Z}_q$。由矩阵$\boldsymbol{Z}_{qc}$和$\boldsymbol{Z}_q$获得已对服务质量特征相关性筛选过的养老需求与服务质量特征间的重要度关系矩阵$\boldsymbol{Z}_{QC}$。

$$\boldsymbol{Z}_{QC}=\boldsymbol{Z}_q\times(\boldsymbol{Z}_{qc})^{\mathrm{T}} \tag{5-9}$$

综合分析养老需求重要度对服务质量特征的影响，获得服务质量特征的重要度矢量$\boldsymbol{Z}_Q=\boldsymbol{Z}_{QC}\times\boldsymbol{Z}_C$。

5.4.3 集体自助养老服务设计阶段3：设计优化

在养老服务设计中，因养老需求呈个性化、多元化、多样化特点，已筛选和精化的养老需求与服务质量特征之间，如前文所述存在不同的相关性关系，在确定服务质量特征时，既要考虑服务质量特征的重要度，同时还要考虑养老资源利用率、养老成本、养老可持续性、养老可行性等对服务质量特征的影响，未来集体自助的创新养老模式是要在有限的养老资源的情况下，以最少的成本让更多的普通百姓持续达到自己理想的养老满意状态。对服务质量特征产生影响的因素可分为定性约束（资源利用率、可行性等）和定量约束（养老成本等）两类。依据服务质量特征间的不同相关性，其优化和决策采用不同的方法，具体如下。

(1) 传递函数优化

6σ服务设计是通过传递函数对养老满意度进行优化的。在对养老满意度进行优化之前，需要建立起养老满意度（y，功能要求）与各设计参数（x_1，x_2，…，x_n）之间的函数关系$y_1=f(x_1, x_2, \cdots, x_n)$，而各设计参数的确定直接受服务质量特征的影响。例如，假设某一老年群体养老满意度是“跟子女在一起”，“跟子女在一起”是他们养老的功能要求（y），要实现该功能要求至少要满足“在同一座城市”（x_1）、“房子足够大”（x_2）、“婆媳关系好”（x_3）等条件，这些可以用来定义、评价和优化该项养老满意需求。但在现实生活中，某一养老群体的养老满意度很多情况下会有多个养老需求（多个目标）提出，对应多个功能要求，如图5-8所示。根据服务质量特征间不同的相关性关系，对其优化和决策采用不同的方法。

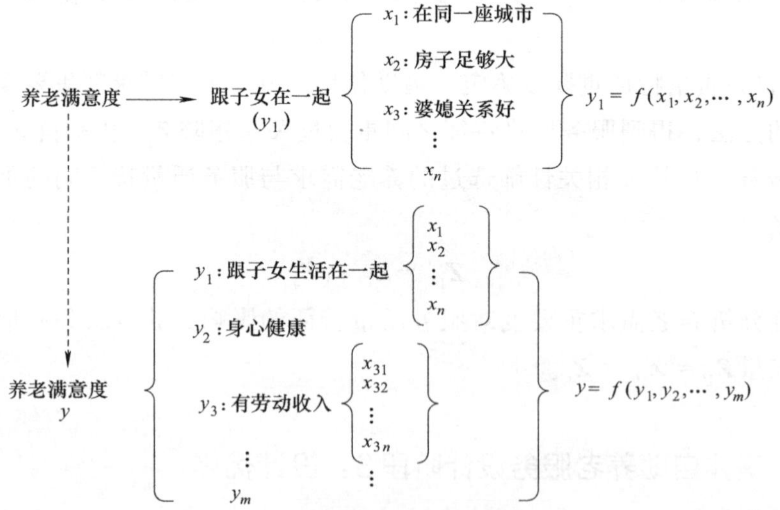

图5-8 养老满意度养老需求与特征质量关系

① 对具有独立关系、相互冲突关系、相互协作关系的养老服务质量特征，采用传递函数进行优化，借助数学公式（3-7）实现，获得服务质量特征最优集。

② 对具有互斥关系的服务质量特征，通过加权0-1目标规划法获得服务质量特征最优集。

（2）0-1目标规划模型筛选

目标规划（Goal Programming，GP）是系统在多个相互冲突的目标、资源有限且目标具有不同权重及优先级别的情况下，给一组变量分配最佳值的数学方法，决策变量只取0、1两个值，表示事物两种矛盾对立状态。该方法具有三大特征：①主要用于解决项目取舍问题，总目标是找到最佳选择组合；②要满足多目标要求；③目标函数受多条件约束制约。0-1目标规划法是一种科学实用的决策方法，它是整数线性规划的一种特殊情况，不但可以在资源限制下解决最优化问题，而且可以利用MATLAB数学软件进行计算，从而节省大量时间，被广泛应用于目标有显著二元互斥的变量决策领域。

① 基于AHP的一般目标规划模型。借助AHP获得养老需求、养老服务质量特征优先权重，得到服务质量特征优化的一般目标函数：$\min Y=\sum_{i=1}^{m}(Z_i^+d_i^++Z_i^-d_i^-)$；

目标约束：$\sum_{j=1}^{n}C_{ij}X_j+d_i^--d_i^+-h_i-0$，$i=1,2,\cdots,m$；

资源约束：$\sum_{j=1}^{n}A_{ij}X_j\leqslant f_i$。

$X_j=0$ 或 1；d_i^+，$d_i^-\geqslant 0, i=1,2,\cdots,k$；$j=1,2,\cdots,n$。其中$Z_i^+,Z_i^-$分别表示目标$i$的正负偏差量的罚数权重，$d_i^+,d_i^-$分别表示第$i$个目标的正负偏差变量，$C_{ij}$是第$j$个项目对第$i$个目标的贡献系数，$X_j$是第$j$个项目的决策变量，$X_j=0$表示舍弃该项目，$X_j=1$表示选择该项目，$h_i$表示第$i$个要达到目标的值，$f_i$表示第$i$种可用资源量。

② 定性指标描述。对影响服务质量特征的定性指标可通过专家打分法进行描述。例如共有N位专家对提升养老服务满意度的C_1指标进行评价，评语集：

$$P=\{p_n=1,3,5,7,9\}$$

$p_n(n=1,3,\cdots,9)$分别对应5个评价等级，$N_1,N_2,\cdots,N_n$分别表示选择评语等级p_n的人数，则$N=N_1+N_2+\ldots+N_n$，C_1对于p_n评语等级的隶属度：$\omega_n=N_nN$。

计算 C_1 对每一评语等级的隶属度后，得出一个行向量：

$$R=\omega_1,\ \omega_2,\ \cdots,\ \omega_5$$

该养老满意度提升指标 C_1 的量化值为：

$$L=(\omega_1,\ \omega_2,\ \cdots,\ \omega_5)^*(1,\ 3,\ 5,\ 7,\ 9)^{\mathrm{T}} \tag{5-10}$$

5.4.4 集体自助养老服务设计阶段4：设计验证

集体自助养老服务设计的最终目标是提升养老服务满意度，借助功能质量展开（QFD）方法，能在养老服务实施前将养老服务满意度从需求辨识、概念开发到设计优化、设计验证的整个设计过程考虑进去。QFD是一种规划工具，它包括四个阶段：阶段1——关键满意度规划、阶段2——功能要求规划、阶段3——设计参数规划、阶段4——过程变量规划。通过这四个阶段，能保证将养老服务需求精准无误地转移到整个养老服务生命周期各环节的相关技术及措施中，有效缩短服务设计开发周期时间，降低服务设计开发成本，提高服务质量。

5.5 小结

本章主要探讨了可持续养老模式的影响因素，提出可持续养老—集体自助养老系统解决方案，对CSE内涵、CSE服务模式构建框架、CSE系统实现关键问题分析等进行了研究。在SDFSS服务路线图的基础上，建立CSE服务设计流程图，提出CSE服务设计方法RCDV，该设计方法包括需求辨识（R）、概念开发（C）、设计优化（D）、验证（V）四个阶段，并对这四个阶段中所使用的方法、工具进行了研究。

第6章

超大城市自助养老服务系统模型构建

依据可持续养老理念，CSE服务设计要在微观层面、宏观层面分层次、分类别展开研究，结合不同的养老需求和有限的养老资源、成本设计不同的集体自助养老系统方案。在CSE服务设计过程中，首先要确定CSE类型影响因素，根据不同的影响因素选择、确定不同类型的自助养老服务，进而根据不同类型的自助养老服务，将其养老需求转化为CSE服务功能特征、CSE服务方案特征。接着依据方案特征设计合理的养老服务模块，形成可行性方案。最后，从若干可行性方案中选出最佳方案进行深入详细的设计。因此，需要建立CSE服务设计框架，给出相应的设计要素（如自助养老需求、自助养老系统功能、自助养老过程等）表达模型和关键技术。

6.1 超大城市自助养老影响因素分析

CSE服务设计首先建立在养老需求获取、分析、筛选的基础之上，CSE养老模式与现有养老模式相比，因人口老龄化、高龄化加剧，老年人消费角色发生了质的改变，如图6-1所示。在CSE中老年人既是生产创造者（服务者），同时也是消费者（被服务者），这是该养老模式可持续的关键点之一。

6.1.1 集体自助养老类型选择和建立条件

老年人对集体自助养老的类型选择和自助需求的强烈程度是随着养老需

求的不断满足呈递增状态的，如图6-2所示。正如马斯洛需求理论和马克思主义需求理论所论及的一样，在CSE中，人们首先要在基本生存需求、安全需求得到保障的情况下才能自助养老，当基本生存需求得到保障后，随着人口急剧老龄化、社会养老资源有限、人口结构和家庭功能发生改变，老年人要想提升自己的晚年生活品质，更多地需要依靠自身积极参与养老，融入社会，互相帮助。在此基础上，当人们的基本生活有保障、全民有共同自助养老意识，随着人们生活水平的提高，人们自主选择养老方式、个性化养老需求被提上日程，人们自助、互助的程度也越来越高。当在某一老年群体中出现了具有影响力及号召力、品德高尚的有奉献精神的精英老年人时，他们甚至可以创造一种全新的满足自己养老需求的养老模式，例如他们可以三五知己、一处小院、择邻而居，可以购置一小块地打造属于自己的安乐窝。每一层次的养老需求都有可能出现完全自助、自助加互助、完全互助类型的养老群体，对应的集体自助养老系统方案设计也会有所不同。

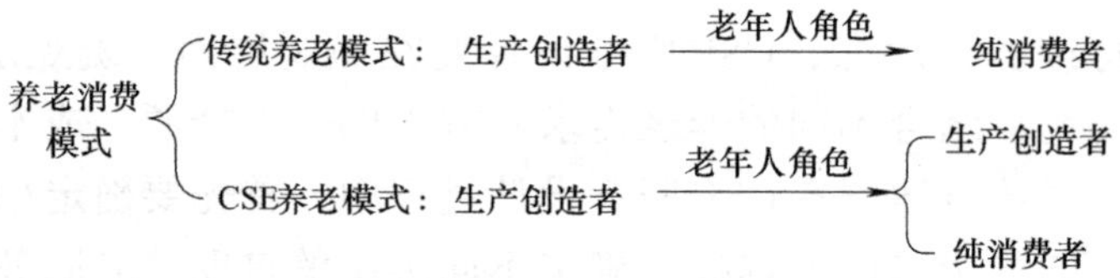

图6-1　传统养老模式与CSE养老模式老年人消费角色的改变

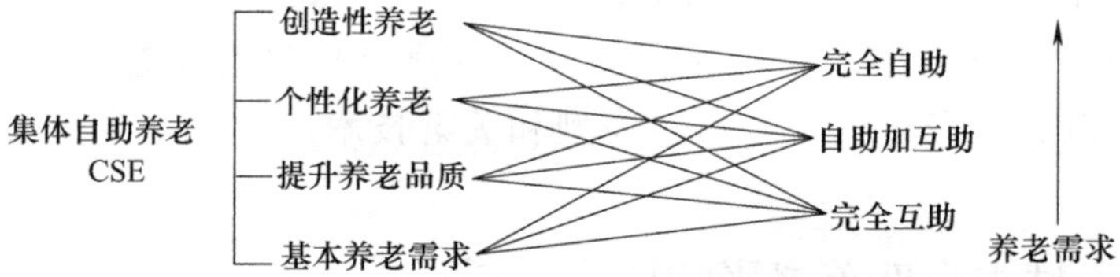

图6-2　CSE类型与养老需求关系

CSE类型的选择和建立需要具备一个客观必要条件和一个主观充分条件。必要条件是人们基本的生存、安全需求必须得到满足，只有且必须在此基础上，任何自助养老类型才有可能实现，基本生存需求对应于CSE的经济需求和健康需求；充分条件是人们的心理需求、归属需求、自我实现需求得以实现，这些更多的是主观能动需求，对应于CSE的情感需求、自我实现需求，如图6-3所示。

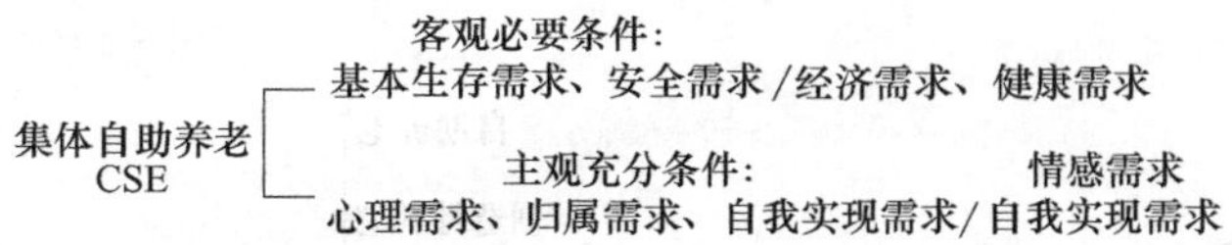

图6-3　CSE的建立条件

在CSE中，微观层面（老年人主体情况）的因素较宏观层面的因素（社会资源等）在可持续养老模式中占据主导性地位与作用。因此，结合不同的养老需求，对影响CSE类型的因素从老年人的微观角度也可分为客观因素、主观因素两类。客观因素包括年龄高低（Age Level，AL）、收入水平（Income Level，IL）、子女数（Number of Children，NC）、居住环境（Living Environment，LE）、健康状况（Health Status，HS），主观因素包括心理状况（Psychological status，PS）等。

年龄高低（AL）是决定老年人在CSE中是否选择自助养老及自助养老类型的关键因素之一。一般来讲年龄越低，老年人的自助养老程度越高；反之，互助养老程度越高。年龄高低与自助养老程度呈反比函数关系，如图6-4所示。用数学公式表示为：

$$y = {}^{\mathrm{k}}\!/_{x}\ (\mathrm{k} \neq 0) \tag{6-1}$$

其中x表示老年人年龄，k为常数，y是自变量x的函数。这与老年人的客观生理机能随着年龄增长逐渐衰退有关，年龄越大，生理机能衰退越快，其需要接受他人帮助的需求也会日益增加，这是遵循客观自然规律的结果。

收入水平（IL）的高低也会对老年人选择CSE类型产生直接影响。当老年人基本生活得到保障，如果没有一定的经济来源或经济基础，老年人就会对生活产生忧虑、缺乏安全感，特别是在生病的情况下。因此，收入水平低的老年群体，经调查表明大部分（如果有具体数据可以补充）老年人在其身体状况允许的情况下，愿意通过有偿互助的形式获取一定的劳动报酬，如身体健康的低领、低收入老年群体照顾自理能力缺失、高龄的老年群体，获取一定报酬。收入低的老年群体会倾向于同时选择满足基本养老需求的自助养老类型和有偿互助养老类型；而高水平收入的老年群体，其收入水平与自助养老程度呈正比函数关系，如图6-5所示。用数学公式表示为：

$$y = \mathrm{k}x(\mathrm{k} \neq 0) \tag{6-2}$$

其中x表示老年人收入，k为常数，y是自变量x的函数。

子女数（NC）的多少或有无子女与老年人选择什么类型的自助养老方式

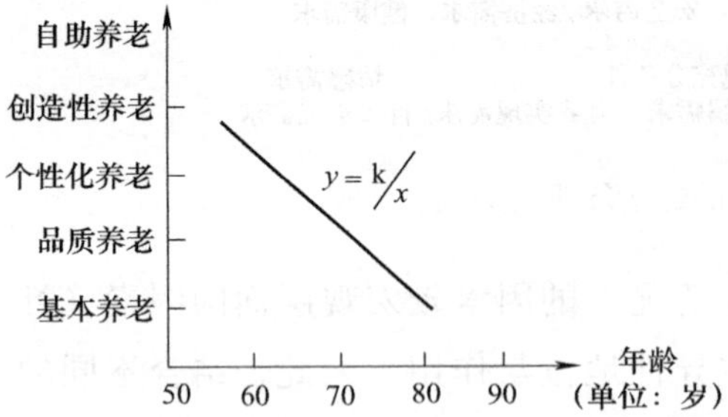

图6-4　自助养老程度与年龄关系

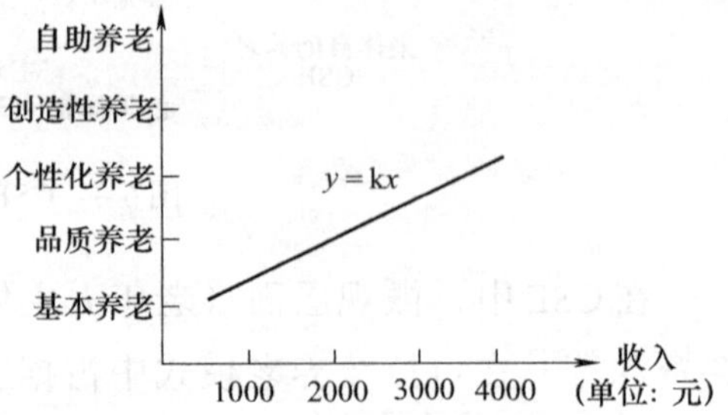

图6-5　自助养老程度与收入关系

没有必然关系。随着城镇化的推进，家庭养老、熟人社区被解构，出现了越来越多的空巢老人家庭，即使是与子女居住在一起的老年人，子女由于社会工作压力大，早出晚归，不仅没有时间照顾老年人的日常生活，反而受老年人的照顾，如老年人帮助子女照顾下一代。空巢老人家庭更需要自助养老，通过在互助养老过程中得到日常生活照料及情感需求满足，排解孤独无助感。虽然子女数与自助养老没有必然联系，但子女数的多少会对老年人自助养老类型的选择产生隐性影响，老年人子女数越多，在某种程度上其经济基础会越好，经济基础好则其选择自助养老类型的主导性作用就大，反之亦然，如图6-6所示。

居住环境（LE）分为内环境和外环境，内环境包括老年人的居家环境、邻里关系、社区环境、小区周边配套环境等，外环境包括老年人住所所在地理位置（城区、郊区、城镇、农村等）、住所是否有机融入社会（而不是远离社会或单独而居或远离人群、远离城区）。居住环境会间接影响CSE类型的选择与建立。如果是居住在一座宜居城市，城市经济富裕、生活便宜、治安良好、社区亲和，那么自助养老的建立就有充足良好的实现条件；反之，自助养老则难以实现。

健康状况（HS）直接影响着老年人选择自助养老的类型。调查表明，80%以上的老年人只要身体健康状况允许，不管是低龄老人还是高龄老人、不管有无经济基础，都愿意通过自助、互助的形式集体养老。健康状况在众多CSE影响因素中占据主导地位。当老年人健康水平下降，特别是自理能力下降时，与去敬老院、养老院相比，老年人更愿意选择互助养老形式。健康状况越好，自助养老的程度越高，健康状况越差，互助养老的程度越高，如图6-7所示。

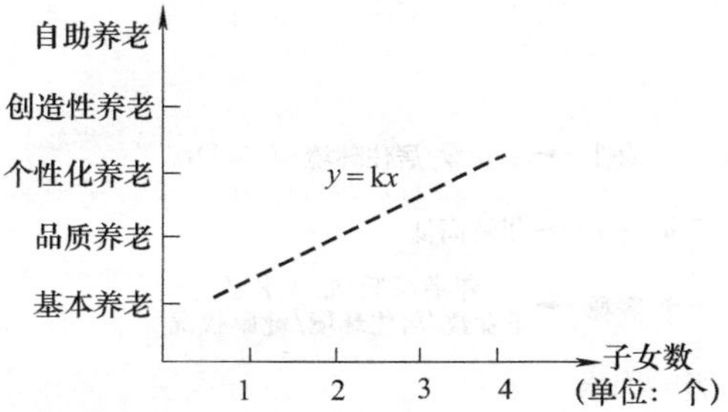

图6-6　自助养老程度与子女数关系

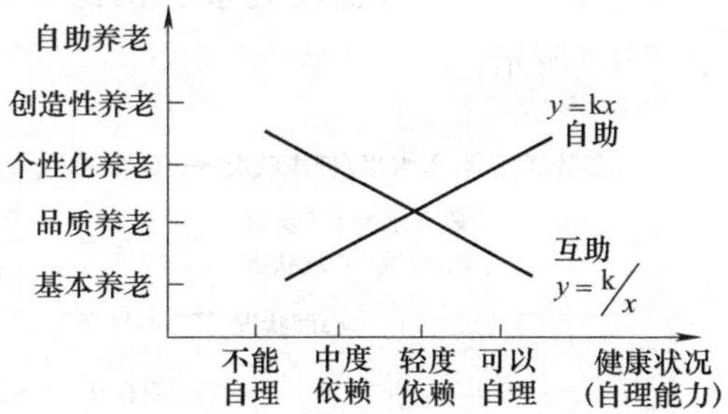

图6-7　自助养老程度与健康状况关系

心理状况（PS）不仅会影响老年人选择自助养老的类型，同时还会影响其参与自助养老的积极性与热情。老年人心理状况受多重因素的影响，包括性别、受教育程度、是否与配偶同住、城乡居住、经济来源、养老方式等人口学变量因素和与谁聊天、心事向谁诉说、困难向谁求助等社会支持因素。调查表明，我国高龄老年人的心理状况改变受这两大因素影响，大多数低龄老年人和高龄老年人心理状况的评分在一般及以上，其对生活满意度的评分随年龄增长呈增高趋势。老年人对生活满意度高，其自助养老实现的可能性就大。目前我国大多数高龄老年人心理状况较好，其中性别、受教育程度、是否与配偶同住、社会支持对高龄老年人心理影响显著。社会支持对改善高龄老人的心理状况有积极作用，除亲人以外，社会工作者对高龄老年人的心理帮助也非常有用，但现有社会工作者的人数（比例）非常有限，而CSE正好可以有机地解决这个问题，它不仅为老年人提供了一个很好的互助交流平台，还对改善老年人的心理状况非常有帮助，两者是相互作用的，如图6-8所示。

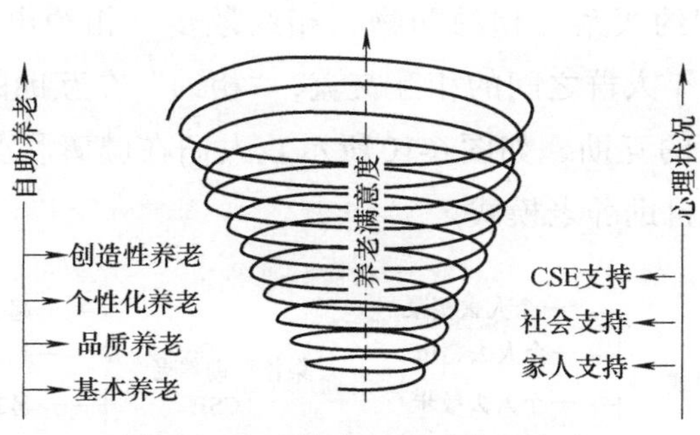

图6-8　自助养老与心理状况关系

从以上分析可知，自助养老类型的选择、建立与其影响因素之间存在三种关系，即显性与隐性关系、正比与反比函数关系、主观与客观因素关系，如图6-9所示。

图6-9 CSE影响因素

6.1.2 集体自助养老服务类型选择方法

CSE类型的选择与建立是受老年人年龄、子女数、居住环境、健康状况、心理状况等因素综合影响的，这些影响因素之间也存在优先级别关系。在CSE设计研发与建立之前，设计团队首先是依据老年人CSE影响因素选择不同的自助养老类型，再针对不同类型的自助养老，结合不同的养老需求进行筛选与精化，设计提供具体的自助养老服务设计方案。CSE类型的选择有定性原则和定量计算。

（1）CSE类型选择的定性原则

进行CSE类型选择时可依据以下定性原则。

① CSE类型的选择是建立在老年人自愿基础之上的。

② 老年人从自己的需求出发，根据不同的CSE特征选择适合自己的CSE类型。

③ 完全自助养老类型包含互助养老的概念，与现有养老模式比，在零成本增加或少量成本增加的情况下，自助养老可以隐性提升老年人生活满意度、养老满意度。如相约买菜、相约购物、相约散步、相约出行游玩，“相约一起”大大增加了老年人群之间的相互交流，“相约”在互助的情况下简单轻松地实现了另一层次的互助，如图6-10所示。人们在健康状况允许的情况下优先考虑不同类型的自助养老模式。

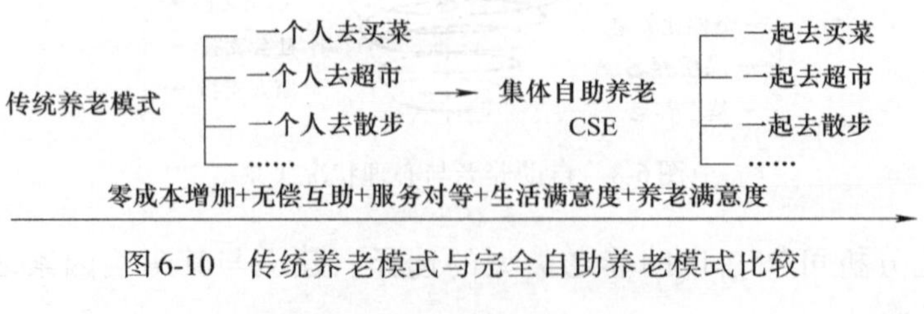

图6-10 传统养老模式与完全自助养老模式比较

④ 自助加互助养老类型也是以老年人身体健康为前提条件，互助主要是技能无偿互助，即老年人之间交换技能、相互帮助，他们之间提供的服务是对等的。技能互助可以是一对一的互助，也可以是一对多的互助，如图6-11所示。

⑤ 完全互助养老类型主要是针对自理能力受损、需要照顾的老年群体。这里存在照顾和被照顾两个群体。因被照顾的老年人自理能力受损，无法或难以向照顾的老年人提供互助服务，这会导致两者之间的互助服务不对等、不流畅，这时我们需要引入有偿互助养老机制，使该养老模式可持续进行下去，如图6-12所示。如被照顾的老年人向照顾的老年人支付一定酬金。这里有效的补偿机制很关键，该补偿机制不仅包括给照顾人员的有偿服务费用，还包括相应的激励保障措施以调动照顾人员的积极性、主动性，如可以参考“时间银行”运行机制，照顾人员现在存储服务时间，当某一天出现生活不能自理时，他（她）不用担心会无人照顾，而是可以支取服务时间，这样双管齐下能有效保证该养老模式的可持续运行，同时需要社区从中协助管理。

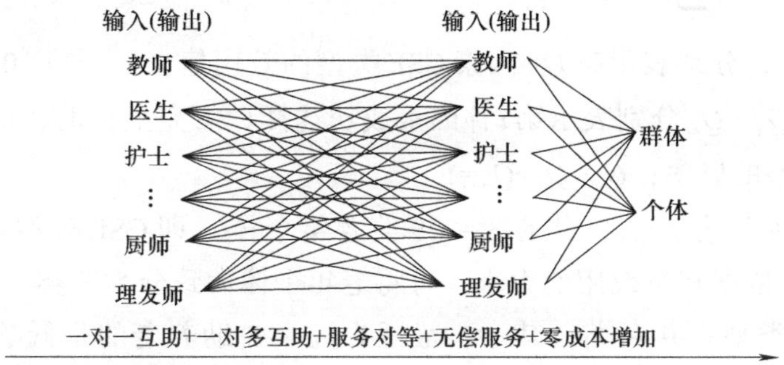

图6-11　自助加互助养老类型互助方式

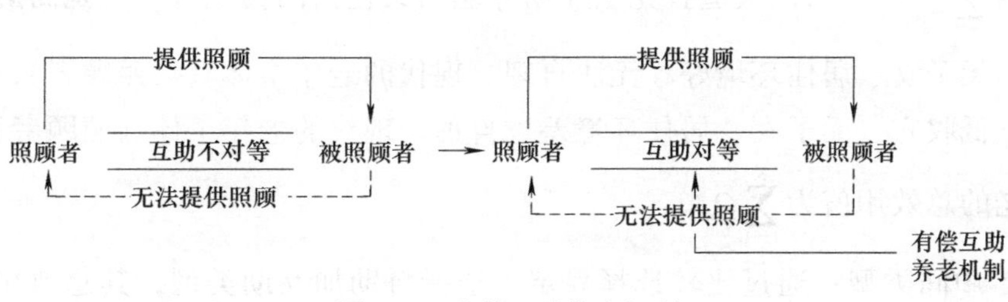

图6-12　有偿互助养老机制

（2）CSE类型选择的定量计算

① 个体效用函数。个体效用函数指特定的个人在特定情景下，个体认知

策略表现的一种。人类追求自我发展的本能要求人们有效配置资源以实现效用最大化。根据个体对待风险的态度，可将效用函数曲线分为寻求风险型（Risk-seeking）、风险中性态度（Risk-neutrol）、回避风险型（Risk-averse）三种基本类型。行为经济人的选择过程是以有限认知和对环境、信息等不确定因素的把握来实现效用最大化的过程。

本书依据个人消费效用决策理论，结合CSE类型选择影响六因素，假设其为老年个体的自身条件。设80岁为低龄、高龄的分界点；养老机构的评价收费标准为低收入与高收入的分界点；能否获得子女经济、精神慰藉以有无子女为分界点；居住环境好与差，指居住环境是否适合自助养老；健康状况以自理、半自理、无自理能力（需要他人照顾）为分界点；心理传统与现代是接受自助养老的分界点。

假设单因素选择的成功概率既定，根据效用叠加原理，单因素效用累计值为多因素效用。当老年个体选择CSE类型时，根据老年个体效用决策模型得到其总效用值计算公式为：

$$\sum_{i=1}^{n} U(x_i) = \sum [(Q_{hi} \times x_{hi}) + (Q_{ji} \times x_{ji}) + (Q_{oi} \times x_{oi})] \tag{6-3}$$

其中n=6，分别表示第i种因素CSE类型的效用值；$U(x_i) \in (0,1)$ 表示效用值；Q_{hi}，Q_{ji}，Q_{oi}分别表示第i种因素成功选择CSE完全自助、自助加互助、完全互助类型的概率；$Q_{hi}+Q_{ji}+Q_{oi}=1$。

通过排列组合方法，共有3^6=729类老年个体，即CSE类型的效用值有729种结果。依据其总效用值大小，可将老年个体大致分为三类。

a. 最优类型：共两类，其一，最适宜完全自助养老的是低龄、高收入、有子女、居住环境状况良好、自理及心理现代的老年个体，自助养老的总效用值为$\sum_{i=1}^{n} Q_{hi}$；其二，最适宜完全互助养老的又包括两类人群，一是高龄、高收入、无子女、居住环境好、无法自理、现代的老年个体（被照顾者），二是低龄、低收入、无子女、居住环境差、自理、现代的老年个体（照顾者），互助养老的总效用值为$\sum_{i=1}^{n} Q_{oi}$。

b. 中间类型：通过比较选择界定，选择自助加互助类型，其总效用值超过完全自助或完全互助或两者之和的效用值，即$\sum_{i=1}^{n} Q_{ji} > \sum_{i=1}^{n} Q_{hi}$或$\sum_{i=1}^{n} Q_{ji} > \sum_{i=1}^{n} Q_{oi}$或$\sum_{i=1}^{n} Q_{ji} > \sum_{i=1}^{n} [(Q_{hi} \times x_{hi}) + (Q_{oi} \times x_{oi})]$。

c. 无效类型：临界状态，即完全自助、自助加互助、完全互助三者效用等值，老年个体维持现状。

② 多属性决策（Multi-Attribute Decision Making，MADM）。多属性决策又称有限方案多目标决策，其实质是利用已有决策信息，通过一定方式对一组备选方案进行排序并择优。决策者由于认知有限或决策问题复杂，往往难以给出决策信息的确定数（包括权重和打分），但很容易给出决策信息的上限、下限，即给出区间数形式的决策矩阵。用区间数表示决策矩阵元素的多属性决策问题称为区间数多属性决策问题。在CSE中，由于受老年个体（主观）思维的模糊性或不确定的环境（客观）影响，老年人在选择什么程度、什么类型的自助养老时会遇到很多定性问题，模糊性显著，对CSE类型的选择可用区间数多属性决策实现。

设R为实数，$a^-,a^+\in R$，称闭区间［a^-,a^+］为区间数，记$\tilde{a}$，其中$a^-\leqslant a^+$。

若$a^->0$，称区间数$\tilde{a}$=［a^-,a^+］为正区间数。

当$a^-=a^+=a$时，称区间数$\tilde{a}=[a^-,a^+]=a$退化为常数a。

当$a^-\neq a^+$时，称区间数为真区间数。

记$m_{\tilde{a}}=\dfrac{a^-+a^+}{2}$，称为区间数$\tilde{a}$的中心，记$l(\tilde{a})=a^--a^+$，称为区间数$\tilde{a}$的区间长度。

设$\tilde{a}=[a^-,\ a^+]$，$\tilde{b}=[b^-,\ b^+]$，$\tilde{c}=[c^-,\ c^+]$，$\tilde{d}=[d^-,\ d^+]$分别代表基本需求养老、提升品质养老、个性化养老、创造性养老四个区间。四个区间均为正区间，每个区间的长度不等，且随着时间的推移，每个区间的长度会发生变化。依据CSE养老需求自助程度的递增，一般情况下存在：

$$\tilde{a}<\tilde{b}<\tilde{c}<\tilde{d} \tag{6-4}$$

且四区间存在以下三种关系，如图6-13所示。

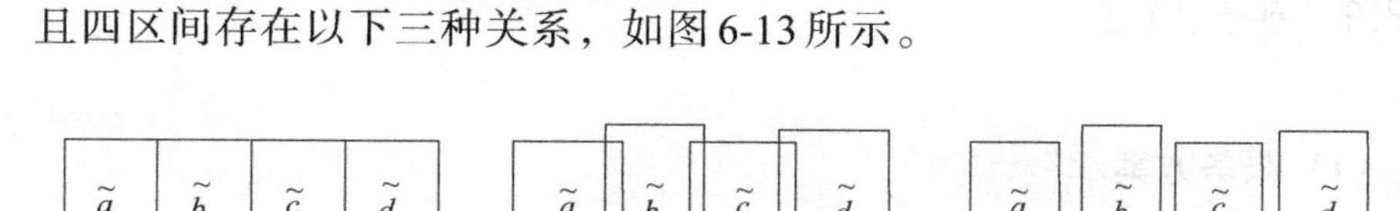

图6-13 自助养老四个区间的三种关系

a. 当$a^+=b^-$，$b^+=c^-$，$c^+=d^-$时，四个自助养老区间关系如图中第一种情况；

b. 当$b^+>a^+>b^-$，$c^+>b^+>c^-$，$d^+>c^+>d^-$时，四个自助养老区间关系

如图中第二种情况；

c. 当$a^+ < b^-$，$b^+ < c^-$，$c^+ < d^-$时，四个自助养老区间关系如图中第三种情况。

四个区间大小排序按马斯洛需求理论，理想状态如前面公式所示，但在现实生活中，人们希望根据自己的需求选择更适合自己的养老类型，即从四个自助养老类型中作出优劣比较，从中选择最优。自助养老类型的选择与CSE影响因素之间存在一定的函数关系，基于排序函数的区间数排序方法如下：

定义：对于$\tilde{a}=[a^-, a^+]$，称$f_{\tilde{a}}(x) = a^- + (a^+ - a^-)x, (0 \leqslant x \leqslant 1)$为区间数排序函数；

定义：对于$\tilde{a}=[a^-, a^+]$，$\tilde{b}=[b^-, b^+]$，$(0 \leqslant x \leqslant 1)$，若$f_{\tilde{a}}(x) < f_{\tilde{b}}(x)$，则称$\tilde{a}$小于$\tilde{b}$，记为$\tilde{a} < \tilde{b}$；若$f_{\tilde{a}}(x) < f_{\tilde{b}}(x)$，则称$\tilde{a}$大于$\tilde{b}$，记为$\tilde{a} > \tilde{b}$；若$f_{\tilde{a}}(x) = f_{\tilde{b}}(x)$，则称$\tilde{a}$等于$\tilde{b}$，记为$\tilde{a} = \tilde{b}$。

设集合$\{ x \mid f_{\tilde{a}}(x) < f_{\tilde{b}}(x) \}$非空，则令$x_0 = \inf \{ x \mid f_{\tilde{a}}(x) < f_{\tilde{b}}(x) \}$，称$\alpha = 1 - x_0$为$\tilde{a}$小于$\tilde{b}$或$\tilde{a}$不小于$\tilde{b}$的可信度；

其中$0 \leqslant \alpha \leqslant 1$，当$\alpha = 1(x_0 = 0)$时，$\tilde{a} > \tilde{b}$完全可信；当$\alpha = 1(x_0 = 1)$时，$\tilde{a} > \tilde{b}$完全不可信。

6.2 超大城市自助养老服务设计框架

6.2.1 相关概念

（1）服务方案

辞海对服务的定义是“为集体（或被人的）利益而工作”；汉语词典对服务的解释是“为他人做事，并使他人从中受益的一种有偿或无偿的活动”。为便于集体自助养老服务系统方案的讨论，需明确服务方案的定义和内涵。服务最显著的特征是其具有过程属性，表6-1中列出了服务方案的几种典型定义。这些文献主要是从什么“What”和怎样“How”两个方面定义服务方案的。“什么”是指服务根据市场需求提供给顾客的内容，而“怎样”是指如何通过一定的服务流程将服务内容提供给顾客。在服务设计中明确“什么”（服务需求）和“怎样”（服务流程）及处理好两者之间的关系是非常重要的。Tomiyama及 Shimomura将服务定义为提供者（照顾者）借助服务内容和服务交付促成接受者（被照顾者）状态改变的活动，服务内容可能是材料、信息、技能、方法等，服务交付用于控制、传递、转换服务内容，服务内容由提供者通过服务交付提供给接受者，两者同等重要。Sasser等从“什么”和“怎样”相结合的角度来定义服务是由服务流程在服务生产中的特殊角度决定的。

表6-1　服务方案的定义

时间	作者	服务方案的定义
1996	Edvardsson&Olsson	服务是以提供“什么”和“怎样”提供来满足顾客需求
1999	Lovelock et al.	服务方案包括顾客收益的服务买卖方案及服务交付的服务运作方案
2000	Grönroos	服务方案是一个或一系列发生在顾客与商品、资源或服务系统提供商之间无形的活动，形成顾客问题解决方案
2002	Goldstein et al.	服务方案包括提供服务的战略及该战略如何执行

（2）设计域

六西格玛服务设计路线图将设计问题描述为四个范畴（域），即客户属性范畴（Customer Attributes）、功能要求范畴（Function Requirements）、设计参数范畴（Design Parameters）及过程变量范畴（Process Variables），为设计过程明确了四个范畴间三种形式的映射，即客户映射、功能映射、过程映射。域（Domain）是不同设计阶段中相应设计元素的合集，通过相邻范畴（域）间的映射，最终可以实现方案的生成。

借助六西格玛服务设计过程中范畴（域）的划分及其相关概念，本书提出CSE服务设计框架包括三个设计域，即需求域、功能域、方案域。三个域的设计元素分别为CSE需求、CSE服务功能及CSE服务系统方案。相邻两个域的设计元素存在映射关系，CSE服务设计过程就是相邻两个域的设计元素传递及分配的过程。

（3）产品服务族

产品服务族指一组相似服务或一组相似产品与服务的组合，由此建立CSE系统方案配置模型，针对不同自助养老需求产生个性化、多样化的CSE服务系统方案。

(4) 流程

流程指通过一类操作、过程、对象等活动集合，可完成给定的服务。

(5) 模块

模块指能够提供一种或多种功能的服务活动组合，如日常照料服务模块。

6.2.2 CSE服务设计框架

基于三个设计域及其相应的映射，本书提出CSE服务设计框架，如图6-14所示。其支持实现的技术包括框架建模技术、需求分析筛选技术、方案评价技术。

在进入CSE服务设计之前，需要选择和明确CSE类型。CSE需求需要经过两次映射转化和方案配置，最终才能确定可行的CSE系统方案，即从需求域到功能域的映射，再从功能域到方案域的映射，主要实现CSE需求向CSE功能特征、CSE方案特征的传递、分配，并在CSE方案特征的基础上，通过合理的模型配置产生最终的CSE系统方案。因CSE需求的多样化、个性化，可能存在若干可行性方案，需要对方案进行评价，择优进行后续深入详细的设计。

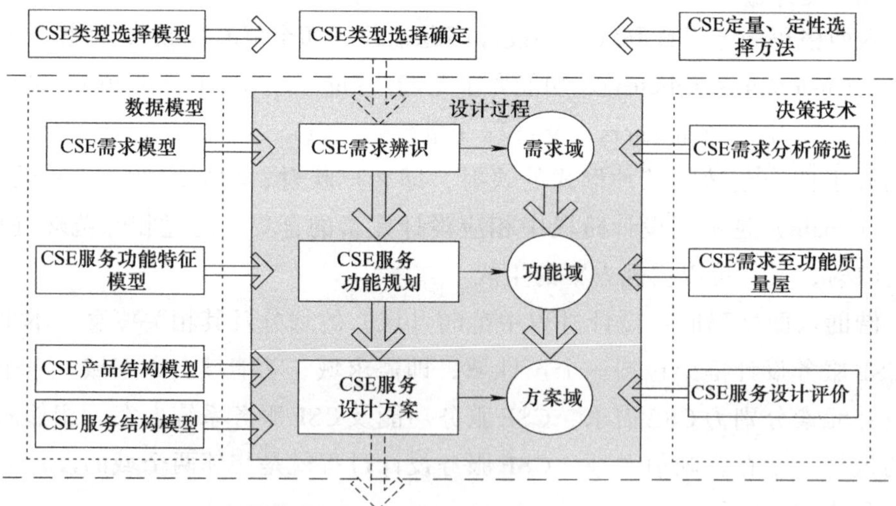

图6-14 CSE服务设计框架

需求域对所需完成的服务任务及需求模型需要进行有效描述，并对其服务环境进行描述，因有些自助养老服务需借助相应的自助养老产品才能得以实现，因此需求域除了包括自助养老服务需求外，还应包括实现自助养老服务的自助养老产品。功能域是设计师从设计角度描述CSE目标服务系统功能。在方案域，设计师需要描述CSE产品结构、CSE服务结构、CSE服务模块或其服务策略，并使用服务流程或模块等技术参数来描述CSE服务系统方案特征。

6.2.3 CSE服务设计过程

CSE服务设计过程如图6-15所示，具体分为以下四个阶段。

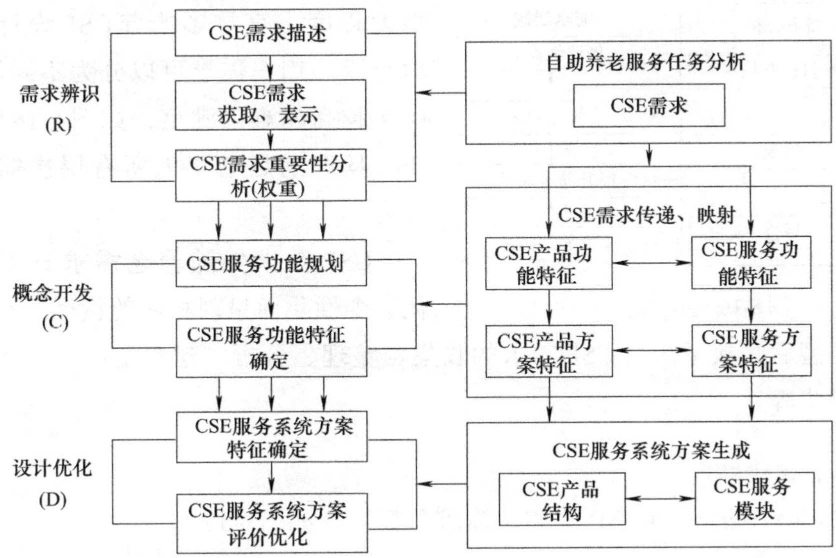

图6-15　CSE服务设计过程

① CSE养老需求分析。首先分析集体自助养老需求，建立服务需求模型，服务需求对应相应的服务任务，并提取需要关键项，将其分类表达，计算相应的权重。

② CSE养老需求传递及分配。将集体自助养老需求传递映射到集体自助养老服务功能特征，进而转化为集体自助养老方案特征。在设计服务方案时，功能特征项服务方案特征转化过程需要明确相应的服务策略或服务模块，在实际设计中通常仅需确定老年人关心的、关键的、重要的功能及模块。

③ CSE服务系统方案生成。在自助养老服务方案特征的基础上，依据CSE服务系统配置模型产生可行性方案，CSE服务模块的选择需考虑是否满足给定的服务策略，同时要将CSE服务模块方案融入过程方案中。

④ 方案择优评价。针对CSE服务系统可行性方案，建立定性、定量的评

价指标体系，运用层次分析法、多属性决策法选出最佳方案。

6.3 超大城市自助养老服务设计建模

6.3.1 集体自助养老需求域建模

需求分析是CSE设计至关重要的第一步，需求分析的充分与正确与否在很大程度上直接影响着CSE设计的成功与否。用户需求可以分为不同层次，层次越高越难以满足，如图6-16所示。CSE具有满足老年人所有层次需求的潜力。

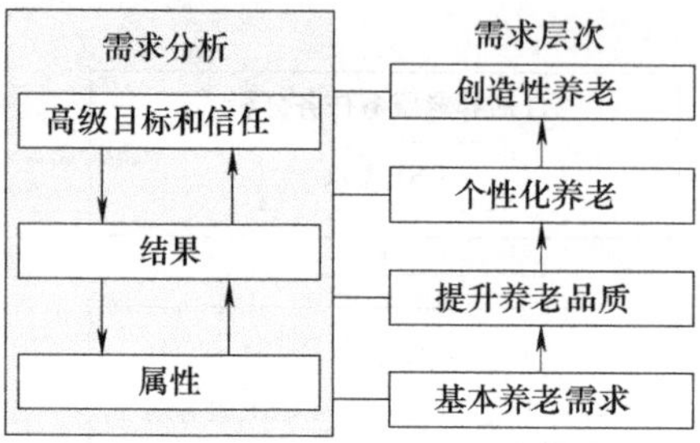

图6-16 用户需求层次

CSE需求伴随养老需求日益多样化、个性化而呈现相应的特征。在选定CSE类型后，接下来对CSE需求的收集、整理、分析、建模是CSE具体设计的关键步骤。

(1) 需求获取

Marina Berkovich等认为用户需求分析过程如图6-17所示。

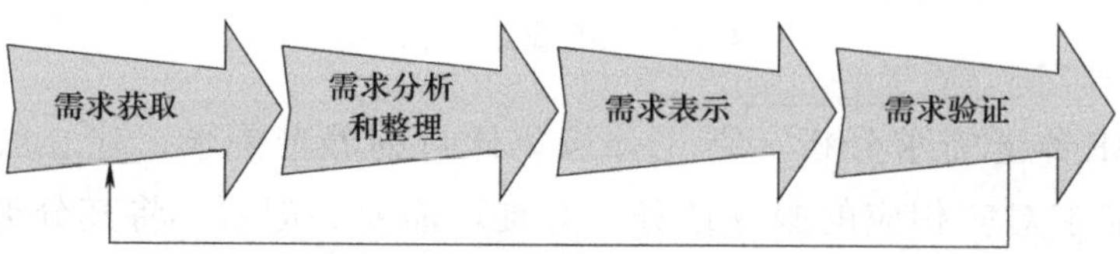

图6-17 用户需求分析过程

在集体自助养老服务整个过程中都需要老年人的参与，所有老年人在养老需求满足（接受服务）的过程中所需完成的任务和活动（提供服务）对养老需求的影响很大。在CSE服务设计中，设计师要从所需完成的自助养老服务任务和活动着手，针对自助养老任何活动对CSE需求进行描述，这更能体现CSE需求的本原。如“需要进行个人卫生护理”，这是需求问题，将其转化为任务则是“个人卫生清洗”任务，它包括“身体清洗、个人衣物清洗”等任务，且转化成任务后，其养老需求更为清晰、明确，如图6-18所示。

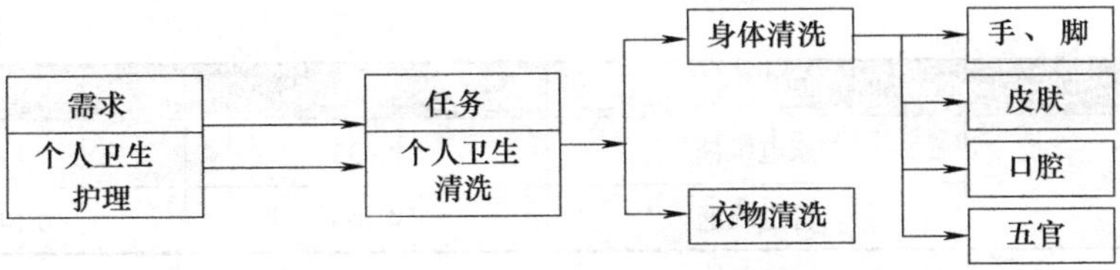

图6-18　CSE需求转化为任务实例

因此CSE养老需求分析步骤如下。

① 选定合适的方法，获取老年人最终养老需求；

② 在服务生命周期内分析老年人为了实现自己的需求必须进行的活动，按任务驱动顺序罗列到服务生命周期需求表中，其格式如表6-2所示；

③ 分析老年人的每个任务需求，用客户的呼声（VOC）描述，填入表中相应的位置；

④ 通过专家或用户打分的方式确定需求权重。

表6-2　服务生命周期需求表格式

养老服务任务	养老需求(原始)	权重
...	...	...
...	...	...

以CSE日常照料为例，表6-3列出了日常照料过程中所有活动及其需求。需求的权重取值范围为：1—很不重要；2—不重要；3——般；4—重要；5—很重要。通过256份抽样调查样本数据获得CSE日常照料需求权重及其相对权重，需求权重虽不一定精准，但代表了每项需求的重要程度。从表中可看出管道疏通、家电维修、家居清洁等的需求重要性排在日常照料需求的前三位，此结果有可能源于某些需求需要专业技能或专业工具或该项需求是脏活、累活所致。单项需求权重代表了该需求的重要程度，“重要”的需求和老年人“想要”的需求还是存在很大区别，这需要结合老年人实际情况展开研究。

表6-3　CSE日常照料需求表

日常照料任务	日常照料养老需求	权重	相对权重
出行	超市代购、陪购	2.922	0.106
	陪同去银行存钱、取钱	3.133	0.114
日常饮食	送货上门	3.70	0.134
	买菜	3.222	0.117
清洁与卫生	帮助洗澡	2.7	0.098
	家居清洁	3.733	0.136

续表

日常照料任务	日常照料养老需求	权重	相对权重
维修	家电维修	4.033	0.146
	管道疏通	4.106	0.149

（2）需求表示

已得到的服务生命周期全部需求可以用“操作+对象”表示，操作用动词（Verb）表示，代表老年人某一行为，对象用名词（Noun）表示，代表老年人行为目标，行为目标可以是某一产品或某一服务。CSE需求则可以用“Verb+Noun”定义为CSE需求分解的标准形式，两者均由各自的属性定义，属性是对操作及对象的状态描述。CSE需求分解获得的“Verb”、“Verb”属性、“Noun”、“Noun”属性均可以数据表的形式归纳为相应的数据集合，便于重复使用及研究的合理简化。将上述CSE需求分解用数学公式表达，可得：

$$
\begin{aligned}
D_i &= \left\langle MV_i\left\langle A_j^{MV}\right\rangle, OB_i\left\langle A_h^{OB}\right\rangle\right\rangle \\
D &= \{ D_1, D_2, \cdots, D_i, \ \cdots, D_n\} \\
MV &= \{ MV_1, MV_2, \cdots, MV_i, \ \cdots, MV_m\}, MV_i \in MV \\
OB &= \{ OB_1, OB_2, \cdots, OB_f, \ \cdots, OB_i\}, OB_f \in OB \\
A^{MV} &= \{ A_1^{MV}, A_2^{MV}, \cdots, A_j^{MV}, \ \cdots, A_n^{MV}\}, A_j^{MV} \in A^{MV} \\
A^{OB} &= \{ A_1^{OB}, A_2^{OB}, \cdots, A_h^{OB}, \ \cdots, A_q^{OB}\}, A_h^{OB} \in A^{OB}
\end{aligned}
\tag{6-5}
$$

D是CSE需求的全集，D_i表示第i个自助养老任务需求；MV是任务操作的全集，MV_i是第i个养老任务中的操作，MV_i属于MV；OB是任务目标的全集，OB_f是第f个任务的对象，OB_f属于OB；A^{MV}是操作属性的全集，A_j^{MV}属于A^{MV}；A^{OB}是对象属性的全集，A_h^{OB}是第h个对象属性，A_h^{OB}属于A^{OB}。

（3）CSE需求模型建立

需求带动任务，CSE需求域所要表达的核心是通过集体自助、互助养老形式提升养老满意度。根据任务模型，结合交互图分析模式构建CSE服务设计需求模型，如图6-19所示。

CSE需求模型包括集体自助养老服务的内部环境需求和外部环境需求，内部需求指CSE需求驱动的具体养老任务及其过程；外部需求指参加集体自助养老的相关老年群体对CSE资源、政策等相关约束。内部环境指CSE任务实施的环境；外部环境包括支持CSE养老任务执行的一切基础设施、网络、平台等。

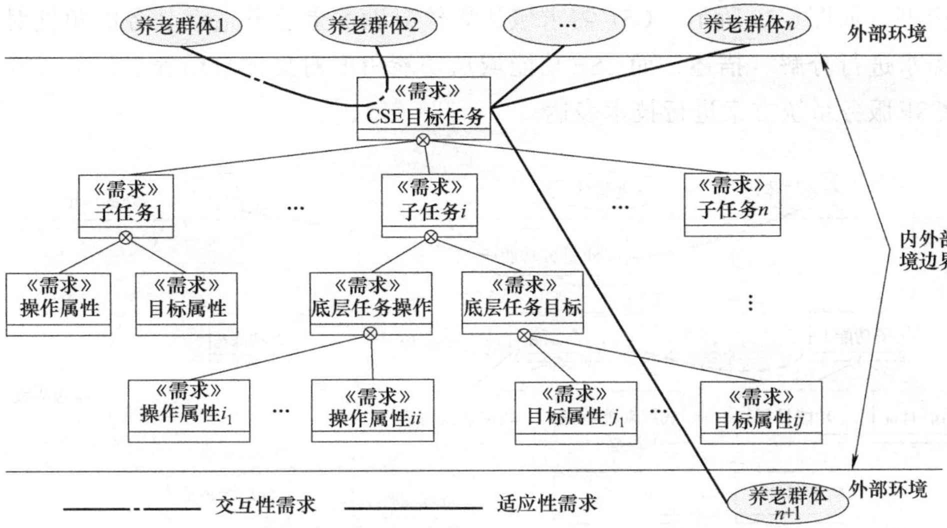

图6-19　CSE需求模型

养老群体是CSE需求主体，会有若干个养老群体的出现，它们是随需求变化动态变化的，且不同群体间通过自助、互助形式存在不同的交互性需求。

CSE服务任务模型：最顶层的任务代表CSE养老最终目标，是对CSE服务任务的总体描述。顶层任务由若干个子任务或底层任务模型模块组成，任务模块之间具有一定的逻辑关系。通常老年人对自身的CSE需求会有一个目标描述，但具体包括哪些详细的需求往往描述不清或模糊，这时需要对总目标进行分解，目标分解的过程相应地对服务任务进行了分解，这样便于后续设计。

交互性需求：因CSE养老模式特点之一是养老主体存在双重角色（服务与被服务），不同养老群体之间通过CSE任务的执行或完成实现两者间交互性需求。如养老群体2通过CSE服务任务的完成向养老群体1提供服务。交互性需求主要是CSE中互助养老服务任务具体需求的归类、总结。

适应性需求：指受外部环境约束而必须做出适应性改变的需求，如基本养老保障需求。CSE类型通常须满足这类需求的最低下限，且随满足程度的提高，养老满意度相应的评价指标权重发生改变。采用定性或定量表达（权重取值）来描述每一项需求，如“有劳动收入”，权重>基本养老保障金。

6.3.2　集体自助养老功能域建模

（1）CSE功能模型

在CSE需求域的基础上，依据功能结构图、交互图构建CSE服务设计功能模型，如图6-20所示。CSE需求域从集体自助养老服务活动任务的角度对其需求进行分解、描述，而CSE功能域从功能角度对集体自助养老任务实施的CSE服务系统方案进行技术表达。

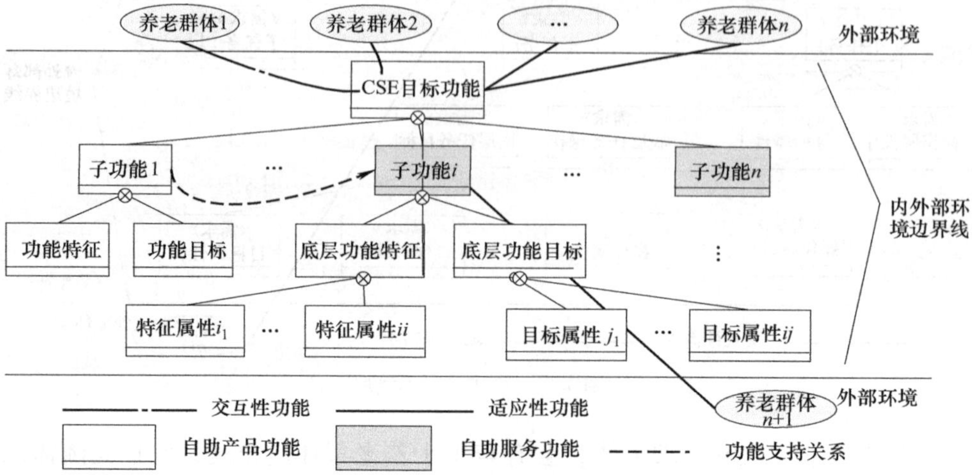

图6-20　CSE功能模型

CSE功能模型包括自助养老产品功能模型和自助养老服务功能模型，后者包含前者，有时CSE功能模型仅指自助养老服务功能模型，因有部分自助养老服务需借助自助产品得以实现，而有些则不用。如自助洗澡服务，针对老年人生理功能、自理能力衰退，协助老年人自助洗澡的淋浴产品。两者是划分为相互关联的两个子模型还是统一表达，取决于CSE服务类型和设计对象特点。CSE功能模块之间具有层次结构及一定约束关系。

CSE功能模型可分解为自助养老产品与自助养老服务若干子功能模块或底层功能模块，通过功能特征（Function Characteristic，FC）对每个功能模块进行描述。如自助医疗服务终端包括挂号、查询、打印、远程门诊、智能管理等功能特征。CSE功能模型表达了服务功能结构及模块之间的逻辑关系。

交互性功能（Interaction Function，IF）指在CSE服务系统中存在互斥关系或互相冲突关系或互相协作关系的功能，通过权重和特征属性来描述每一项功能。适应性功能（Adaption Function，AF）指功能因受外部环境约束而必须做出适应性的改变。外部环境对CSE服务系统的影响通过适应性功能转移、分配到各个具体功能模块上，并借助功能模块的特征取值体现。

因老年人在年龄、收入、文化程度、职业、配偶、子女等方面存在很大差异，因此即使面对同一个CSE养老功能也会出现不同的养老群体，如有对该CSE总功能有需求的养老群体，有对总功能当中某一或某几个功能有需求的养老群体，也有只对该总功能中的某一底层功能有需求的养老群体。如日常照料服务中只对送货上门感兴趣的老年群体。

（2）CSE功能设计本体模型

CSE总功能设计的目的是满足CSE需求，实现养老满意度的提升。CSE子功能或底层功能用于满足服务生命周期各服务活动需求。

在CSE服务设计过程中，CSE功能模型建立好之后，接下来各功能模块采取什么操作执行（行为）及如何执行（流程）成为CSE功能设计域实现的关键。鉴于集体自助养老是由多个不同养老群体协同动态进行自助、互助养老服务活动，根据本体功能建模框架设计提出从功能、行为、流等功能建模过程中所涉及的主要本体类及其相关属性展开，如图6-21所示。

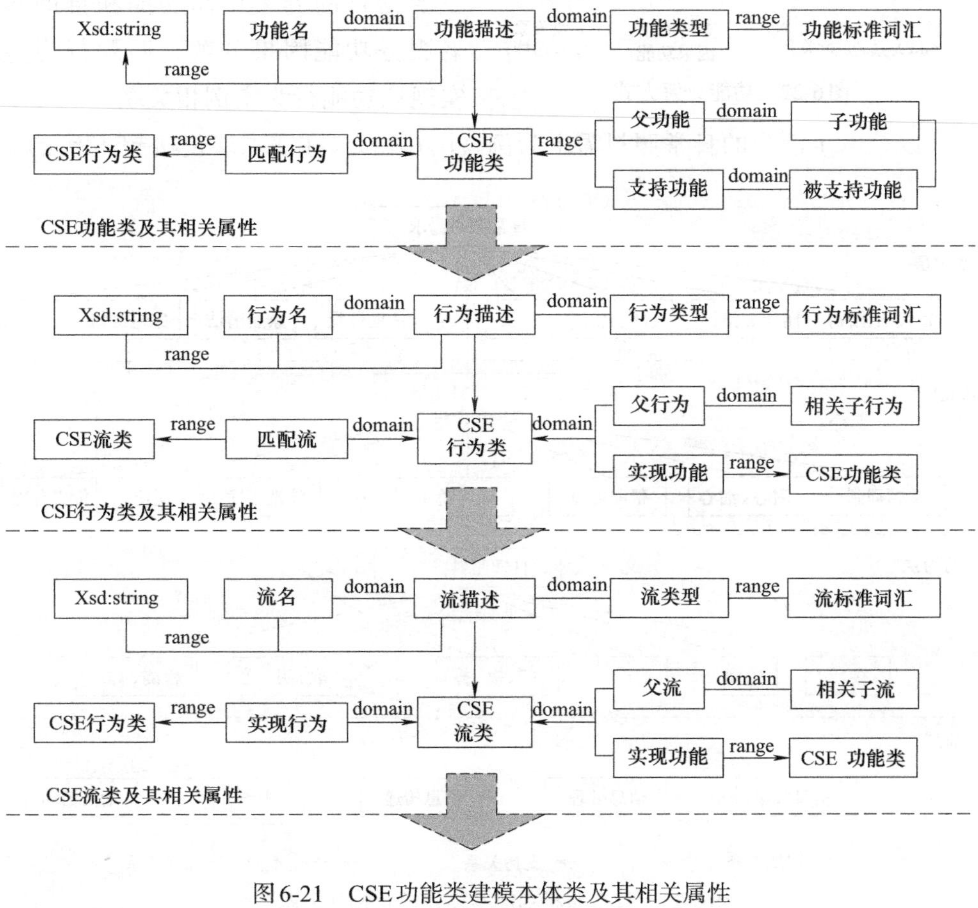

图6-21 CSE功能类建模本体类及其相关属性

功能类用来描述CSE设计目标，包括功能名（function name）、功能描述（function description）、功能类型（function type）、父功能（parent function）、子功能（related sub function）、支持功能（supportive function）、被支持功能（supported function）、匹配行为（achieved by behavior）等属性。父功能及相关子功能与CSE功能模型一样主要便于功能分解，即复杂功能可分解为若干子功能。功能分解的基本方式如图6-22所示。Fa被分解成Fa_1、Fa_2表示把复杂功能分解（function decomposition）为若干简单功能的过程；Fb被分解成Fb_1表示因果分解（causal decomposition）过程，即功能Fb_1的实现支撑功能Fb的实现；Fc关联行为Bc，表示功能由行为实现的情况。支持与被支持功能主要用于因果功能分解，即确定某功能的支持功能。在CSE中主要是自助养老产品功能和自助养老服务功能因果分解，匹配行为与实现该功能行为实例相关联。

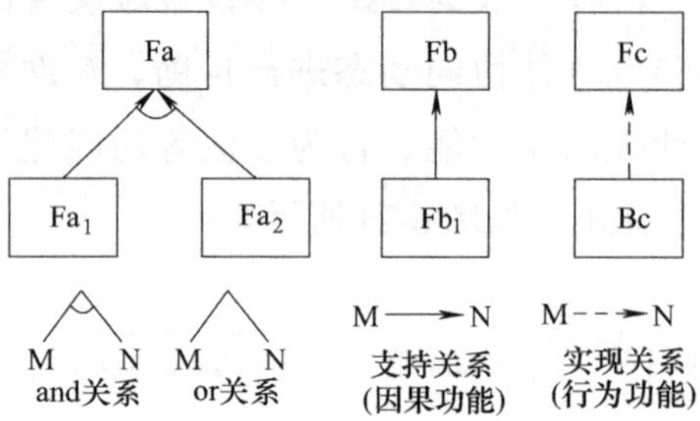

图6-22　功能分解方式

以CSE生活中的日常照料需求为例（图6-23），在需求层包括超市代购、

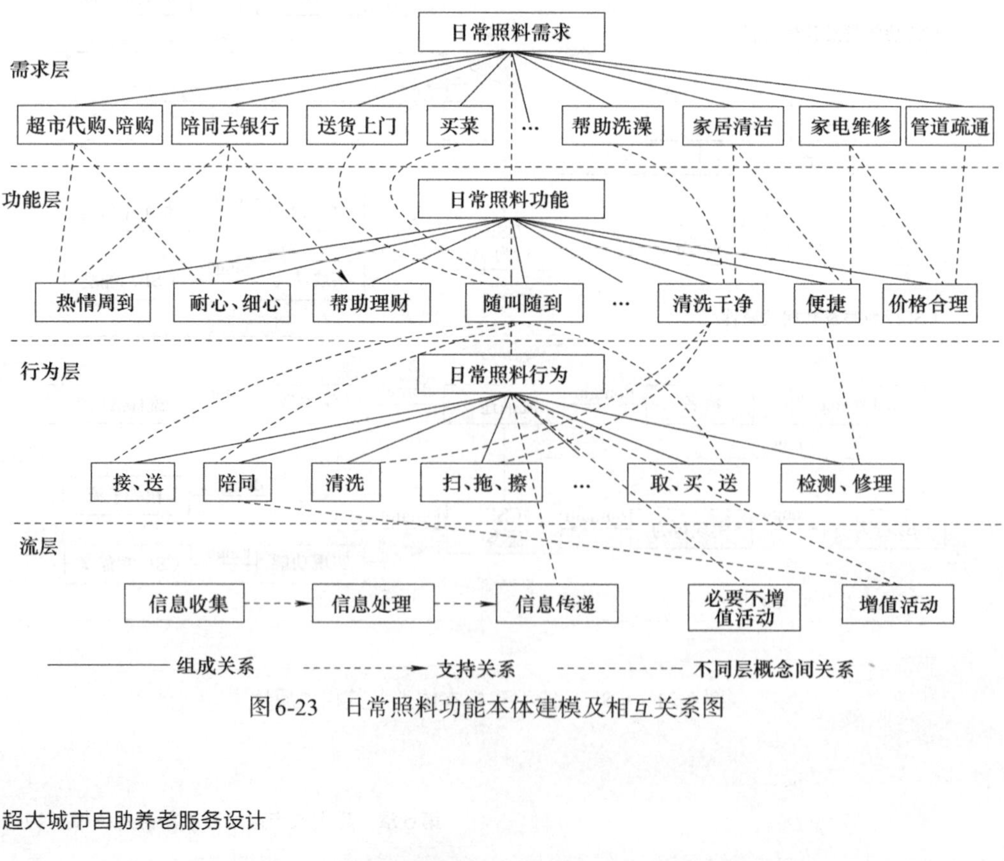

图6-23　日常照料功能本体建模及相互关系图

陪购，陪同去银行存钱、取钱，送货上门，买菜，帮助洗澡，家居清洁，家电维修，管道疏通等8个子需求；这些服务需求希望能实现随叫随到、服务便捷、服务价格合理、服务细心、热情周到、帮助理财、清洗干净等7个基本功能；与需求层对应的是行为层，通过接、送，陪同，清洗，扫、拖、擦，取、买、送，检修等一系列行为实现功能；与行为层对应的是流层，流层包括信息流和价值流两类，信息流包括CSE需求信息收集、处理及传递，价值流包括增值活动和必要不增值活动。

在CSE服务系统中，不管是自助养老服务还是互助养老服务，均会有很多服务信息流的出现。对于价值流中的增值活动，如果是互助养老，能给照顾者和被照顾者双方增值，如帮助理财，照顾的老人通过有偿帮助被照顾的老人理财获益，达到双方收入增值；如果是自助养老，有些活动能直接产生增值，如自助理财，有些是隐性增值，如自助洗澡，通过免支付帮助洗澡费用隐性达到增值。对于必要不增值活动，不管是自助养老服务还是互助养老服务，在某种程度上均能产生隐性增值，因通过技能互助的形式实际上是实现劳动价值的互换，如图6-24所示。

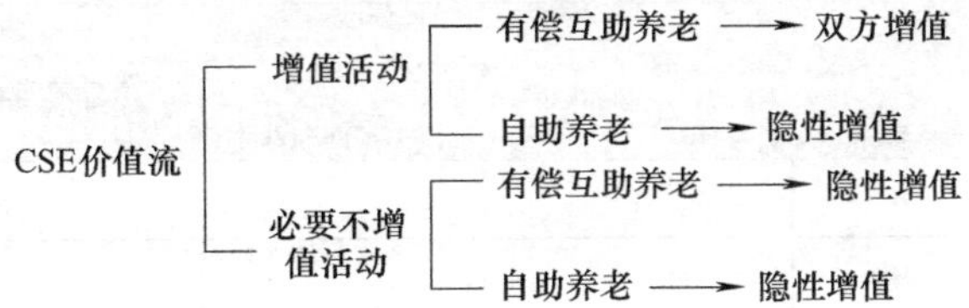

图6-24　CSE价值流

（3）CSE功能表示

6σ服务设计的目的是满足顾客需求，正确理解“顾客的声音”（VOC）（需求），并将其转化为功能需求是6σ服务设计成功的重要步骤。6σ服务设计路线图中利用质量功能配置（QFD）、公理化设计、价值工程等技术将客户需求转化为功能需求。JIAO & ZHANG从模糊聚类方法、关联规则方法对功能化表达及其与客户需求的聚类关系进行了研究。CSE服务设计中有三个设计映射，第一个映射是CSE需求向功能属性的映射。

设CSE需求全集用一组需求特征D表示，$D=\{D_1, D_2, \cdots, D_n\}$，对于$D_i\,|\,\forall i\in(1,2,\cdots,n)$，有$n_i$种可能的选择，即$D_i\in(D_{i1}, D_{i2}, \cdots, D_{in_i})$。对于任一老年人$k$，其养老需求可表示为$D^k=\{D_{ij}\,|\,i=1,2,\cdots,m;\ \forall j\in(1,2,\cdots,n_i)\}$。

例如老年人s的养老需求可表示为$D^s=\{D_{12},D_{21},\cdots,D_{m3}\}$。CSE需求域中所有$K$个老年人的需求可以表示为$D^*=\{D^1,D^2,\cdots,D^K\}$。

设CSE功能需求全集用一组功能特征属性表示，$F=\{F_1,F_2,\cdots,F_n\}$。对于$F_p|\forall p\in(1,2,\cdots,n)$，有$n_p$个可能的值，即$F_p\in(F_{p1},F_{p2},\cdots,F_{pn_p})$。对任一CSE需求$r$，其功能需求可表示为$F^r=\left\{F_{pr}\middle|p=1,2,\cdots,n;\forall r\in(1,2,\cdots,n_p)\right\}$。例如某一养老需求$s$的功能需求表示为：$F^s=\{F_{11},F_{23},\cdots,F_{p2}\}$。CSE需求域中$T$个功能要求可表示为：$F^*=\{F^1,F^2,\cdots F^T\}$。

CSE需求向功能需求的映射，即要实现D向F的映射。

（4）CSE需求至功能的映射

应用QFD思想及ANP（Analytic Network Process）法，以CSE养老需求为输入，功能要求为输出，得到CSE养老需求与其功能属性的映射关系，具体如表6-4所示。

表6-4　CSE需求向功能属性映射

<table>
<tr><th rowspan="3">CSE需求</th><th rowspan="3">CSE需求权重</th><th colspan="4">CSE功能属性</th></tr>
<tr><th>F_1</th><th>F_2</th><th>…</th><th>F_n</th></tr>
<tr><th colspan="4">相关性系数含义(0:不相关;1:低;3:中等;9:高)</th></tr>
<tr><td>D_1</td><td>W_1</td><td>1</td><td></td><td></td><td></td></tr>
<tr><td>D_2</td><td>W_2</td><td></td><td>1</td><td></td><td>3</td></tr>
<tr><td>⋮</td><td>⋮</td><td></td><td></td><td>…</td><td></td></tr>
<tr><td>D_i</td><td>W_i</td><td></td><td>3</td><td></td><td>9</td></tr>
<tr><td>属性权重</td><td></td><td>W_1</td><td>W_1+3W_i</td><td>…</td><td>$3W_2+9W_i$</td></tr>
</table>

表中D代表CSE需求，W代表CSE需求权重，F代表CSE功能属性，相关性系数值的确定可根据用户调查、设计师及专家经验确定，CSE功能属性权重的相对值可通过以下公式获得：

$$DW_i^F = W_i^F \Big/ \sum_{i=1}^{n} W_i^F \tag{6-6}$$

其中DW_i^F表示第i个功能属性的相对权重，W_i^F表示第i个功能属性的权重。DW_i^F不仅可用作功能属性取舍的依据，还可作为养老满意度计算的必要数据。

仍以CSE日常照料为例，探讨CSE需求向功能属性的映射，如表6-5所示。

表6-5 日常照料功能属性权重配置表

CSE需求	CSE需求权重	CSE功能属性——日常照料						
		服务热情周到	耐心细心	帮助理财	随叫随到	清洗干净	服务便捷	价格合理
		相关性系数含义(0:不相关;1:低;3:中等;9:高)						
超市代购、陪购	2.922	9	3	1	3	0	3	1
陪同去银行存钱、取钱	3.133	3	9	9	3	0	3	3
送货上门	3.70	1	3	3	9	0	9	3
买菜	3.222	3	3	3	9	0	9	3
帮助洗澡	2.7	3	9	3	3	9	0	9
家居清洁	3.733	0	3	3	3	9	9	9
家电维修	4.033	3	3	3	1	0	3	3
管道疏通	4.106	0	3	3	9	1	9	3
属性权重		69.262	117.645	95.601	140.749	62.003	163.113	115.401
相对权重		0.091	0.154	0.125	0.184	0.081	0.214	0.151

6.3.3 集体自助养老方案域建模

(1) CSE方案域定义

在CSE服务设计中，方案域是指为提升养老满意度的服务系统方案，该系统方案由若干CSE产品和CSE服务模块混合组成。由CSE需求模型、功能模型提出构成CSE服务系统方案模型，如图6-25所示。

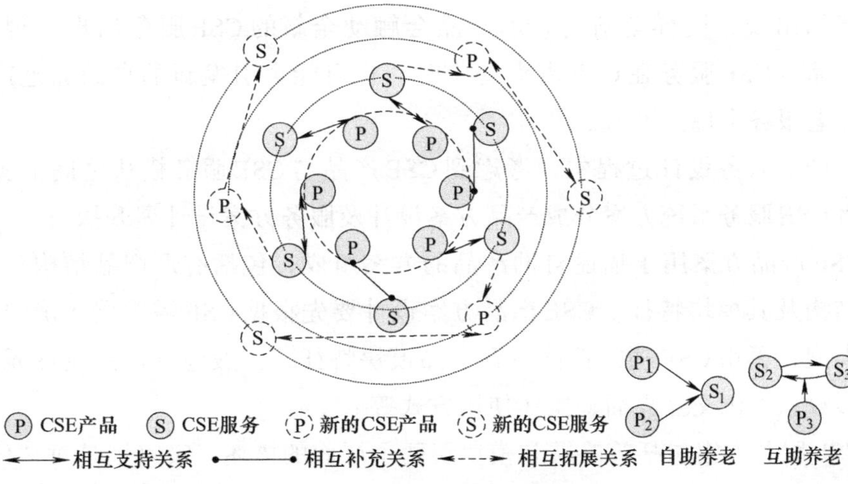

图6-25 CSE服务系统方案模型

CSE产品主要是在CSE中实现自助养老需求的，它包括有形产品和无形产品两大类。有形产品主要针对养老服务中的硬需求（物质需求），涉及相应的产品设计领域；无形产品主要针对养老服务中的软需求（精神需求、服务平台），涉及相应的服务设计、交互设计、体验设计等领域。

CSE产品与CSE服务模块之间存在相互支持、相互补充和相互拓展关系。结合CSE自助、互助养老类型，两模块之间可能存在的关系具体如下。

① 相互支持关系：CSE产品最直接的目的是支持CSE服务的实现，特别是完全自助养老的实现；同时CSE服务需求的不同会促使CSE产品的改变与调整，两者相互作用。如自助淋浴产品实现老年人自助洗澡服务，这是直接的因果支持关系，但即使同样是自助洗澡服务，因老年人身体差异，其对自助淋浴产品也会有不同需求。

在互助养老类型中，互助养老除了有形产品的支撑外，还必须有信息交互等无形产品的支撑。

② 相互补充关系：在CSE服务模块中，针对软需求（精神、情感、心理等），CSE产品在某种程度上对软需求的实现起着极好的补充作用。如针对空巢老年人情感交流的产品，在一定程度上帮助老年人获得情感慰藉。在CSE产品模块中，在原有产品自助功能的基础上添加新的功能模块能更好地实现自助养老服务。

③ 相互拓展关系：CSE产品模块和CSE服务模块之间还存在相互拓展关系。因CSE需求多样化、个性化，且随着时间的推移一直处在变化之中，新的需求会带动新的产品和新的服务出现。全新的CSE服务需求会刺激全新的CSE产品出现，同样全新的CSE产品会触动全新的CSE服务出现。现有的CSE产品、CSE服务在CSE需求变化时，也可能会引发新的自助养老产品、自助养老服务出现。

在CSE服务设计过程中，考虑到CSE产品与CSE服务模块之间的关系，通常将CSE服务系统方案分成产品方案设计及服务方案设计展开探讨。

CSE产品方案用于描述自助产品的方案组成，包括有形产品结构、无形产品结构及其模块特征。CSE产品方案设计要先根据CSE需求层次确定产品结构类型，再由CSE功能特征得到产品模块特征，一般包括产品设计元素的具体参数、人机交互界面、操作使用方式等。

CSE服务方案包括策略层和模块层两个层面的描述。策略层是对“什么”服务的整体描述，包括服务内容、服务形式、支付方式等，直接影响服务的分类及结果。CSE服务方案设计根据CSE类型确定CSE服务策略，即确定服务的类型，是个性化自助养老还是基本需求互助养老，抑或创造性自助养老，再根据CSE需求特征、功能特征确定服务的具体内容与形式等。在确定好服务策略后，模块层的设计便是确定“怎么”服务的流程。流程具有一定的输入和输出，输入是各自产品、角色、资源，输出是产品或服务用以满足用户的需求。服务流程模块通过名称和特征来描述，通常由若干具有前后约束关系的节点组成，节点是指服务的活动或活动组合。活动是组成流程的基本要素，其属性包括名称、输入流、输出流及资源等。服务模块名称体现服务内容，模块活动组成体现服务流程。服务流程模块PM（Process Module）可以用一个三元组定义，即：$PM=\langle A,I,O\rangle$。其中：

$A=\{a_i|1\leqslant i\leqslant n\}$，代表服务流程模块中所有基本活动的集合，$n$为活动总数；

$I=\{I_j|1\leqslant j\leqslant m\}$，代表流程模块是输入接口集合，$m$为输入接口数目；

$O=\{O_k|1\leqslant k\leqslant p\}$，代表流程模块是输出接口集合，$p$为输出接口数目。

CSE服务流程模块输入流中特别强调“老年人”作为一种资源的输入，如图6-26所示。这也是集体自助养老模式有别于现有养老模式的关键点之一。

CSE产品模块特征、服务策略、服务模块特征构成了CSE服务系统方案特征。CSE服务系统方案模型的实质是CSE产品模块、服务模块组成及其相互关系。在具体设计时，借助模块化配置设计技术，根据方案特征设计出可行的CSE服务系统方案。

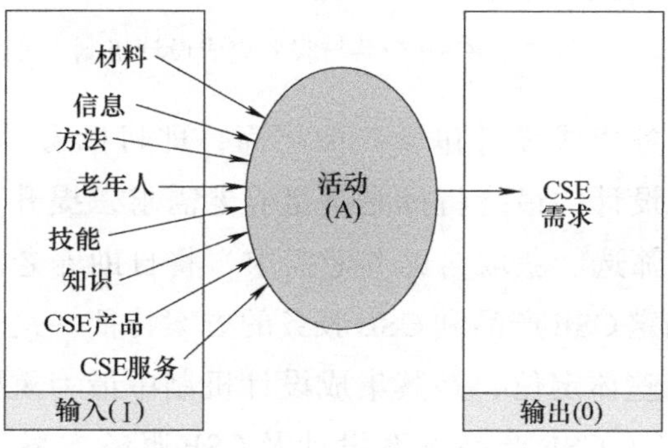

图6-26　CSE服务流程模块PM

（2）CSE产品与服务集成设计

集成是通过某种方式改变原有孤立的事物或元素的分散状态，集中一起产生联系，形成有机整体的过程。CSE产品与服务的集成设计是实现CSE服务系统方案设计的基础，两者集成设计源于CSE类型，终于CSE系统可行性方案的提供，实现需求满足，如图6-27所示。这里集成设计对象不仅包括已有的自助养老产品、自助养老服务，还包括未来需要全新设计研发的自助养老产品、自助养老服务，结合中国现阶段养老产品及服务状况，未来中国加速老龄化（2021—2050年）阶段均以重点考虑后者为主。

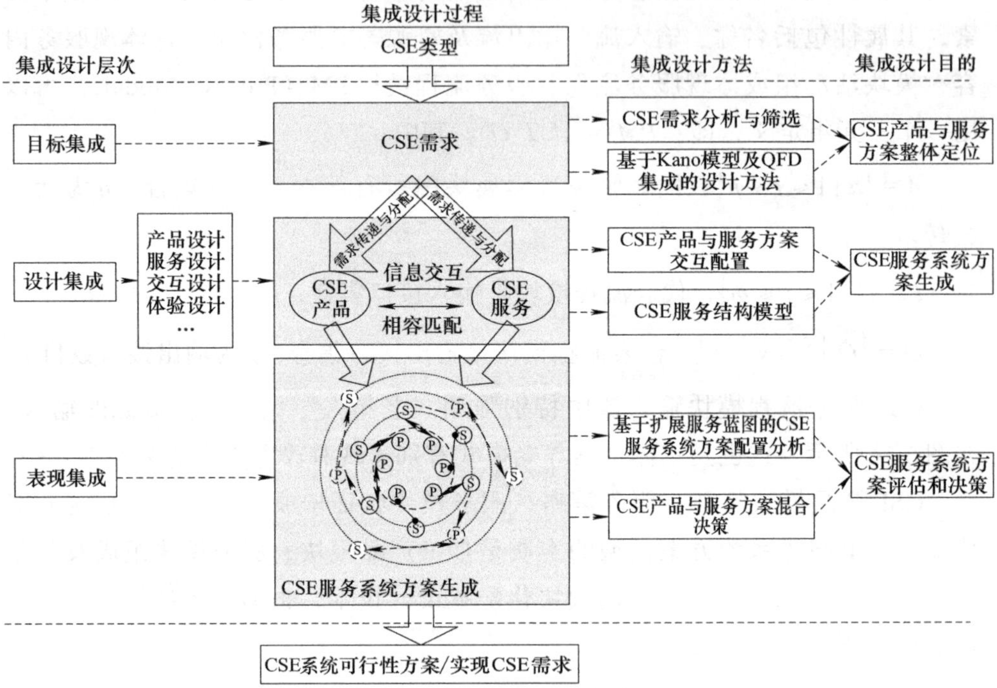

图6-27　CSE产品与服务集成设计机制

CSE产品与服务集成设计包含三个层面，即目标层、设计层和表达层。CSE服务系统方案设计的最终目标是满足养老需求，提升养老满意度，根据不同类型的CSE，筛选、获取自助养老需求，将自助养老需求分配到CSE产品和CSE服务，确定CSE产品和CSE服务的方案特征。这个过程是对CSE产品与服务方案进行整体定位，是其集成设计机制中最为重要的核心内容，它在很大程度上决定了CSE产品方案设计及CSE服务方案设计，具体可采用Kano模型及QFD集成的产品与服务设计指标组合优化方法实现。

在设计层面，针对CSE产品、CSE服务，涉及产品设计、服务设计、交互设计、体验设计等相关设计领域，具有信息交互、组合相容及匹配约束等特点。CSE产品与服务之间，如前文所述存在支持、补充、拓展关系，两者的实例化过程也是一个信息交互的过程。如针对日常照料服务中的超市代购、陪购需求（图6-28），首先需要明确适合老年人出行购物的产品（购物车、购物篮、购物袋等）基本信息，如安全、轻便、便携、容量大、多功能等，这是老年人购物产品方案的基本特征；而老年人购物喜好、购物方式、购物地点、购物时间等构成了老年人购物服务特征方案，这些服务特征方案可以作为一个独立功能模块加载到老年购物产品当中，或者传输到某移动信息终端，或独立存储在某信息产品中。利用信息化社会优势，借助大数据技术，把老年购物服务特征信息提供给服务方、被服务方及服务第三方查看和使用，并且服务双方、第三方可根据大数据信息进行购物推送、推荐和订购，满足个性化购物需求，提升购物满意度。同时要进行CSE服务与产品的相容性分析，包括CSE模块方案如何转化为服务过程方案，以及CSE产品如何与服务匹配实现服务目的（定位）。

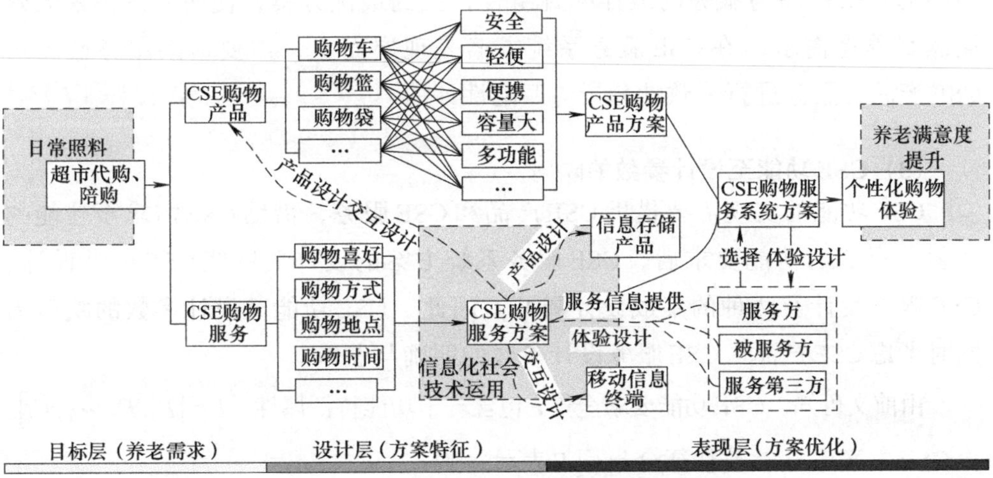

图6-28　CSE产品与服务集成设计实例一

图6-29以健康需求服务设计集成为例，以苏泊尔传统电蒸锅设计为切入点，在分析现有老年人越来越注重饮食的营养性和健康性的基础上，针对老年人营养饮食需求的电蒸锅设计将打破传统产品设计的概念，结合产品与服务集成设计的理念与方法，同样借助网络信息化优势，该集成设计将会为老年人提供全新的营养饮食指导体验与服务，并为其提升养老品质提供行之有效的途径。同时在该集成设计中产生了一种新的商业模式，围绕苏泊尔企业，各利益相关者将会带动一条新的服务产业链出现。

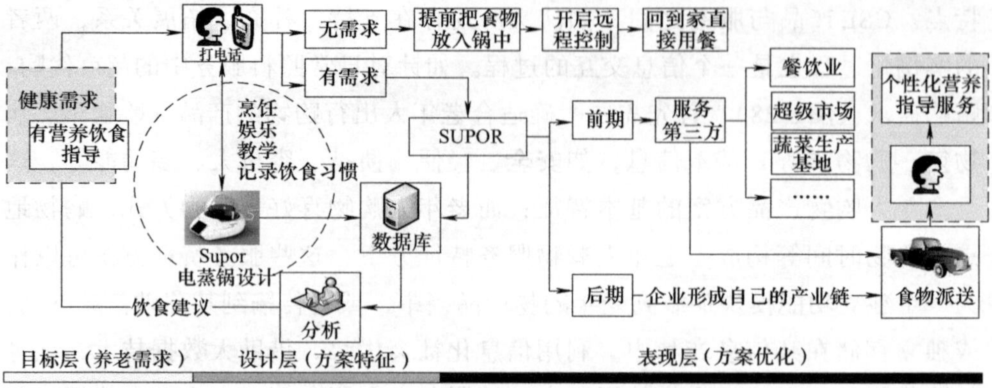

图6-29　CSE产品与服务集成设计实例二

CSE产品与服务集成设计在方案定位、方案特征确定后，进入集成设计方案的具体表达。因CSE产品与CSE服务存在不同的交互关系，会有若干可行性方案符合、满足CSE需求，通过交互或配置设计与混合决策方式，分析不同的CSE产品与服务的最佳配置组合，找到最优方案，使两者发挥最大效能满足养老需求。在CSE服务系统方案表现层面上，需要借助服务蓝图对CSE产品与服务进行一致性分析与匹配性评估。

（3）CSE功能至设计参数的映射

CSE功能的实现需要借助CSE产品和CSE服务，借助CSE需求至功能的映射获得CSE功能要求后，CSE服务系统方案的设计要围绕CSE产品设计、CSE服务设计及两种的集成设计展开。因此，CSE功能至设计参数的映射需同时考虑CSE产品、CSE服务设计参数的明确与获取。

由前文可知，CSE功能要求全集F包含若干功能特征属性，$F=\{F_1,F_2,\cdots,F_n\}$。设CSE方案设计参数特征全集用P表示，则：

$$
\begin{aligned}
P &= P_p + P_s \\
P_p &= \{P_{p1},P_{p2},\cdots,P_{pn}\} \\
P_s &= \{P_{s1},P_{s2},\cdots,P_{sm}\}
\end{aligned}
\tag{6-7}
$$

其中P_p代表CSE产品设计参数特征全集，P_s代表CSE服务设计参数特征全集。CSE功能至设计参数的映射就是要实现F至P的映射，如图6-30所示。

F至P的映射主要存在三种映射关系。

① 一一对应关系：某一功能由某一CSE产品或CSE服务实现；

② 一对多关系：某一功能的实现由某几个CSE产品或某几个CSE服务或

某一CSE产品加某一CSE服务共同实现；

③ 多对一关系：某一CSE产品或某一CSE服务可实现多个CSE功能。

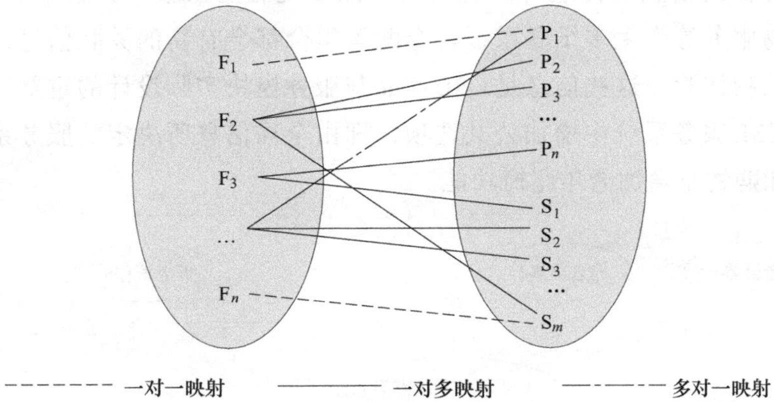

图6-30　CSE功能至设计参数的映射

6.3.4　集体自助养老服务系统配置模型

集体自助养老的核心内涵是“集体、自助、自主、互助”，反映出该养老模式自主、灵活、多样化的特点。针对需求多样化、动态变化的养老群体，其对CSE产品与服务的需求也处在动态变化之中。CSE服务系统方案模型只展示了系统方案的设计结果，并未解决系统方案生成的问题。为生成具体设计方案以应对养老群体、养老需求动态变化的问题，本书依据养老需求转化得到的方案特征及由此派生出的CSE服务系统方案，提出建立CSE服务系统配置模型，该模型包括CSE配置模型和CSE服务配置模型，两者之间存在约束关系，如图6-31所示。

在CSE服务系统配置中，产品方案、服务方案均以模块形式表达。CSE产品包括有形产品模块和无形产品模块，CSE服务划分为服务策略和服务模块两部分。服务策略是对服务方案的整体性描述，服务模块由通用流程来表示，流程由若干活动组成。因集体自助养老是一种全新的养老模式，不管是自助产品还是自助服务都缺乏现有案例。因此CSE服务系统的配置，首先，要按需求分类设计建立完整的设计实例，并与配置模型相同层次分解保持一致，以便在不同级别，特别是跨级、跨类或易忽视的模块重复使用该设计结果。其次，考虑到CSE产品与服务间的信息交互，CSE模式本身就需要充分利用信息化社会优势为养老服务所用，CSE产品或服务模块属性信息中增加相关的关联信息，特别是存在拓展约束的产品与服务。仍以日常照料中代购、陪购服务为例，图6-28中购物服务特征信息可作为此项服务的通用服务模块，该模块可借助信息的传递与现有购物产品、现有购物服务、未来购物产品、未来购物服务等产生多维联系，每个配置组合都会有新的关联信息，会带来不同的购物体验，这些信息是CSE产品与服务模块实际设计的重要依据。最后，在CSE服务系统中增加公共选项，即由全局信息所决定的服务系统配置选项，如购物车增加老年座椅功能。

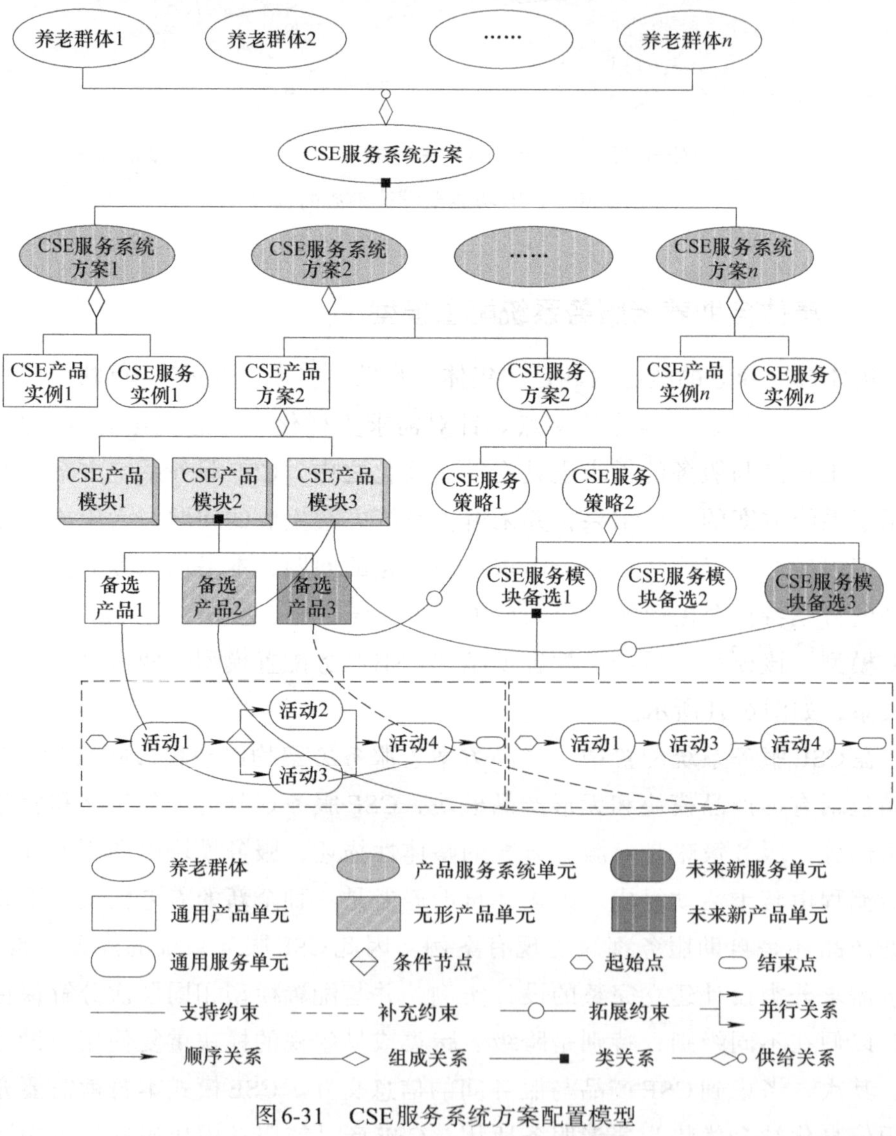

图6-31　CSE服务系统方案配置模型

考虑到CSE产品（有形产品、无形产品）、CSE服务（自助、互助）两个维度四大类别的关联关系，同时考虑到设计过程中服务系统配置模块的更新、积累（如变更、替换、完善、增减等），结合产品配置自适应问题解决相关研究，提出CSE服务系统配置模型的适应机制，如图6-32所示。

依据CSE产品与服务之间存在支持、补充、拓展关系，其配置过程适应流程如下。

① 在通用的CSE服务系统配置模型中，针对给定的配置需求，借助公共选项来剔除当前模型的不可行项。

② 任选一个具有支持约束的CSE产品或服务模块，产品与服务模块的支持约束存在三种情况：一是一一对应关系，即某一产品模块支持某一服务模块，如图中（a）所示；二是多对一关系，即多个产品支持某一服务模块，如图中（b）所示；三是一对多关系，即一个产品模块支持多个服务模块，如图中（c）所示。同时产品和服务模块可根据配置需求实现跨级支持。

③ 在产品方案或服务方案内部之间也存在支持约束关系，如某一备选产品支持上级某产品模块功能实现，某一服务模块支持某服务策略，如图中（d）所示。

④ 在某配置模型中，对已存在支持关系的产品与服务模块，如果在此基础上增加某一产品模块或某一服务模块对原有的配置进行补充，可使养老需求的满足更加灵活多样，提升养老满意度，如图中（e）所示。

⑤ 支持和补充约束是针对已有产品或服务模块，随着需求变化，当现有配置模型无法满足需求变化时，该配置模型需要对现有产品或服务模块作出变更、替换或全新设计产品、服务模块的配置行为。变更或替换，可以对产品或服务模块中子模块、子内容某一项或某几项或全部进行变更、替换，如图中（f）所示；而全新设计是现有产品或服务模块无法满足需求变化而进行新的产品或服务模块的开发设计，如图中（g）所示。

6.3.5 集体自助养老服务系统方案配置实例

以日常照料中的超市代购、陪购服务为例，其服务系统的配置方案包括线下购物方案P_1、线上购物方案P_2及线下体验线上购物方案P_3，如图6-33所示。

CSE购物产品方案可包括线下实体店购物模块、在线购物模块及线下体验线上购物模块，相应的购物服务方案也以线上、线下划分，包括线下购

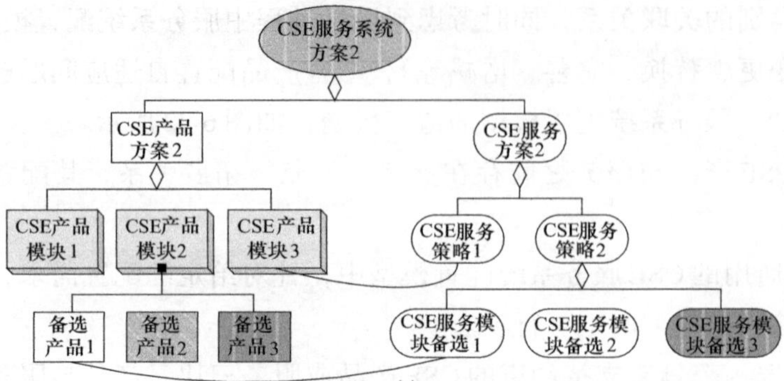
CSE服务系统
方案2
CSE产品
方案2
CSE服务
方案2
CSE产品
模块1
CSE产品
模块2
CSE产品
模块3
CSE服务
策略1
CSE服务
策略2
备选
产品1
备选
产品2
备选
产品3
CSE服务模
块备选1
CSE服务模
块备选2
CSE服务模
块备选3

(a)

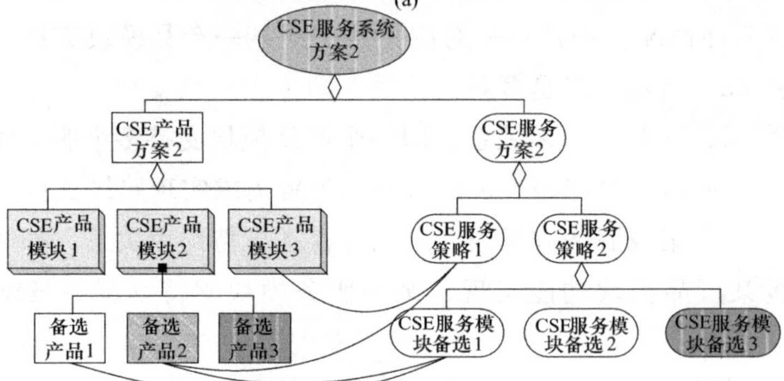
CSE服务系统
方案2
CSE产品
方案2
CSE服务
方案2
CSE产品
模块1
CSE产品
模块2
CSE产品
模块3
CSE服务
策略1
CSE服务
策略2
备选
产品1
备选
产品2
备选
产品3
CSE服务模
块备选1
CSE服务模
块备选2
CSE服务模
块备选3

(b)

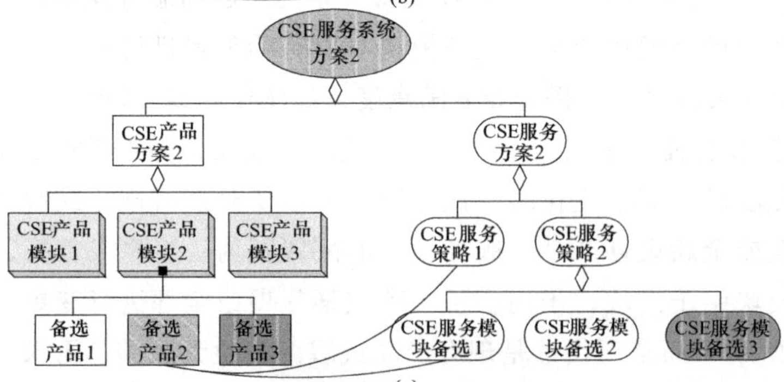
CSE服务系统
方案2
CSE产品
方案2
CSE服务
方案2
CSE产品
模块1
CSE产品
模块2
CSE产品
模块3
CSE服务
策略1
CSE服务
策略2
备选
产品1
备选
产品2
备选
产品3
CSE服务模
块备选1
CSE服务模
块备选2
CSE服务模
块备选3

(c)

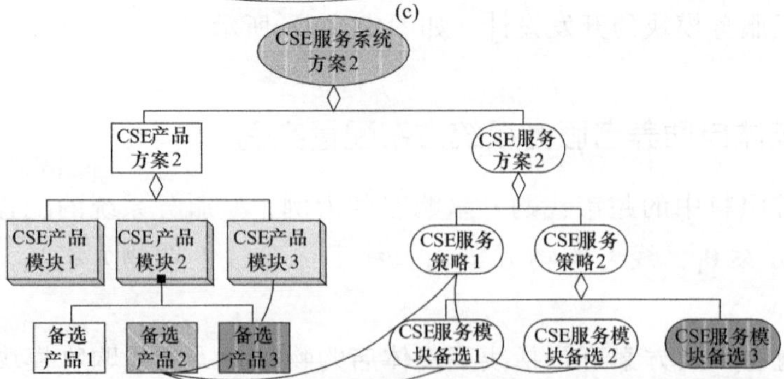
CSE服务系统
方案2
CSE产品
方案2
CSE服务
方案2
CSE产品
模块1
CSE产品
模块2
CSE产品
模块3
CSE服务
策略1
CSE服务
策略2
备选
产品1
备选
产品2
备选
产品3
CSE服务模
块备选1
CSE服务模
块备选2
CSE服务模
块备选3

(d)

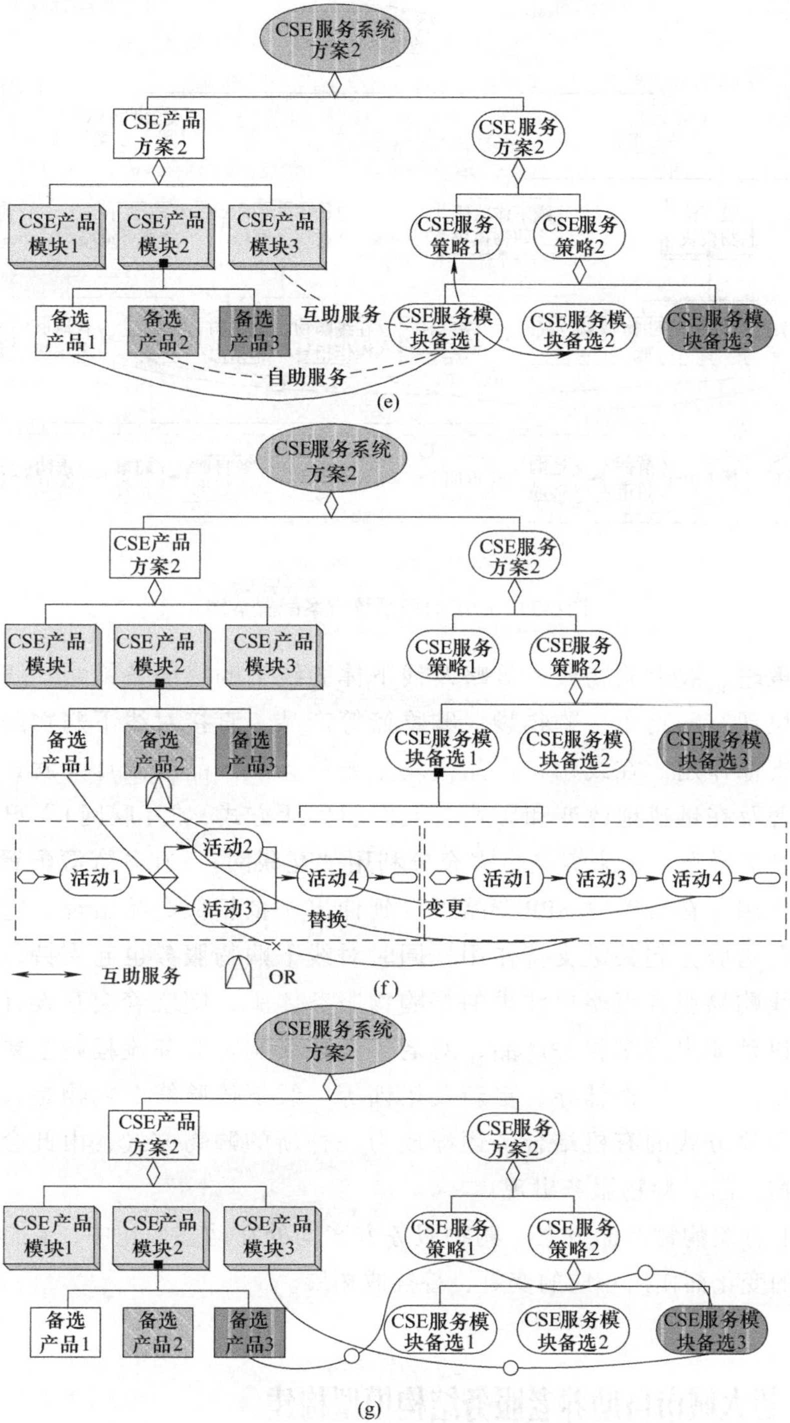

图6-32 CSE服务系统配置模型的适应机制

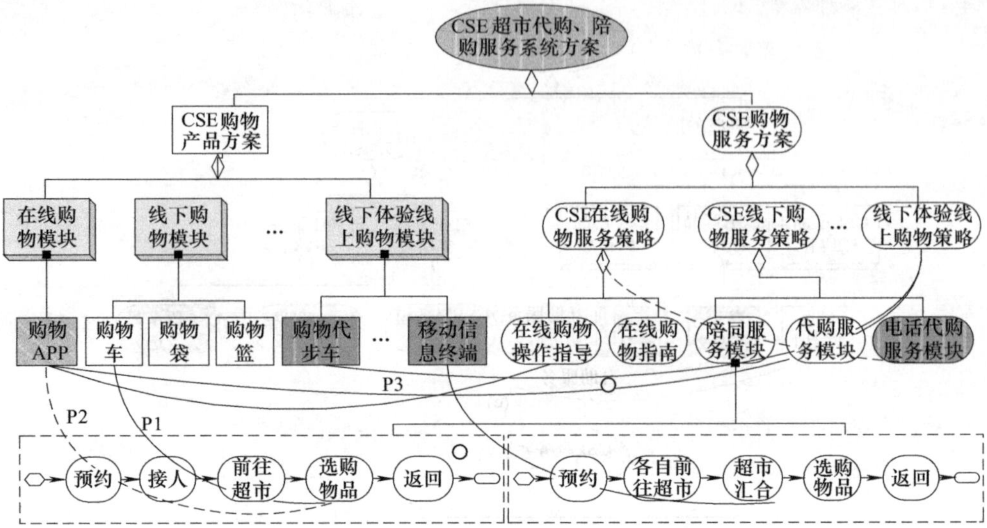

图6-33　CSE服务系统方案配置案例

物服务策略、线上购物服务策略及线下体验线上购物服务策略。线下购物产品模块现有购物车、购物袋、购物篮等产品，直接对线下购物陪同服务模块起支撑作用。在线购物产品模块主要是无形产品的设计开发，网络的发展和普及在迅速地改变和影响着人们的生活方式，“互联网+”已成为一种新的经济形态，未来养老也需充分利用“互联网+”在各资源配置中集成和优化作用。在线购物APP产品可以延伸出一批相似产品出现，它们不仅对在线购物服务起关键支持作用，同时对线下购物服务也起支持、补充作用。在线购物服务策略更注重的是购物服务体验，围绕着交互设计、体验设计可以延伸出许多相关产品，对老年人在线购物服务流程则主要是关于购物APP的使用操作辅导、更新及培训等。线下体验线上购物是线下、线上两种购物方式的有机结合，逐渐成为一种新的购物方式，由此会拓展出新的购物产品或购物服务出现。

以上有关购物产品方案、购物服务方案均处在动态变化中，它们会随购物需求的变化而作出相应的变更、替换或拓展。

6.4　超大城市自助养老服务结构模型构建

集体自助养老服务设计从养老服务需求的辨识开始，经过CSE需求模型、功能模型、方案模型的建立，最终需要通过一系列具体服务活动过程的执行，才能实现养老服务需求的满足。为了保证服务质量，我们需要借助服务过程可视化工具，使养老需求与服务过程匹配，达到CSE目标。该工具应具有能够提高服务质量、改善服务管理沟通能力、保证系统稳定性和可持续性、确定合理的执行过程等功能。CSE服务系统可视化由CSE服务活动蓝图及服务活动结构模型实现，在这之前首先要确定CSE服务系统的构成元素。

6.4.1 集体自助养老构成要素确定

CSE服务系统主要由自助产品、自助服务、基础设施、网络四个要素组成。

① 自助产品：主要针对老年人身心特点设计的自助养老产品。自助养老产品支撑自助养老服务，且涉及衣、食、住、行、医等生活中的所有领域，如老年人护理机器人、智能用药介护机器人、淋浴专用椅等。有形自助产品主要针对硬需求，无形自助产品主要针对软需求。

② 自助服务：CSE中自助服务包含互助的概念，互助的最终目的是达到“助人自助”，自助以无偿服务形式为主，互助包括无偿互助和有偿互助。自助服务第三方支持主要是社区管理中心。

③ 基础设施：包括生活服务设施、医疗保障设施、文化活动设施及安全保障设施等。基础设施是支持或阻碍CSE建立的重要因素，其塑造服务或网络构架，影响CSE养老模式的接受程度。

④ 网络：为各种不同参与者提供产品服务体系，包括各种网络服务平台及其后台支撑。

CSE服务系统除了以上四种构成要素外，还包括一切围绕老年人的产品和服务、服务政策、服务团队、支持系统等。该系统把老年人、企业、生产制造商、服务第三方、政府部门等众多相关群体有机结合在一起，建立实体的、虚拟的或者实体、虚拟相结合的CSE系统，为老年人提供更为健康、舒适的晚年生活。

CSE构成要素众多，为了明确具体的CSE构成要素，我们仍需从服务生命周期活动开始，分析CSE包含的过程与活动，使用CSE责任表（CSE responsibility table，CSERT），得到CSE具体构成元素。CSE责任表格式如表6-6所示，其中服务人员、被服务人员的活动或责任、CSE产品和CSE服务是必备要素，其他要素可根据具体养老内容增减，表中列的排列顺序不影响表值。

表6-6　CSE责任表格式

被服务人员活动或责任	服务人员活动或责任	CSE产品	CSE服务	目标和要求	产生的服务	基础设施	参与者	困难与问题	…
…	…	…	…	…	…	…	…	…	…

仍以超市代购、陪购为例，说明CSE具体构成要素的获取方法及步骤。

步骤一：将老年人线下超市代购、陪购需求按活动顺序填入CSERT，如表6-7所示。

表6-7　CSERT（1）：被服务人员活动

被服务人员活动或责任	服务人员活动或责任	CSE产品	CSE服务	…	…	…
预约						
等候						
前往超市						
选购物品						
回家						

步骤二：确定互助养老人员的活动，按顺序填入CSERT，如表6-8所示。

表6-8　CSERT（2）：服务人员活动

被服务人员活动或责任	服务人员活动或责任	CSE产品	CSE服务	…	…	…
预约	接受预约					
等候	提供接人服务					
前往超市	陪同前往超市					
选购物品	陪同选购物品					
回家	陪同回家					

步骤三：确定每项活动中需要使用或接触的CSE产品或服务，如表6-9所示。

表6-9　CSERT（3）：CSE使用产品及服务

被服务人员活动或责任	服务人员活动或责任	CSE产品	CSE服务	…	…	…
预约	接受预约	移动通信终端	随叫随到			
等候	提供接人服务	老年代步车	准时上门接人			
前往超市	陪同前往超市	老年代步车	安全到达超市			
选购物品	陪同选购物品	购物车	针对选购给出合理建议			
回家	陪同回家	老年代步车	安全返回			

步骤四：确定活动参与者，参与自助、互助养老的老年人是系统运行必不可少的参与者，在表中以“默认参与者”表示，他们参与活动的每一步，除这两者外，表中还明确指出其他的活动参与者，如表6-10所示。

表6-10 CSERT（4）：活动参与者

被服务人员活动或责任	服务人员活动或责任	CSE产品	CSE服务	参与者	…	…
预约	接受预约	移动通信终端	随叫随到	后台服务人员		
等候	提供接人服务	老年代步车	准时上门接人	代步车租赁服务人员		
前往超市	陪同前往超市	老年代步车	安全到达超市	默认参与者		
选购物品	陪同选购物品	购物车	针对选购给出合理建议	默认参与者		
回家	陪同回家	老年代步车	安全返回	默认参与者		

步骤五：确定购物目标及综合考虑活动所需的基础设施，如表6-11所示。

表6-11 CSERT（5）：CSE目标及基础设施

<table>
<tr><th>被服务人员活动或责任</th><th>服务人员活动或责任</th><th>CSE产品</th><th>CSE服务</th><th>参与者</th><th>目标要求</th><th>基础设施</th></tr>
<tr><td>预约</td><td>接受预约</td><td>移动通信终端</td><td>随叫随到</td><td>后台服务人员</td><td rowspan="5">随时、方便、安全购买到自己想要、满意的物品</td><td rowspan="5">设计可供社区租赁的购物代步车存租系统</td></tr>
<tr><td>等候</td><td>提供接人服务</td><td>老年代步车</td><td>准时上门接人</td><td>代步车租赁服务人员</td></tr>
<tr><td>前往超市</td><td>陪同前往超市</td><td>老年代步车</td><td>安全到达超市</td><td>默认参与者</td></tr>
<tr><td>选购物品</td><td>陪同选购物品</td><td>购物车</td><td>针对选购给出合理建议</td><td>默认参与者</td></tr>
<tr><td>回家</td><td>陪同回家</td><td>老年代步车</td><td>安全返回</td><td>默认参与者</td></tr>
</table>

至此，日常照料中超市代购、陪购服务的CSE构成元素分析就此完成，如有需要，还可根据上述方法，逐一添加所需的列，直至分解出所需的CSE构成元素为止。

6.4.2 集体自助养老元素层次模型

根据CSE构成元素，参考产品服务系统相关层次模型文献，提出CSE元素层次模型，如图6-34所示。该模型将CSE组成元素以简单的图形和文字按类分层建模，是一种简化的建模方式，以便对特定类型的某一元素建模。

CSE元素层次在CSE服务系统模型的基础上增加了设计层，共四个层次，即用户层（被服务层）、服务人员层、设计层及资源层。在CSE系统中，用户层和服务人员层因养老主体老年人的“双重角色”而有别于现有的产品/服务系统，是种特殊存在的产品服务系统模式，恰恰是这种特殊性支持了该养老模式的可持续性。在设计层，核心产品、核心服务受CSE类型选择的影响。在资源层，要分析不可见的资源建立。

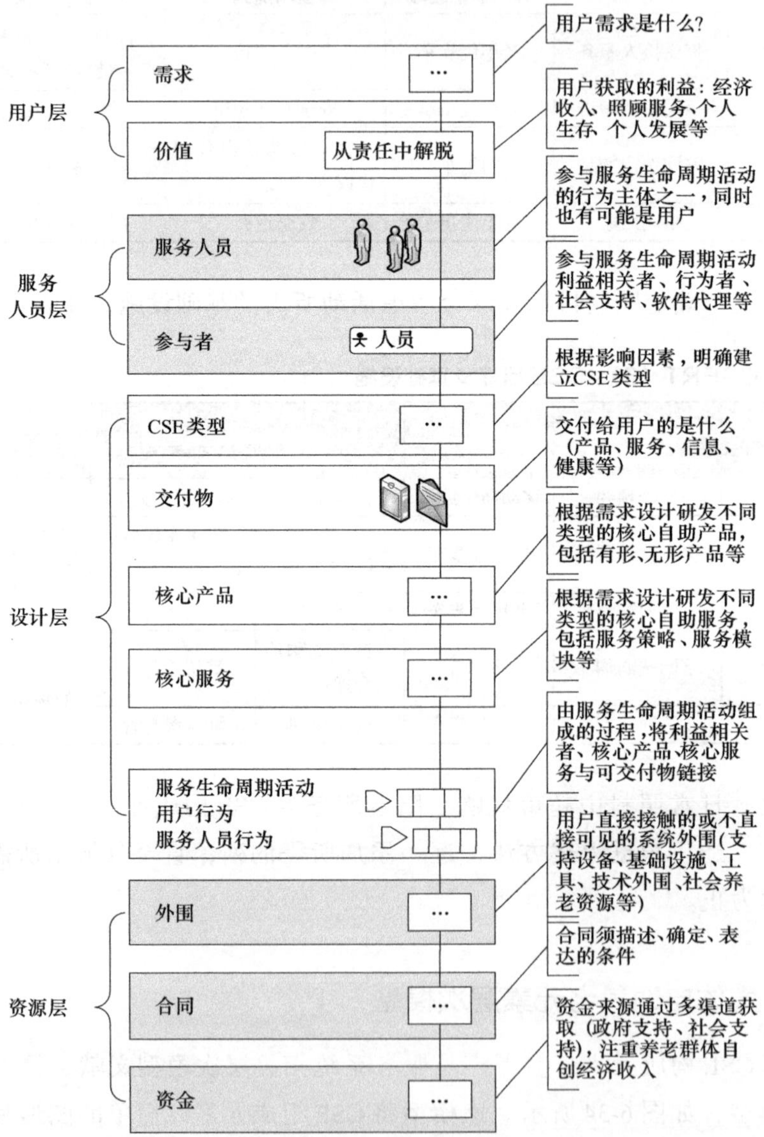

图6-34 CSE元素类型层次模型

CSE元素层次模型虽然包含了CSE所有构成元素，但并没有建立各元素之间的关系，无法描述CSE服务生命周期内用户层、服务人员层、设计层、资源层之间的关系。在CSE元素层次模型的基础上还需要结合服务蓝图法及CSE服务结构模型，实现CSE服务生命周期各层次的可视化定义。

6.4.3 集体自助养老服务活动蓝图

服务蓝图是提升服务质量的一项管理技术，是基于流程图的服务设计工具，其应用研究主要集中在服务质量、服务创新与开发、服务效率等三个领域。服务蓝图是从顾客的角度看待服务过程的，这是它与其他流程图最显著的区别所在。服务蓝图包含四类基本元素，即4种行为、3条行为分割线、行为链接的流向线及放置在顾客行为上方的有形展示。4种行为依次包括：顾客行为、前台服务行为、后台服务行为、支持行为；3条分割线依次是：互动分界线、可视分界线、内部互动分界线。

Mary等提出在设计中应用蓝图时应注意蓝图中所包含项目可根据需求增加，以及根据绝大多数情况来规划相关活动等。

在集体自助养老服务系统中，自助养老产品的作用非常重要，传统的服务蓝图并未体现出产品对顾客及相关利益者的支持与影响。为了清晰描述自助养老产品对CSE的作用，本书在传统服务蓝图基础上增加了产品系统，建立起CSE服务活动蓝图，如图6-35所示。

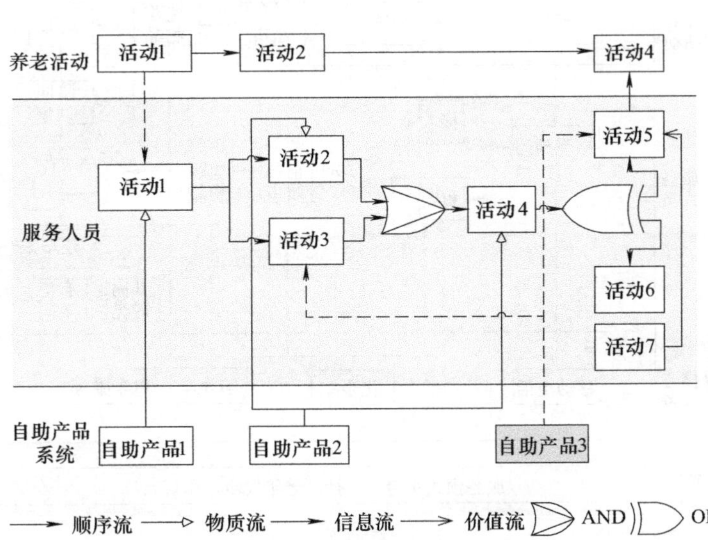

图6-35 CSE服务活动蓝图

6.4.4 集体自助养老服务结构模型

CSE元素层次模型反映了CSE构成元素，CSE服务活动蓝图说明了CSE服务生命周期活动关系。在CSE元素层次模型的基础上，结合CSE服务活动蓝图，补充说明养老服务活动、自助产品系统及外围支持之间的关系，形成了CSE完整结构模型。

以日常照料线下超市代购、陪购服务为例，其CSE服务结构模型如图6-36所示。模型中CSE构成元素按层分类，清晰易懂、一目了然，服务蓝图将该服务活动参与者、核心产品及外围基础设施连接起来，描述了活动发生顺序、物质、信息及价值的流向。CSE结构模型既包含了CSE全部构成元素，又描述了各元素之间的相互关系，可作为CSE服务系统方案设计的标准表示形式之一。

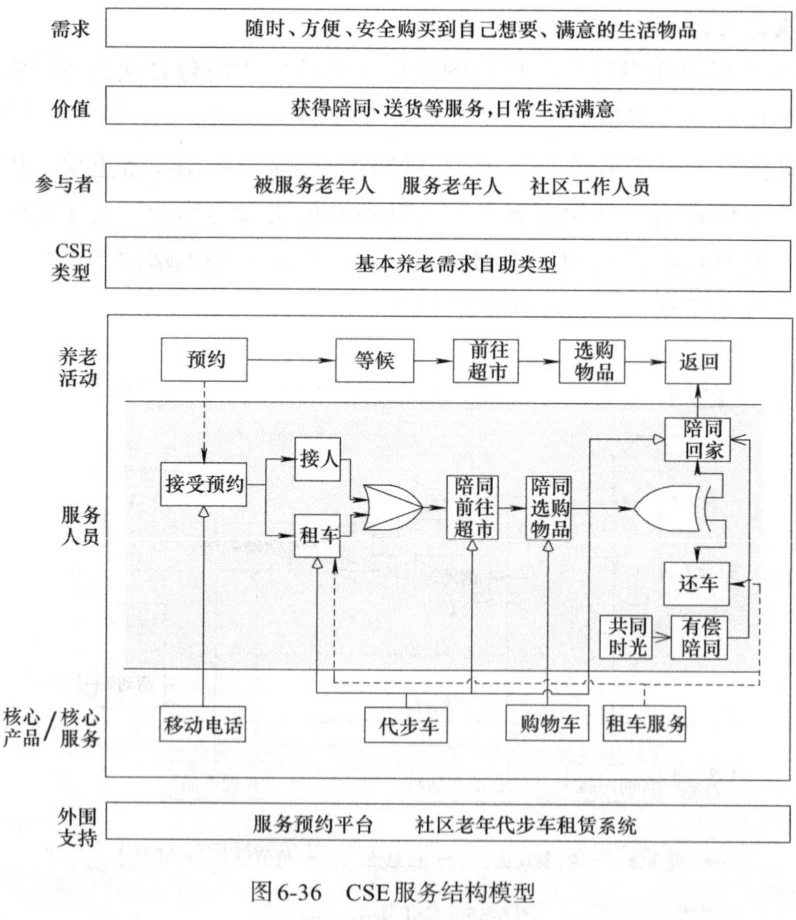

图6-36 CSE服务结构模型

6.5 小结

本章首先对超大城市自助养老服务类型及其影响因素进行了分析，提出CSE类型的选择及养老自助程度随养老需求的满足呈递增状态，给出了CSE类型选择的定性、定量方法。其次建立了CSE服务设计框架，给出了CSE服务设计过程。接着从CSE需求域、CSE功能域、CSE方案域建立了CSE服务设计模型，给出了CSE构成元素。最后构建了CSE服务结构模型。

第7章

超大城市自助养老服务设计评价

在CSE服务设计中，老年个体情况的差异性、多样性导致养老需求的多样性、多元化、个性化，进而导致设计方案的复杂多样。同时，受主观、客观因素影响，CSE服务设计的约束条件多样，设计信息在获取过程中存在模糊性和不完备性，设计方案可能存在多个满足条件的可行解。因此，在进行服务设计评价时，需要建立相应的评价指标，对可行性方案进行优劣排序，从中选出最佳方案并展开后续深入设计。

CSE服务设计评价的核心是围绕养老满意度的提升，建立合理的评价指标体系，运用有效的决策算法，进行方案择优评价。

CSE服务设计评价的主要特点是混合性。由于CSE服务设计是由CSE产品系统方案和CSE服务系统方案混合组成的，且两者之间存在交互关系，相应的两者之间的评价也可能存在交互关系。此外，CSE产品模块和CSE服务模块、服务策略在集成设计时，其模块与特征属性的匹配性评价更为复杂多样，定性定量的混合充分体现了方案评价的混合性特点。与此同时，这也给评价指标权重的确立带来困难。因此，需要借助现有的方法或技术，建立有效合理的混合评价模型或方法。

7.1 超大城市自助养老服务设计评价的混合性

CSE服务设计评价的混合性特点体现在四个方面：CSE类型选择与CSE

服务系统方案设计的混合性、CSE产品系统方案与CSE服务系统方案的混合性、评价指标定性定量的混合性、设计信息与评价信息的混合性。

CSE类型的选择受老年个体主观、客观等因素的影响，选择因素本身就存在定性定量混合因素。而CSE类型又会直接影响CSE服务设计，并影响养老需求，进而影响系统方案特征、设计参数、CSE服务系统方案的设计。此外，CSE类型的选择因素和CSE服务的设计因素在某些层面可能会存在一定的交叉性、继承性，在进行CSE服务设计评价时，也要考虑其与CSE类型的匹配性。

CSE产品系统方案与CSE服务系统方案集成设计，形成CSE服务系统方案。由第4章可知，两者的集成混合会对方案评价造成两个方面的影响：一是两者各自包含的内容信息复杂多样，方案集成后变得更复杂多样，导致方案评价所需的信息更多，评价难度大幅增加。当系统整体方案评价困难时，可采用化整为零的方法，将整体方案分解成若干子对象进行评价，降低评价难度。二是评价对象间可能形成评价的依赖性。由前文可知，CSE产品支持CSE服务的实现，不管什么样的自助养老类型，都脱离不了CSE产品的支持。有些服务脱离了产品便不能提供相应的服务，如自助挂号服务必须有相应的自助挂号设备（有形产品）或自助挂号APP（无形产品）等支持才能得以实现；有些服务是保障产品的功能，如自助挂号设备的维修服务。这些依附在产品上的服务在进行评价时，首先要根据CSE类型确定CSE产品和CSE服务在该方案中哪个更为重要，然后考虑服务与产品的匹配性问题，即评价的依赖性。以自助洗澡为例，如果是完全自助养老类型，那么自助淋浴产品的设计显得非常重要，比如它具备什么功能、能提供什么自助服务、自助的程度有多高，这些都直接影响自助淋浴产品的评价，特别是对自理能力有损伤的老年人来说，尤其注重自助淋浴产品能提供什么样的自助服务；如果是互助养老类型，因有老年人的照顾，可帮助洗澡，在该系统方案设计中，更注重的是对洗澡服务过程的体验，即整个洗澡过程是否舒适、照顾人员是否细心耐心、洗得是否干净等，自助淋浴产品在整个过程中起辅助作用，其具备什么样的自助功能、能提供什么样的自助服务对老年人是否满意该洗澡服务未起任何决定性作用，抑或自助淋浴产品的有无都不会影响老年人对洗澡服务满意的评价。但不管是自助洗澡还是互助洗澡，自助淋浴产品所提供的自助洗澡服务是否与老年人所希望的自助洗澡服务相匹配才是关键所在。

评价指标定性定量的混合，使评价更加困难。针对不同的评价指标，需运用不同的评价方法有效合理地对方案进行评价。在CSE服务系统中，对于养老满意需求的描述会有很多定性指标出现，因此需要采用有效方法来弱化定性指标的模糊性，降低定性评价所产生的不确定性影响。对于定量指标，则充分利用相关数据的客观性，使方案评价更准确可靠。将定性定量不同的评价方法整合在一起，构建一种混合决策评价模型，实现CSE服务设计的可靠评价。

设计信息与评价信息的混合，在CSE服务设计中，从需求域、功能域到方案域，各设计阶段是相互关联、相互影响和相互作用的。由于CSE服务设计来源于养老需求，其方案评价指标体系的构建及评价也应依据养老需求，而不仅仅是依据设计师、工程师或市场人员等专家的经验分析评价。传统的产品设计方案评价过程是设计师根据评价指标及其权重对每个方案进行评价，加权排序后选出最优方案，评价指标的建立、评价过程与设计过程分离，未能充分利用已有设计信息。与传统产品设计方案评价过程不同，CSE服务设计在评价指标建立、方案评价阶段有效利用前两个阶段的信息，实现设计信息与评价信息的有效混合，降低评价困难度及缩小评价范围，帮助设计师、评价人员进行更合理有效的评价。这可最大程度地利用已有设计资源，实现数据信息的重复使用及设计的关联与决策评价一致性，进而缩短设计周期，减少设计成本，提高评价的可靠性。

CSE需求直接关联到方案评价指标体系的建立、评价过程，养老需求与养老满意度之间既存在线性关系，又存在非线性关系（如经济条件好，老年生活不一定满意；有人陪着聊天，老年生活却很知足），传统设计方案评价方法通常将评价指标值与用户满意度之间表达为线性关系，这样处理虽简单，但容易导致评价结果部分失真。为保证评价结果更准确、更可靠，同时考虑CSE需求与养老满意度间非线性关系，在CSE服务设计混合评价模型中把Kano模型融合进去，将设计方案与CSE需求的线性、非线性关系均表达出来。

7.2 基于混合策略的集体自助养老服务设计评价体系

CSE服务系统方案具有多个产品、服务模块及若干属性值，其对产品、服务的重要度及养老需求的满足程度也各不相同，其方案评价指标具有不同维度、定性定量融合。因此，选择合理有效的算法进行评价显得至关重要；同时算法力求简捷有效，并建立有效机制应对评价过程中的主观不确定性。

CSE服务设计评价体系如图7-1所示。CSE服务设计首先是建立在CSE类型选择基础之上的，针对CSE类型，辨识、筛选养老需求，将养老需求映射到相应的功能特征进行方案设计，再依据评价指标对方案进行评估择优，最后选择最佳方案，建立相应的CSE。为实现服务设计评价阶段与CSE需求映射、方案生成阶段的集成，本书提出采用CSE养老需求映射得到的CSE功能特征来评价CSE服务系统。具体根据方案生成阶段的模块划分，用分解策略把整体方案划分成几个模块进行逐一评价，每个模块的评价指标来自CSE需求映射得到的功能特征。

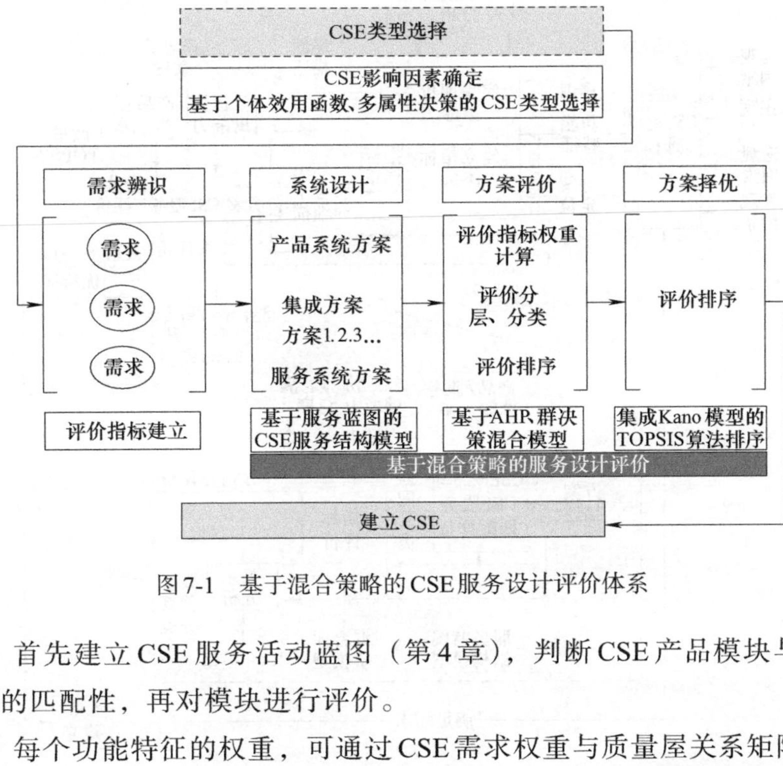

图7-1　基于混合策略的CSE服务设计评价体系

① 首先建立CSE服务活动蓝图（第4章），判断CSE产品模块与CSE服务模块的匹配性，再对模块进行评价。

② 每个功能特征的权重，可通过CSE需求权重与质量屋关系矩阵中的对应值相乘获得。对分解后的定量指标，其评价值由定量值直接转换得到；对应定性指标，则采用层次分析法确定其权重，再根据模块群决策方法确定评价值。

③ 运用Kano模型表达养老满意度与评价指标值之间的非线性关系，再利用TOPSIS方法对所有方案排序择优。

CSE服务设计具体评价过程包括四个阶段，即评价指标定义及评价体系建立、CSE服务系统方案详细描述、CSE服务系统评价、系统方案择优排序等，如图7-2所示。因CSE需求直接关联评价指标的定义及评价体系的建立，在此阶段，考虑CSE需求是通过用户访谈、问卷调查等方法获取的，为保证调查的有效性和可靠性，本书将通过KMO（Kaiser-Meyer-Olkin）值和方差分析（Analysis of variance）对需求相关因素和主成分进行分析，进而保证评价指标的有效性、可靠性。在方案评价阶段，又通过CSE产品与CSE服务匹配评估、指标评价及关系分析等三步实现，此处的关系分析是指依据Knao模型细分指标，评价其与养老满意度之间的关系。

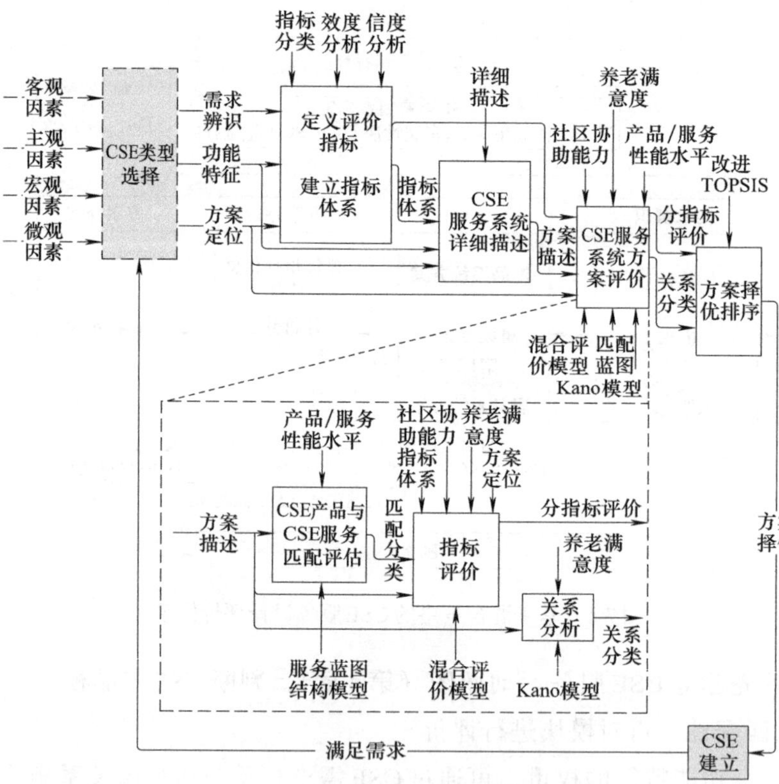

图7-2 CSE服务设计评价过程

7.3 超大城市自助养老服务设计评价体系构建

超大城市可持续养老CSE服务设计应根据不同老年群体的养老需求，建立不同的集体自助养老服务系统，使系统能面向普通百姓提供灵活多样的自助、互助养老服务，且百姓积极主动参与管理服务系统，实现集体自助养老系统构建的开放性、参与人员的普及性、需求提供的多样性。

CSE需求直接关联到CSE服务设计评价指标体系的建立及其评价过程，可作为CSE评价原始指标。由前文可知，CSE类型的选择受宏观、微观等多因素影响，同样CSE需求的选择也受宏观层面、微观层面等多因素影响。为便于进一步研究，本书主要从微观层面（老年个体年龄、收入、职业、文化程度等自身因素）探讨与评价其与CSE建立、养老满意度提升的关系。CSE服务设计因老年个体的差异性和多样性而存在多个可行解，为有效、合理地对服务系统方案进行设计、评价择优，应针对不同的养老群体分层、分类建立不同的评价体系。其建立过程如图7-3所示。

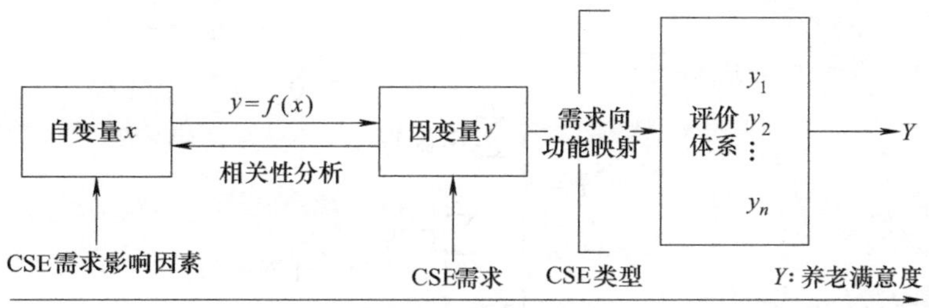

图7-3　CSE服务系统评价体系建立过程

① 根据养老需求选择CSE类型。由式（6-4）可知，CSE类型一般包括四个养老自助程度递增的正区间，即从基本需求养老、品质养老到个性化养老、创造性养老，养老自助程度逐渐递增。

② 首先确定自变量因素x（养老需求影响因素），自变量可以是一个或多个，自变量x与因变量y（养老需求）之间建立函数关系$y=f(x)$。借助SPSS工具，若只有一个自变量，则对其进行单因素方差分析（One-Way ANOVA），并进行方差齐性检验，对自变量与应变量存在显著关系的养老需求再做进一步分析，以进一步明确评价指标；若存在两个以上的自变量，例如x_1，x_2，…，x_n自变量，对应y_1，y_2，…，y_m因变量，则分别对x_1到x_n、y_1到y_m做因子分析，各自形成一个因子，将因子得分保存为新的变量，接着在因子层面上进行单变量方差分析；如果有多个自变量因子和多个应变量因子，则进行多变量方差分析，最后再进行回归分析。

③ 自变量（x，老年个体影响因素）、应变量（y，养老需求）相关性确

定后，根据CSE类型，建立相应的评价体系。

④ 依据评价体系，对CSE服务系统方案进行评价，选择与Y（养老满意度）最匹配的方案建立CSE。

由第5章5.4节内容可知，养老满意度（Y）与养老需求（y）存在函数关系，可用数学公式表达为：

$$Y = \sum_{i=1}^{n} a_i y_i \tag{7-1}$$

其中y_i为第i个维度的养老需求（一级指标），每个维度包含若干子需求（二级指标），a_i为第i个维度的养老需求权重。

设Y'为理想养老满意度，I为养老满意度与理想养老满意度的比值，则有：

$$0 < I \leqslant 1, I = \frac{Y}{Y'},\ Y'_{\min} = \sum_{j=1}^{m} a_{j\min} y_{j\min},\ Y'_{\max} = \sum_{i=1}^{n} a_{i\max} y_{i\max}$$

$$I = \begin{cases} \dfrac{\sum_{i=1}^{n} a_i y_i}{\sum_{j=1}^{m} a_{j\min} y_{j\min}} > 0 \\ \dfrac{\sum_{i=1}^{n} a_i y_i}{\sum_{i=1}^{n} a_{i\max} y_{i\max}} \leqslant 1 \end{cases} \tag{7-2}$$

当$I \to 0$时，集体自助养老满意度越低，自助养老程度越低，自助养老类型落在基本养老区间内；

当$I \to 1$时，集体自助养老满意度越高，自助养老程度越高，自助养老类型落在个性化养老、创造性养老区间内。

CSE服务系统方案评价的最终目的是要优选出最佳系统方案，使其趋近于理想养老满意度。

7.4 超大城市自助养老服务设计评价指标体系建立

7.4.1 评价指标确立

确立CSE服务系统评价体系后，接下来就需要建立相应的评价指标。由前文可知，CSE需求可作为可持续养老原始评价指标。CSE需求直接关联到CSE

服务设计评价指标体系的建立及其评价过程，结合前文对我国养老需求及CSE目标的分析，本书提出从经济需求（economy）、健康需求（health）、情感需求（emotion）、自我实现需求（self-actualization）等四个逐级递增的层面对CSE需求进行分析、筛选，得到系统评价的原始需求评价指标，进而通过需求映射转化为功能特征获取方案评价指标，由此可知原始评价指标非常关键。

经济基础是实现集体自助养老最基本的保障。据《京人社养发〔2015〕67号》2015年北京退休人员月基本养老金的最低标准为1609元，退休人员的评价工资水平为3500元左右，北京2012年公办养老机构的月平均收费3660元。2015年上海市城乡居民养老保险基础养老金为每人每月645元，上海［1999］27号文件将上海市一级养老机构的收费标准（托管费及护理费）定为每人每月最高不超过650元，二、三级养老机构每人每月最高不超过550元。2014年我国企业退休人员基本养老月均为2061元。以上数据显示城市老年人退休养老金基本达到养老机构的平均收费标准，但中国是世界上唯一一个老年人口超过1亿的国家，且每年以3.2%的速度增长，还有很大一部分老年人特别是农村地区的老年人（包括从农村流动到城市的老年人）没有社会养老保障。据陈昱阳“我国农村老龄问题研究”报告，农村老年人口规模是城市老年人口规模的1.69倍，城市老年人口比重为7.97%，而农村老年人口比重超过18.3%，但与城市社会养老保障制度相比，农村地区的社会养老保障制度严重滞后。据人力资源和社会保障部的统计，2011年一季度我国新型农村60岁达到领取养老金的老年人有5003万人，依据第六次全国人口普查数据，我国农村地区60岁以上的老年人口为1.23亿人，即农村老年人没有养老金的还有7300万以上。没有经济基础，老年人的基本生活失去保障，直接影响到老年人的养老生活。经济基础除了老年人的离退休金、社会保险救济、子女亲属供给外，调查表明大部分老年人希望有劳动收入或其他经济来源。因此，在CSE中老年人通过有偿互助能获得一定的经济收入，并且在自助创新养老当中有可能会出现其他经济来源。

健康需求包括生理健康和心理健康两大方面的需求。生理健康从医学角度讲是指人体内环境的理化指标正常和各组织气管道结构、机能正常。要维持生理机能正常就需要日常生活照料、饮食规律、经常运动健身、定期体检、了解一些养生知识等，这里就会涉及相应的需求。心理健康需求包括心理咨询、心理疏导等需求。

一些研究表明，老年人的情感质量对老年生活的影响更加显著。集美大学曾对老年流动人口进行心理测验，结果表明其存在大量的心理问题，其中抑郁、孤独、精神质等心理问题排在前三位。相较于传统的养老模式，在CSE中，通过不同自助、互助的形式，老年人的情感需求可充分获得满足。情感需求包括社会交往、家庭关系、闲暇生活安排、文化娱乐、生活感受等。

对于自我实现需求，2002年我国民政部进行调查显示，53%以上城市老年人和62%以上农村老年人认为自己是社会的负担，48%城市老年人和68%农村老年人认为自己是家庭的负担。这说明老年人对自我价值的担忧较为普遍。在CSE中，老年人的自我实现价值也能得到充分发挥。

CSE原始评价指标的获取方法如下。

① 依据第4章CSE需求分析方法，针对四大需求，通过访谈法获取老年人的自助养老需求，具体如图7-4所示。

② CSE用户需求分析难点在于CSE整体解决方案的需求分析，CSE设计的最终目标是养老满意度的提升，其需求不是分别的产品或服务的需求。根据第3章养老需求筛选与精化方法，经过对养老需求集中存在独立关系、交叉关系、包含关系的需求进行筛选后，在图7-4的基础上初步去冗余后得到四个维度、28个子需求的CSE养老需求，四个维度以下分别用EC、H、EM、SA代表经济需求、健康需求、情感需求、自我实现需求，如表7-1所示。

③ 针对上述养老需求，设计调查问卷。问卷包括两大部分：第一部分为养老需求评分量表，共设28个题目，其中1~5题属于EC维度，6~17题属于H维度，18~22题属于EM维度，23~28题属于SA维度，对养老需求的重要程度赋值：1—很不重要；2—不重要；3—一般；4—重要；5—很重要。第二部分为基本信息部分，涉及个人信息，如性别、年龄、学历、收入、职业、地域等。通过抽样调查，获取每一养老需求的均值，与需求程度的中位数3进行比较，保留均值大于3的养老需求，完成需求的进一步筛选。本书共在全国19个省份、3个直辖市抽样调查发放272份问卷，有效收回256份，四大类28项养老需求的均值如表7-2所示。

表7-2中均值小于3的需求项是有美容美发指导（2.570）、能继续受教育（2.930）、有再就业机会（2.836）。有再就业机会需求，在调查中发现，很多老年人表明如果身体健康允许，他们希望有继续工作的机会，因此该项需求也可保留，特别是在有偿互助养老类型建立中，该需求可重点考虑。经过进一步筛选，CSE需求再次筛选确定为4维度26项子项，CSE服务系统设计一级、二级原始评价指标及其权重通过各项调研的均值获得，如表7-3所示。一级指标权重还可通过AHP方法获取。

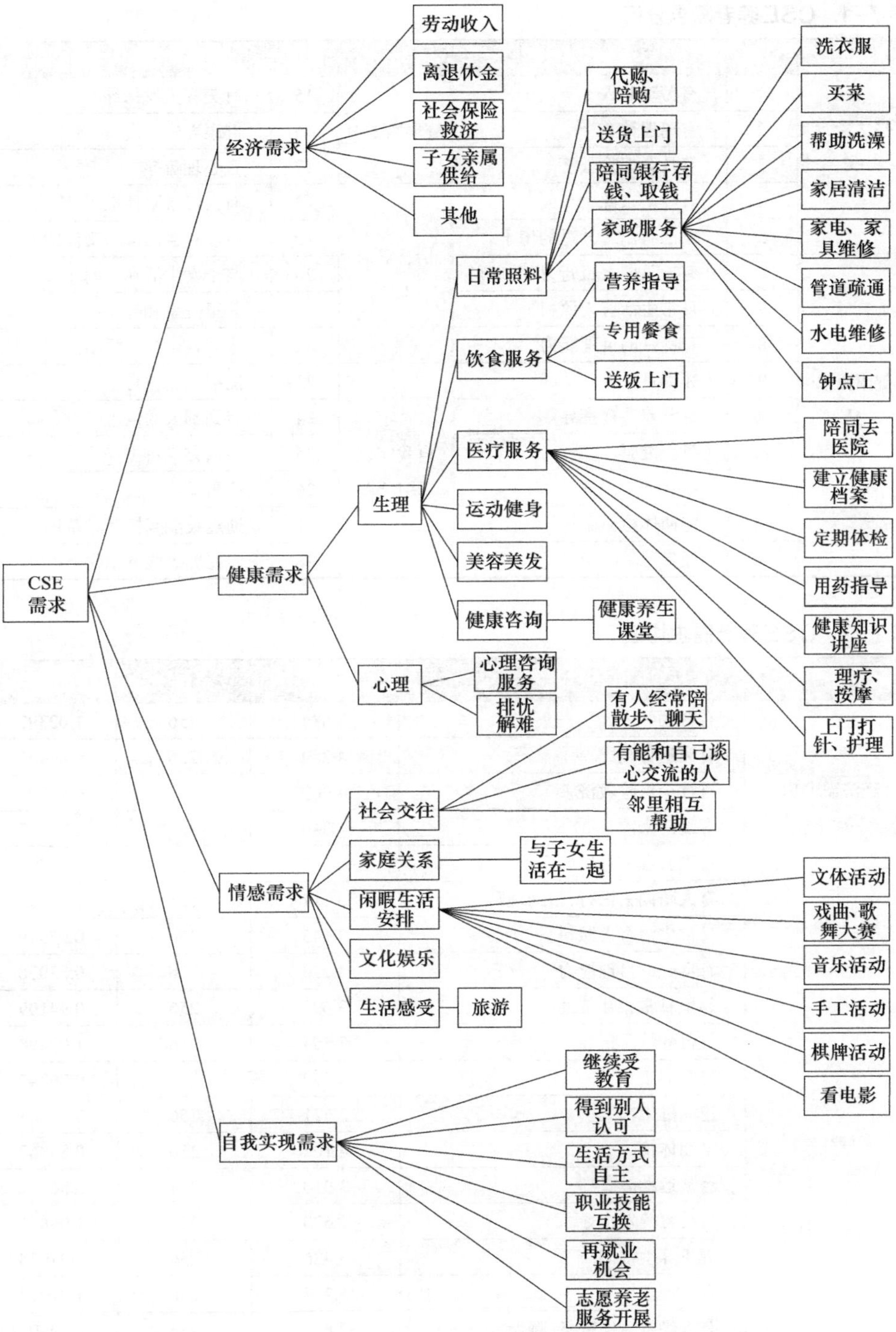

图7-4　CSE养老需求层级图

表7-1　CSE养老需求分析

需求类型	序号	需求内容	需求类型	序号	需求内容
经济需求EC	1	有劳动收入	健康需求H	15	有美容美发指导
	2	有离退休金		16	健康养生咨询
	3	有社会保险救济		17	有心理疏导
	4	有经济来源	情感需求EM	18	有人经常陪伴散步、聊天
	5	自己有温馨舒适的房子		19	有能和自己谈心交流的人
健康需求H	6	有人陪同去银行，帮助理财		20	与子女生活在一起
	7	日常生活有人照料		21	邻里关系和睦
	8	有良好的自理能力		22	集体娱乐社交活动丰富
	9	邻里日常相互帮助	自我实现需求SA	23	能继续受教育
	10	有营养饮食指导		24	得到别人的认可
	11	身心健康		25	生活方式自主
	12	建立健康档案		26	有再就业机会
	13	定期体检		27	通过技能互换互相帮助
	14	经常运动健身		28	志愿养老服务工作

表7-2　CSE养老需求均值

	CSE需求	均值	N	标准差
经济需求EC	有劳动收入	3.684	256	1.02397
	有离退休金	4.289	256	0.86457
	有社会保险救济	4.063	256	0.91394
	有经济来源	4.340	256	0.77062
	自己有温馨舒适的房子	4.332	256	0.74827
健康需求H	有人陪同去银行，帮助理财	3.117	256	1.02991
	日常生活有人照料	3.645	256	0.97549
	有良好的自理能力	4.250	256	0.83078
	邻里日常相互帮助	3.699	256	0.94109
	有营养饮食指导	3.504	256	1.02898
	身心健康	4.379	256	0.76247
	建立健康档案	3.621	256	0.99063
	定期体检	4.102	256	0.83867
	经常运动健身	3.910	256	0.86531
	有美容美发指导	2.570	256	1.09676
	健康养生咨询	3.426	256	0.97938
	有心理疏导	3.254	256	1.01072
情感需求EM	有人经常陪伴散步、聊天	3.648	256	0.90393
	有能和自己谈心交流的人	3.977	256	0.78180
	与子女生活在一起	3.598	256	0.93632

续表

	CSE需求	均值	N	标准差
情感需求EM	邻里关系和睦	3.867	256	0.82482
	集体娱乐社交活动丰富	3.563	256	0.91394
自我实现需求SA	能继续受教育	2.930	256	0.96758
	得到别人的认可	3.461	256	0.89795
	生活方式自主	3.988	256	0.81881
	有再就业机会	2.836	256	0.99234
	通过技能互换互相帮助	3.125	256	0.94972
	志愿养老服务工作	3.066	256	0.89414

表7-3　CSE服务设计原始评价指标

一级原始评价指标	二级原始评价指标		均值	CSE需求权重	
EC	EC_1	有劳动收入	3.6836	0.178	0.278
	EC_2	有离退休金	4.2891	0.207	
	EC_3	有社会保险救济	4.0625	0.196	
	EC_4	有经济来源	4.3398	0.210	
	EC_5	自己有温馨舒适的房子	4.3320	0.209	
H	H_1	有人陪同去银行，帮助理财	3.1172	0.076	0.250
	H_2	日常生活有人照料	3.6445	0.089	
	H_3	有良好的自理能力	4.2500	0.104	
	H_4	邻里日常相互帮助	3.6992	0.090	
	H_5	有营养饮食指导	3.5039	0.086	
	H_6	身心健康	4.3789	0.107	
	H_7	建立健康档案	3.6211	0.089	
	H_8	定期体检	4.1016	0.100	
	H_9	经常运动健身	3.9102	0.096	
	H_{10}	健康养生咨询	3.4258	0.084	
	H_{11}	有心理疏导	3.2539	0.080	
EM	EM_1	有人经常陪伴散步、聊天	3.6484	0.196	0.251
	EM_2	有能和自己谈心交流的人	3.9766	0.213	
	EM_3	与子女生活在一起	3.5977	0.193	
	EM_4	邻里关系和睦	3.8672	0.207	
	EM_5	集体娱乐社交活动丰富	3.5625	0.191	
SA	SA_1	得到别人的认可	3.4609	0.210	0.221
	SA_2	生活方式自主	3.9883	0.242	
	SA_3	有再就业机会	2.8359	0.172	
	SA_4	通过技能互换互相帮助	3.1250	0.190	
	SA_5	志愿养老服务工作	3.0664	0.186	

④ 在表7-3的基础上获得可持续养老CSE原始评价指标，如图7-5所示。

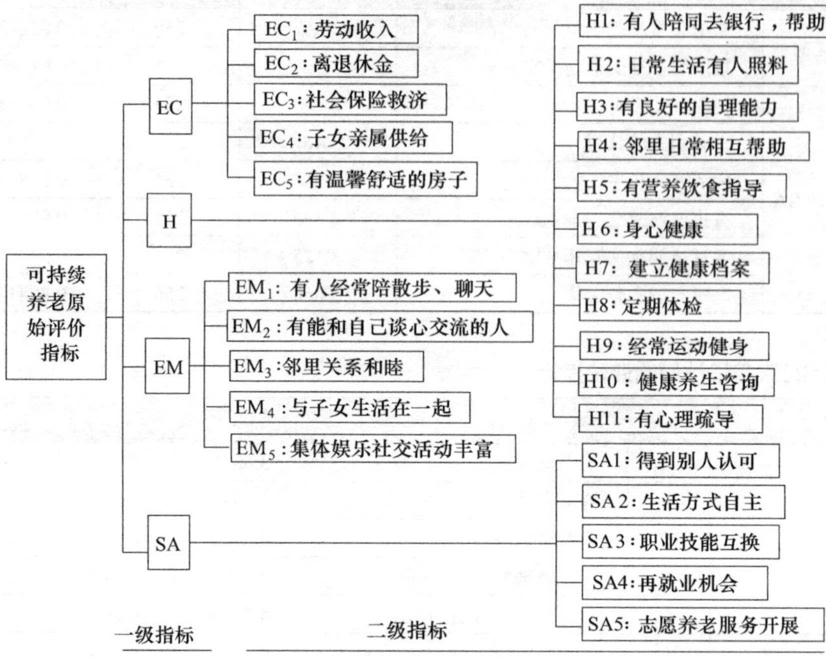

图7-5 可持续养老CSE原始评价指标

7.4.2 指标分层建立

下面根据图7-5，围绕CSE服务系统方案评价体系的建立过程，以年龄、经济收入两个自变量因素为例，分层、分类建立不同的评价指标。

选择年龄作为自变量有三方面原因：一是不同年龄段的老年人对养老需求的选择可以反映出养老趋势的变化，这正是我们迫切想要知道的未来养老需求与问题所在，以便更好地对养老产品、养老服务、养老资源等进行配置与设计；二是年龄与身体健康存在一定关联性，而身体健康与否直接影响CSE类型、需求的选择，进而影响评价指标的建立；三是年龄常用于方案设计定位的依据。选择经济收入作自变量是因为其本身是CSE类型选择的影响因素之一，且经济需求是CSE四大类型需求之一。

（1）一个自变量评价指标体系建立

以下是假设只有一个自变量（年龄）的指标体系建立步骤。

① 借助SPSS进行齐性检验及单因素方差分析，分析CSE需求与年龄相

关性，如表7-4、表7-5所示。

表7-4 CSE需求与年龄的方差齐性检验

序号	CSE需求	Levene 统计量	df1	df2	显著性
EC_1	有劳动收入	1.079	4	251	0.367
EC_2	有离退休金	1.608	4	251	0.173
EC_3	有社会保险救济	1.622	4	251	0.169
EC_4	有经济来源	1.050	4	251	0.382
EC_5	自己有温馨舒适的房子	4.446	4	251	0.002
H_1	有人陪同去银行，帮助理财	1.685	4	251	0.154
H_2	日常生活有人照料	2.262	4	251	0.063
H_3	有良好的自理能力	1.708	4	251	0.149
H_4	邻里日常相互帮助	3.792	4	251	0.005
H_5	有营养饮食指导	0.489	4	251	0.744
H_6	身心健康	4.216	4	251	0.003
H_7	建立健康档案	1.632	4	251	0.167
H_8	定期体检	2.209	4	251	0.069
H_9	经常运动健身	0.997	4	251	0.410
H_{10}	健康养生咨询	1.904	4	251	0.110
H_{11}	有心理疏导	0.615	4	251	0.652
EM_1	有人经常陪伴散步、聊天	1.286	4	251	0.276
EM_2	有能和自己谈心交流的人	2.013	4	251	0.093
EM_3	与子女生活在一起	4.125	4	251	0.003
EM_4	邻里关系和睦	0.949	4	251	0.436
EM_5	集体娱乐社交活动丰富	2.021	4	251	0.092
SA_1	得到别人的认可	2.328	4	251	0.057
SA_2	生活方式自主	3.239	4	251	0.013
SA_3	有再就业机会	0.408	4	251	0.803
SA_4	通过技能互换互相帮助	0.625	4	251	0.645
SA_5	志愿养老服务工作	0.970	4	251	0.425

表7-5 CSE需求与年龄的ANOVA分析

序号	CSE需求	平方和		df	均方	F	显著性
EC_1	有劳动收入	组间	5.564	4	1.391	1.334	0.258
		组内	261.807	251	1.043		
EC_2	有离退休金	组间	6.222	4	1.555	2.117	0.079
		组内	184.388	251	0.735		
EC_3	有社会保险救济	组间	4.793	4	1.198	1.445	0.220
		组内	208.207	251	0.830		

续表

序号	CSE需求	平方和		df	均方	F	显著性
EC_4	有经济来源	组间	9.397	4	2.349	4.152	0.003
		组内	142.036	251	0.566		
EC_5	自己有温馨舒适的房子	组间	6.016	4	1.504	2.760	0.028
		组内	136.761	251	0.545		
H_1	有人陪同去银行，帮助理财	组间	8.563	4	2.141	2.052	0.088
		组内	261.921	251	1.044		
H_2	日常生活有人照料	组间	5.267	4	1.317	1.392	0.237
		组内	237.385	251	0.946		
H_3	有良好的自理能力	组间	0.234	4	0.059	0.084	0.987
		组内	175.766	251	0.700		
H_4	邻里日常相互帮助	组间	5.937	4	1.484	1.694	0.152
		组内	219.903	251	0.876		
H_5	有营养饮食指导	组间	4.105	4	1.026	0.969	0.425
		组内	265.892	251	1.059		
H_6	身心健康	组间	14.872	4	3.718	6.997	0.000
		组内	133.374	251	0.531		
H_7	建立健康档案	组间	10.098	4	2.525	2.639	0.034
		组内	240.148	251	0.957		
H_8	定期体检	组间	4.443	4	1.111	1.594	0.176
		组内	174.916	251	0.697		
H_9	经常运动健身	组间	7.315	4	1.829	2.500	0.043
		组内	183.619	251	0.732		
H_{10}	健康养生咨询	组间	6.508	4	1.627	1.715	0.147
		组内	238.082	251	0.949		
H_{11}	有心理疏导	组间	8.645	4	2.161	2.154	0.075
		组内	251.851	251	1.003		
EM_1	有人经常陪伴散步、聊天	组间	6.495	4	1.624	2.019	0.092
		组内	201.864	251	0.804		
EM_2	有能和自己谈心交流的人	组间	1.814	4	0.454	0.739	0.566
		组内	154.045	251	.614		
EM_3	与子女生活在一起	组间	15.073	4	3.768	4.537	0.001
		组内	208.485	251	0.831		
EM_4	邻里关系和睦	组间	1.403	4	0.351	0.512	0.727
		组内	172.081	251	0.686		
EM_5	集体娱乐社交活动丰富	组间	3.092	4	0.773	0.924	0.450
		组内	209.908	251	0.836		
SA_1	得到别人的认可	组间	4.414	4	1.103	1.377	0.242
		组内	201.195	251	0.802		

续表

序号	CSE需求	平方和		df	均方	F	显著性
SA_2	生活方式自主	组间	1.412	4	0.353	0.523	0.719
		组内	169.553	251	0.676		
SA_3	有再就业机会	组间	5.554	4	1.388	1.419	0.228
		组内	245.556	251	0.978		
SA_4	通过技能互换互相帮助	组间	8.673	4	2.168	2.459	0.046
		组内	221.327	251	0.882		
SA_5	志愿养老服务工作	组间	2.796	4	0.699	0.873	0.481
		组内	201.075	251	0.801		

CSE需求与年龄相关性显著性*P*值小于0.05、P值大于0.05小于0.1的需求项具体如表7-6所示。从表中可看出，EC_5、H_6、EM_3等齐性检验与方差分析一致，养老需求与年龄关系显著，尤其是H_6项，在建立CSE服务系统方案评价指标时这三项需要把年龄因素考虑进去，同时EC_4、H_7、H_9、SA_4等项也受年龄影响较大。此外，P值大于0.05小于0.1的需求项可根据实际情况给定评价指标。

表7-6　CSE需求与年龄相关性显著性*P*值

显著性	齐性检验	ANOVA分析
$P<0.05$	EC_5、H_4、H_6、EM_3、SA_2	EC_4、EC_5、H_6、H_7、H_9、EM_3、SA_4
$0.05<P<0.1$	H_2、H_8、EM_2、EM_5、SA_1	EC_2、H_1、H_{11}、EM_1

② 为了评价更简捷有效，结合年龄描述性分析，CSE原始评价指标与年龄显著相关的指标进一步分解，显著不大的则取均值进行评价。在表7-3的基础上获得关于年龄自变量的CSE需求权重指标，具体如表7-7所示，表中只列出了2个年龄段的CSE需求权重。自变量发生变化，其评价指标相同，但评价指标的原始权重随自变量发生变化。

表7-7　CSE服务原始评价指标（年龄）

指标序号	原始评价指标		N	均值	CSE需求权重			
					56~65岁		66~70岁	
EC_1	有劳动收入		256	3.684	0.180	0.276	0.178	0.276
EC_2	有离退休金		256	4.289	0.210		0.207	
EC_3	有社会保险救济		256	4.063	0.199		0.196	
EC_4	有经济来源		256	4.340	0.212		0.210	
EC_5	自己有温馨舒适的房子	36~45岁	83	4.361				

续表

指标序号	原始评价指标		N	均值	CSE需求权重			
					56~65岁		66~70岁	
EC_5	自己有温馨舒适的房子	46~55岁	96	4.469				
		56~65岁	40	4.050	0.198			
		66~70岁	23	4.304			0.208	
		71岁以上	14	4.071				
H_1	有人陪同去银行，帮助理财		256	3.117	0.077		0.076	
H_2	日常生活有人照料		256	3.645	0.090		0.089	
H_3	有良好的自理能力		256	4.250	0.105		0.104	
H_4	邻里日常相互帮助		256	3.699	0.091		0.090	
H_5	有营养饮食指导		256	3.504	0.087		0.086	
H_6	身心健康	36~45岁	83	4.578				
		46~55岁	96	4.354				
		56~65岁	40	3.900	0.096	0.248		0.248
		66~70岁	23	4.348			0.106	
		71岁以上	14	4.786				
H_7	建立健康档案		256	3.621	0.090		0.089	
H_8	定期体检		256	4.102	0.101		0.100	
H_9	经常运动健身		256	3.910	0.097		0.096	
H_{10}	健康养生咨询		256	3.426	0.085		0.084	
H_{11}	有心理疏导		256	3.254	0.080		0.080	
EM_1	有人经常陪伴散步、聊天		256	3.648	0.194		0.191	
EM_2	有能和自己谈心交流的人		256	3.977	0.211		0.208	
EM_3	与子女生活在一起	36~45岁	83	3.301				
		46~55岁	96	3.625				
		56~65岁	40	3.775	0.200	0.254		0.256
		66~70岁	23	4.087			0.214	
		71岁以上	14	3.857				
EM_4	邻里关系和睦		256	3.867	0.205		0.202	
EM_5	集体娱乐社交活动丰富		256	3.563	0.198		0.186	
SA_1	得到别人的认可		256	3.461	0.210		0.210	
SA_2	生活方式自主		256	3.988	0.242		0.242	
SA_3	有再就业机会		256	2.834	0.172	0.222	0.172	0.220
SA_4	通过技能互换互相帮助		256	3.125	0.190		0.190	
SA_5	志愿养老服务工作		256	3.066	0.186		0.186	

③ 将CSE需求转化为功能特征，将CSE需求权重与质量屋关系矩阵相乘获得CSE功能特征权重，参照表7-4的格式，最终确定CSE服务系统方案评价指标体系。图7-6所示为66~70岁年龄段养老群体养老满意度的评价指标体系。

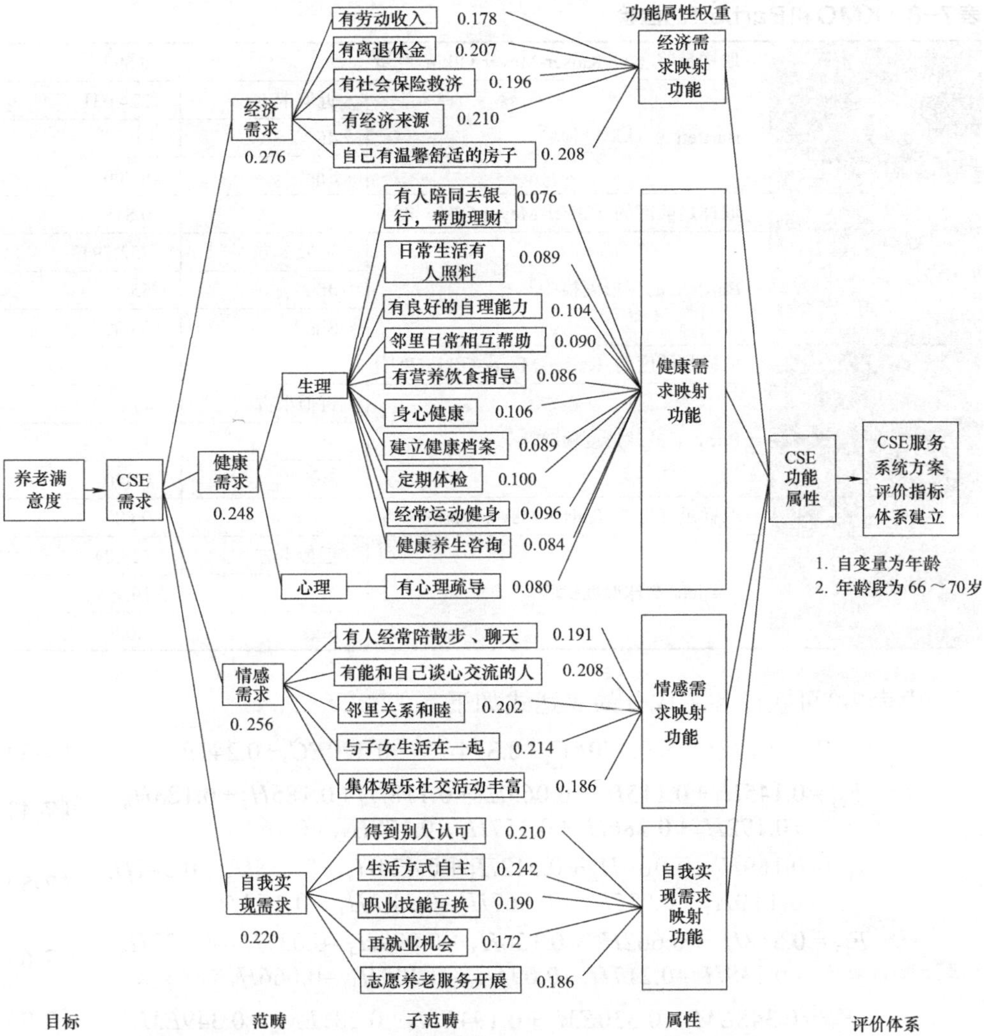

图7-6　CSE服务系统方案评价指标体系（66~70岁）

（2）多个自变量评价指标体系建立

以下是假设只有两个自变量（年龄、经济收入）的指标体系建立步骤。

① 多个自变量对多个应变量，借助SPSS先对四大类CSE需求的每一类进行主成分分析，提取主成分中影响大的因子。表7-8中列出了KMO检验值，四类需求的KMO值均大于或接近0.7，说明适合做因子分析，需求相应的成分矩阵如表7-9所示。经济需求提取了1个主成分，用F_{11}表示；健康需求提取了3个主成分，用F_{21}、F_{22}、F_{23}表示；情感需求提取了1个主成分，用F_{31}表示；自我实现需求提取了2个主成分，用F_{41}、F_{42}表示。

表7-8　KMO和Bartlett的检验

经济需求	取样足够度的 Kaiser-Meyer-Olkin 度量		0.699
	Bartlett 的球形度检验	近似卡方	224.031
		df	10
		Sig.	0.000
健康需求	取样足够度的 Kaiser-Meyer-Olkin 度量		0.818
	Bartlett 的球形度检验	近似卡方	752.794
		df	55
		Sig.	0.000
情感需求	取样足够度的 Kaiser-Meyer-Olkin 度量		0.718
	Bartlett 的球形度检验	近似卡方	174.597
		df	10
		Sig.	0.000
自我实现需求	取样足够度的 Kaiser-Meyer-Olkin 度量		0.687
	Bartlett 的球形度检验	近似卡方	328.045
		df	10
		Sig.	0.000

由表7-9可获得各主成分的表达式如下：

$$F_{11}=0.195EC_1+0.370EC_2+0.334EC_3+0.320EC_4+0.241EC_5 \quad (7\text{-}3)$$

$$F_{21}=0.145H_1+0.115H_2+0.065H_3+0.118H_4+0.185H_5+0.123H_6+0.192H_7+0.186H_8+0.157H_9+0.178H_{10}+0.167H_{11} \quad (7\text{-}4)$$

$$F_{22}=-0.169H_1-0.069H_2+0.512H_3+0.424H_4+0.158H_5+0.341H_6-0.110H_7+0.035H_8+0.067H_9-0.182H_{10}-0.161H_{11} \quad (7\text{-}5)$$

$$F_{23}=0.518H_1+0.662H_2+0.156H_3+0.079H_4-0.031H_5-0.132H_6-0.238H_7-0.217H_8-0.094H_9-0.205H_{10}-0.066H_{11} \quad (7\text{-}6)$$

$$F_{31}=0.348EM_1+0.330EM_2+0.194EM_3+0.281EM_4+0.349EM_5 \quad (7\text{-}7)$$

$$F_{41}=0.193SA_1+0.169SA_2+0.328SA_3+0.356SA_4+0.352SA_5 \quad (7\text{-}8)$$

$$F_{42}=0.570SA_1+0.612SA_2-0.194SA_3-0.196SA_4-0.226SA_5 \quad (7\text{-}9)$$

由式（7-3）可知，经济需求的第一主成分的第二、三、四项指标影响较大，可看作反映EC_2、EC_3、EC_4的综合指标。式（7-4）中，健康需求第一主成分除第三项指标偏低外，其他各项指标值差异不大；式（7-5）中健康需求第二主成分的第三、四、六项指标影响较大，可看作反映H_3、H_4、H_6的综合指标；式（7-6）中健康需求第三主成分的第一、二项指标影响较大，可看作反映H_1、H_2的综合指标。

式（7-7）中，情感需求第一主成分第一、二、五项指标影响较大，可看作反映EM_1、EM_2、EM_5的综合指标。式（7-8）中自我实现需求第一主成分第三、四、五项指标影响较大，可看作反映SA_3、SA_4、SA_5的综合指标；式（7-9）中第一、二项指标影响较大，可看作反映SA_1、SA_2的综合指标。

表7-9 成分得分系数矩阵

	经济需求	成分		
		1		
EC_1	有劳动收入	0.195		
EC_2	有离退休金	0.370		
EC_3	有社会保险救济	0.334		
EC_4	有经济来源	0.320		
EC_5	自己有温馨舒适的房子	0.241		
	健康需求	成分		
		1	2	3
H_1	有人陪同去银行，帮助理财	0.145	−0.169	0.518
H_2	日常生活有人照料	0.115	−0.069	0.662
H_3	有良好的自理能力	0.065	0.512	0.156
H_4	邻里日常相互帮助	0.118	0.424	0.079
H_5	有营养饮食指导	0.185	−0.158	−0.031
H_6	身心健康	0.123	0.341	−0.132
H_7	建立健康档案	0.192	−0.110	−0.238
H_8	定期体检	0.186	0.035	−0.217
H_9	经常运动健身	0.157	0.067	−0.094
H_{10}	健康养生咨询	0.178	−0.182	−0.205
H_{11}	有心理疏导	0.167	−0.161	−0.066
	情感需求	成分		
		1		
EM_1	有人经常陪伴散步、聊天	0.348		
EM_2	有能和自己谈心交流的人	0.330		
EM_3	与子女生活在一起	0.194		
EM_4	邻里关系和睦	0.281		
EM_5	集体娱乐社交活动丰富	0.349		
	自我实现需求	成分		
		1	2	
SA_1	得到别人的认可	0.193	0.570	
SA_2	生活方式自主	0.169	0.612	
SA_3	有再就业机会	0.328	−0.194	
SA_4	通过技能互换互相帮助	0.356	−0.196	
SA_5	志愿养老服务工作	0.352	−0.226	

② 主成分提取后，在不考虑自变量因素的情况下，其可作为CSE需求指标，成分得分系数可作为需求权重。考虑自变量因素，存在两种情况：一是每类需求项只提取了一个主成分，则保留主成分中指标值大的选项，舍弃指标值小的选项，如经济需求保留EC_2、EC_3、EC_4项，舍弃其他有关经济的需求项；二是每类需求项提取了多个主成分，则结合CSE类型，根据CSE服务系统设计需要选定哪个主成分作为主要评价依据，如假设系统方案设计主要是考虑老年人的日常生活照料，则选取健康需求中的第三主成分作为主要评价依据，同样保留该成分中指标值大的选项。

③ 每类CSE需求中主成分指标值大的选项选出后，根据自变量因素，对这些选项进行描述性分析，获得CSE需求权重，再结合CSE需求与功能特征质量屋关系矩阵获得相应功能特征权重，建立CSE服务系统方案评价体系。

以完全自助个性化养老类型为例，系统方案设计定位需要有日常照料、生活方式能自主、得到别人认可，根据设计定位选择EC_2、EC_3、EC_4、H_1、H_2、EM_1、EM_2、EM_5、SA_1、SA_2等养老需求项作为完全自助个性化养老的主要原始评价指标。表7-10、表7-11分别是不同年龄和不同收入人群的个性化养老类型评价原始指标。

表7-10　个性化养老类型方案评价原始指标一（年龄）

	CSE需求	年龄	N	均值	标准差	CSE需求
EC_2	有离退休金	56~65岁	40	4.125	0.99195	0.112
		66~70岁	23	4.565	0.66237	0.121
EC_3	有社会保险救济	56~65岁	40	3.875	0.85297	0.105
		66~70岁	23	3.957	1.06508	0.105
EC_4	有经济来源	56~65岁	40	3.900	1.00766	0.106
		66~70岁	23	4.348	0.71406	0.115
H_1	有人陪同去银行，帮助理财	56~65岁	40	3.000	1.01274	0.082
		66~70岁	23	2.783	1.20441	0.074
H_2	日常生活有人照料	56~65岁	40	3.675	0.99711	0.100
		66~70岁	23	3.261	1.17618	0.086
EM_1	有人经常陪伴散步、聊天	56~65岁	40	3.375	0.83781	0.092
		66~70岁	23	3.435	1.07982	0.091
EM_2	有能和自己谈心交流的人	56~65岁	40	3.925	0.72986	0.107
		66~70岁	23	3.957	0.70571	0.105

续表

	CSE需求	年龄	N	均值	标准差	CSE需求
EM_5	集体娱乐社交活动丰富	56~65岁	40	3.475	0.93336	0.094
		66~70岁	23	3.696	1.14554	0.098
SA_1	得到别人的认可	56~65岁	40	3.625	0.86787	0.099
		66~70岁	23	3.696	0.82212	0.098
SA_2	生活方式自主	56~65岁	40	3.825	1.10680	0.104
		66~70岁	23	4.087	0.79275	0.108

表7-11　个性化养老类型方案评价原始指标二（收入）

	CSE需求	月经济收入(元)				
		1000以下	1000-2000	2000-3000	3000-5000	5000以上
EC_2	有离退休金	4.500	4.548	4.292	4.239	4.148
	需求权重	0.121	0.120	0.112	0.111	0.109
EC_3	有社会保险救济	3.950	4.226	4.167	3.958	4.016
	需求权重	0.106	0.112	0.109	0.104	0.105
EC_4	有经济来源	4.200	4.452	4.486	4.296	4.213
	需求权重	0.113	0.118	0.117	0.113	0.110
H_1	有人陪同去银行，帮助理财	3.100	3.000	3.181	3.211	3.033
	需求权重	0.083	0.079	0.083	0.084	0.080
H_2	日常生活有人照料	3.300	3.452	3.736	3.634	3.803
	需求权重	0.088	0.091	0.097	0.095	0.100
EM_1	有人经常陪伴散步、聊天	3.550	3.581	3.681	3.662	3.672
	需求权重	0.095	0.095	0.096	0.096	0.096
EM_2	有能和自己谈心交流的人	4.050	3.839	3.889	4.000	4.098
	需求权重	0.109	0.102	0.101	0.105	0.107
EM_5	集体娱乐社交活动丰富	3.300	3.323	3.597	3.620	3.672
	需求权重	0.088	0.088	0.094	0.095	0.096

续表

	CSE需求	月经济收入(元)				
		1000以下	1000-2000	2000-3000	3000-5000	5000以上
SA_1	得到别人的认可	3.400	3.419	3.444	3.535	3.426
	需求权重	0.091	0.090	0.090	0.093	0.090
SA_2	生活方式自主	3.950	3.968	3.903	4.028	4.066
	需求权重	0.106	0.105	0.102	0.105	0.107

知晓需求权重后，再根据年龄和经济收入影响的CSE需求权重，获得各自功能属性权重，建立相应的评价体系，分别从年龄和经济的角度对设计方案进行评价，综合择优选择，如图7-7所示。

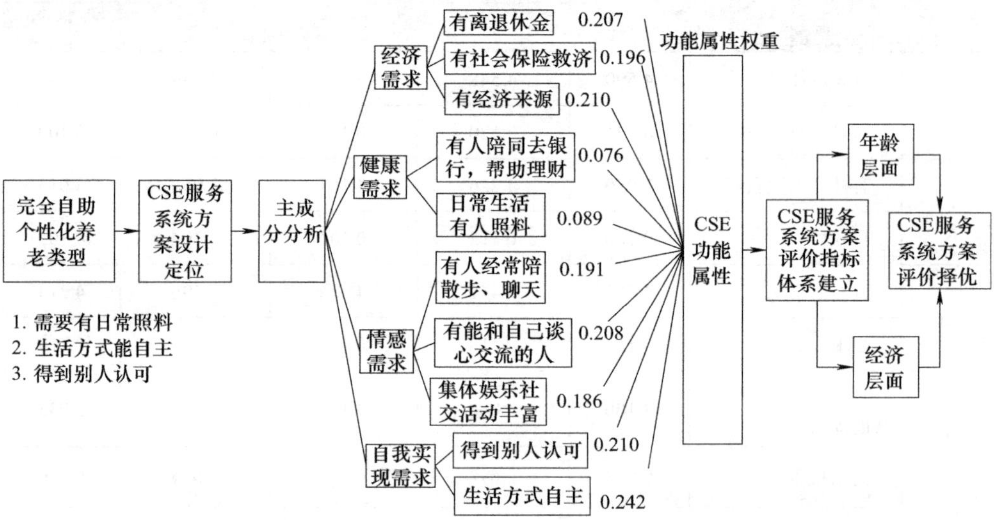

图7-7　个性化自助养老类型系统方案评价指标体系建立过程

7.4.3　评价指标分解

在CSE服务系统方案设计中，方案定位的准确与否直接受CSE需求影响，CSE需求复杂多样，CSE服务系统方案设计也复杂多样。为使方案设计准确定位，经常需要对CSE需求进一步细分，故相应的方案评价指标也需进一步细分。

以日常照料需求为例，从256份问卷调查、访谈中得知，该需求细分均值如表7-12所示，由此建立的细分评价指标体系如图7-8所示。

表7-12 日常照料需求细分

	超市代购、陪购	送货上门	帮助洗澡	家居清洁	家电、家具维修	管道疏通	买菜
均值	2.8008	3.5977	2.5313	3.6328	3.9648	3.9883	3.1562
N	256	256	256	256	256	256	256
标准差	0.90930	0.90219	0.97769	0.91498	0.77380	0.81401	1.02470
需求权重	0.118	0.152	0.107	0.153	0.167	0.168	0.133

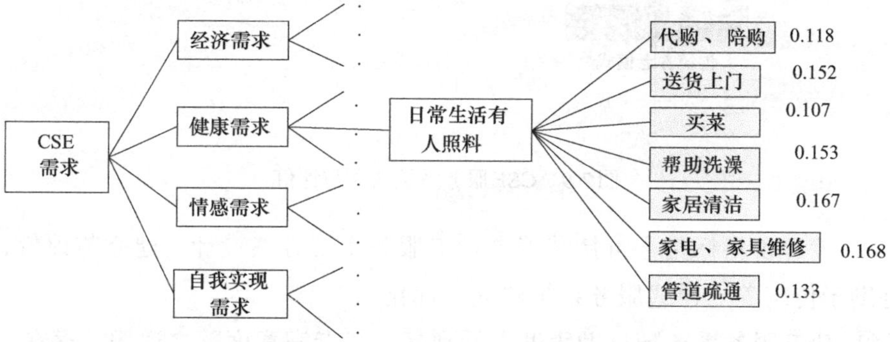

图7-8 CSE服务系统方案评价指标细分体系建立

7.4.4 CSE服务系统构建与评价

评价指标确定后，就可对可持续养老CSE服务系统方案设计、建立进行指导与评价。围绕养老满意度（Y）提升，由式（7-1）可知，CSE服务系统养老满意度可表示为：

$$
\begin{aligned}
&Y=a_1Y_{EC}+a_2Y_H+a_3Y_{EM}+a_4Y_{SA}\\
&Y=a_1(a_{11}Y_{EC_1}+a_{12}Y_{EC_2}+\cdots+a_{15}Y_{EC_5})+a_2(a_{21}Y_{H_1}+a_{22}Y_{H_2}+\cdots+a_{211}Y_{H_{11}})+\\
&\quad a_3(a_{31}Y_{EM_1}+a_{32}Y_{EM_2}+\cdots+a_{35}Y_{EM_5})+a_4(a_{41}Y_{SA_1}+a_{42}Y_{SA_2}+\cdots+a_{45}Y_{H_5})
\end{aligned}
\tag{7-10}
$$

其中，Y_{EC}，Y_H，Y_{EM}，Y_{SA} 分别为一级指标养老满意度，a_1，a_2，a_3，a_4 对应一级指标权重，一级指标下面有相应的二级指标及其权重。针对256份调查数据，在不考虑养老需求（y）与需求影响因素（x）交互作用的情况下，根据表7-3可知被调查老年群体的养老满意度为：

$$
\begin{aligned}
&Y=0.278Y_{EC}+0.250Y_H+0.251Y_{EM}+0.221Y_{SA}\\
&Y=0.278(0.178Y_{EC_1}+\cdots+0.209Y_{EC_5})+0.250(0.076Y_{H_1}+\cdots+0.080Y_{H_{11}})+\\
&\quad 0.251(0.196Y_{EM_1}+\cdots+0.191Y_{EM_5})+0.221(0.210Y_{SA_1}+\cdots+0.186Y_{SA_5})
\end{aligned}
\tag{7-11}
$$

根据指标，CSE服务系统建立与评价过程如图7-9所示。

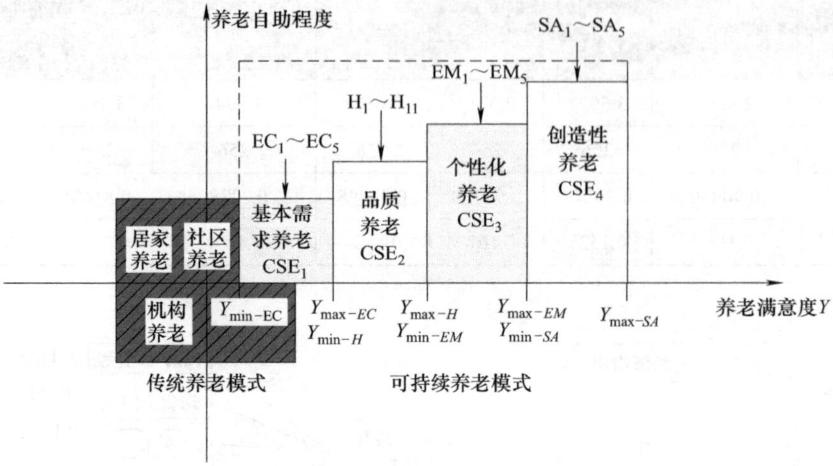

图7-9　CSE服务系统建立与评价

① 该评价指标指导可持续养老CSE服务系统方案设计、建立与评价，同时有助于传统养老模式服务系统建立、优化。

② CSE服务系统随自助程度由低到高，养老满意度随之递增，存在：

$$
\begin{gathered}
Y_{min} \leqslant Y \leqslant Y_{max} \quad Y \rightarrow Y_{max} \\
Y_{max} = Y_{max-EC} + Y_{max-H} + Y_{max-EM} + Y_{max-SA} \\
Y_{EC} \subseteq Y_H \subseteq Y_{EM} \subseteq Y_{SA} \\
0 \leqslant Y_{min-EC} < Y_{max-EC} \leqslant Y_{min-H} < Y_{max-H} \leqslant Y_{min-EM} \\
Y_{min-EM} < Y_{max-EM} \leqslant Y_{min-SA} < Y_{max-SA} \leqslant Y_{max}
\end{gathered} \tag{7-12}
$$

其中，Y_{max}，Y_{min}是养老满意度的最大值（理想值）和最小值，从基本需求养老到创造性养老都存在最大值和最小值。当需要设计、建立某一类型养老服务系统时，该服务系统中的每项指标权重达到最大值，其提供的养老服务系统使养老群体最满意。

四个类型养老满意度从低到高依次存在包含关系，由式（7-12）可知CSE服务系统的建立就是根据CSE类型、养老需求使养老满意度Y无限趋近于理想养老满意。

③ 当Y值达到某一养老类型的最大值时，具备进入下一个相邻类型的养老服务系统构建条件。

④ 每一养老类型的指标都存在缺损值，即该选项不存在或指标值为零。

⑤ 当要提升某一类型的养老满意度时，存在两种情况：一是重新创建一个养老服务系统，根据评价指标权重，优先考虑权重大的选项进行设计与建

设；二是在原有养老服务系统的基础上进行优化、改良，根据养老指标，优先指标权重大但资源、投入建设不足的选项及缺损项进行重建。

由式（7-3）可知，256位抽样调查对象养老满意度一级指标权重最大的是经济需求，其次是情感和健康需求，最后是自我实现需求，一级指标对应的二级指标权重值排在前两位的分别是有经济来源（EC_4）、自己有温馨舒适的房子（EC_5）、身心健康（H_6）、有良好的自理能力（H_3）、有能和自己谈心交流的人（EM_2）、邻里关系和睦（EM_4）、生活方式自主（SA_2）、得到别人的认可（SA_1）。在为调查对象进行可持续养老服务系统设计时，逐步优先考虑这些指标内容的建立。

以上是不考虑养老需求（y）与其影响因素（x）交互作用的CSE服务系统构建与评价的情况；在考虑两者交互作用的情况下，CSE服务系统就按照分层指标进行构建与评价，评价过程与步骤同上。

不同的自助养老群体对应的养老需求不同，CSE评价指标及指标权重也会不同。CSE服务系统构建应根据城市居民养老需求发展，确定养老需求自变量与因变量因素，建立不同的评价指标体系。例如当需要了解不同年龄段养老需求的趋势发展时，应以年龄为自变量因素建立CSE评价指标体系，该评价体系不仅有助于CSE服务设计，同时对城市整体养老资源、基础设施的配置有参考价值和借鉴意义；当需要了解不同性别对可持续养老的影响时，可以性别作为自变量因素建立CSE评价指标体系。

7.5 超大城市自助养老服务设计混合评价模型

CSE服务设计混合评价模型体现在设计信息与评价信息的混合及若干子算法的混合。对于原始指标层，通过问卷调查、访谈法，借助SPSS工具确定原始评价指标（需求）。对于指标层，采用CSE需求与功能属性质量屋确定，通过CSE需求权重与功能关系矩阵值相乘确定评价指标的权重。在指标评价体系建立层，根据影响需求的不同自变量因素分层分类建立不同的评价指标体系，同时针对具体情况细分指标以保证方案评价的精准。对于指标权重层，采用AHP方法来确定，在方案评价层通过专家群评价方法获取评价值。最后借助基于Kano模型的TOPSIS方法对设计方案排序择优，整个评价模型如图7-10所示。

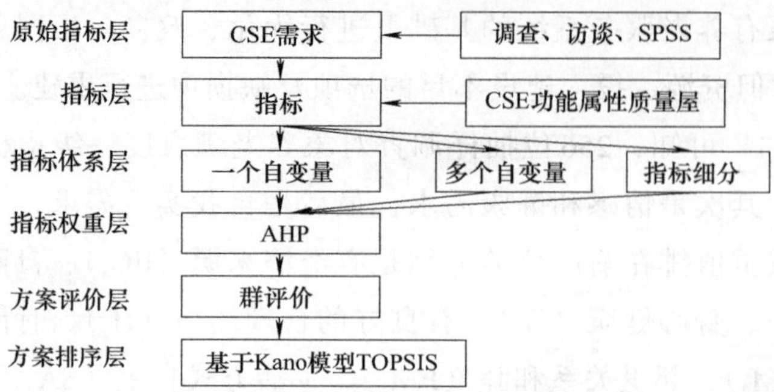

图7-10　CSE服务设计混合评价模型

7.5.1　基于AHP的指标权重确定

AHP方法在模糊评判中有较好的应用，本书采用AHP方法确定CSE服务设计评价定量、定性指标权重。

记F为综合指标，设有n个一级指标$B_i=(i=1,2,\cdots,n)$，其权重为$b_i=(i=1,2,\cdots,n_i)$，则

$$F=\sum_{i=1}^{n}b_iB_i \tag{7-13}$$

设一级指标B_i下有二级指标$C_{ij}(j=1,2,\cdots,n_i)$，它们对于B_i的权重为$c_{ij}(j=1,2,\cdots,n_i)$（暂不考虑二级指标的相关性），则

$$B_i=\sum_{j=1}^{n_i}c_{ij}C_{ij}(i=1,2,3,4) \tag{7-14}$$

$$F=\sum_{i=1}^{n}b_i\sum_{j=1}^{n_i}c_{ij}C_{ij}=\sum_{i=1}^{n}\sum_{j=1}^{n_i}b_ic_{ij}C_{ij} \tag{7-15}$$

利用AHP方法构建下级指标对上级指标的权重，步骤如下。

步骤1：构造判断矩阵。

设F有n个影响因子B_1，B_2，…，B_n，对这些因子进行两两比较，a_{ij}表示因子B_i和B_j对F的影响大小之比，a_{ij}具体赋值结果为：

$$\begin{cases} a_i/a_j=1\text{：}a_i\text{和}a_j\text{同等重要} \\ a_i/a_j=3\text{：}a_i\text{比}a_j\text{略为重要} \\ a_i/a_j=5\text{：}a_i\text{比}a_j\text{较重要} \\ a_i/a_j=7\text{：}a_i\text{比}a_j\text{非常重要} \\ a_i/a_j=9\text{：}a_i\text{比}a_j\text{绝对重要} \\ 2,4,6,8\quad\text{表示以上两个相邻判断的中间状态} \end{cases} \tag{7-16}$$

步骤2：设有s位专家，第m位专家判定的模糊比较矩阵A^m。

$$\widetilde{A}^m=\begin{bmatrix} 1 & \widetilde{a}_{12}^m & \cdots & \widetilde{a}_{1(n-1)}^m & \widetilde{a}_{1n}^m \\ 1/\widetilde{a}_{12}^m & 1 & \cdots & \widetilde{a}_{2(n-1)}^m & \widetilde{a}_{2n}^m \\ \vdots & \vdots & \vdots & \vdots & \vdots \\ 1/\widetilde{a}_{1(n-1)}^m & 1/\widetilde{a}_{2(n-1)}^m & \cdots & 1 & \widetilde{a}_{(n-1)n}^m \\ 1/\widetilde{a}_{1n}^m & 1/\widetilde{a}_{2n}^m & \cdots & 1/\widetilde{a}_{(n-1)n}^m & 1 \end{bmatrix} \tag{7-17}$$

其中$\widetilde{a}_{ij}^m=\begin{cases}1 & i=j \\ \widetilde{1},\widetilde{3},\widetilde{5},\widetilde{7},\widetilde{9}\ or\ \widetilde{9}^{-1},\widetilde{7}^{-1},\widetilde{5}^{-1},\widetilde{3}^{-1},\widetilde{1}^{-1} & i\neq j\end{cases}$

$$\widetilde{a}_{ij}=\left(\left(\prod_{m-1}^{M}a_{ij}^m\right)^{\frac{1}{M}},\left(\prod_{m-1}^{M}b_{ij}^m\right)^{\frac{1}{M}},\left(\prod_{m-1}^{M}c_{ij}^m\right)^{\frac{1}{M}}\right) \tag{7-18}$$

通过式（7-17）几何平均法，得到专家组对指标的模糊比较矩阵$\widetilde{A}$：

$$\widetilde{A}=\begin{bmatrix} 1 & \widetilde{a}_{12} & \cdots & \widetilde{a}_{1(n-1)} & \widetilde{a}_{1n} \\ 1/\widetilde{a}_{12} & 1 & \cdots & \widetilde{a}_{2(n-1)} & \widetilde{a}_{2n} \\ \vdots & \vdots & \vdots & \vdots & \vdots \\ 1/\widetilde{a}_{1(n-1)} & 1/\widetilde{a}_{2(n-1)} & \cdots & 1 & \widetilde{a}_{(n-1)n} \\ 1/\widetilde{a}_{1n} & 1/\widetilde{a}_{2n} & \cdots & 1/\widetilde{a}_{(n-1)n} & 1 \end{bmatrix} \tag{7-19}$$

其中$\widetilde{a}_{ij}=\begin{cases}1 & i=j \\ 1/9\leqslant a_{ij}\leqslant 9 & i\neq j\end{cases}$

步骤3：检验判断矩阵$\widetilde{A}$的一致性，利用CI判定一致性指标。

$$CI=\frac{\lambda_{\max}-n}{n-1} \tag{7-20}$$

$$CR=\frac{CI}{RI(n)} \tag{7-21}$$

其中$\lambda_{\max}$是矩阵的最大特征向量，n是矩阵的维度。当$CI=0$时$\widetilde{A}$为一致性矩阵，当$CI>0$时$\widetilde{A}$有较满意的一致性，CI值越大$\widetilde{A}$的非一致性越严重。RI是判断$\widetilde{A}$的非一致性是否可接受的随机一致性指标，$RI(n)$是一个提前设定的任意算子，表7-13是Saaty给出的随机一致性指标。

表7-13　一致性指标

n	1	2	3	4	5	6	7	8	9
$RI(n)$	0	0	0.58	0.90	1.12	1.24	1.32	1.41	1.45

由$\widetilde{A}$得到一个验证矩阵：

$$
\boldsymbol{B}=\begin{bmatrix} 1 & b_{12} & \cdots & b_{1(n-1)} & b_{1n} \\ 1/b_{12} & 1 & \cdots & b_{2(n-1)} & b_{2n} \\ \vdots & \vdots & \vdots & \vdots & \vdots \\ 1/b_{1(n-1)} & 1/b_{2(n-1)} & \cdots & 1 & b_{(n-1)n} \\ 1/b_{1n} & 1/b_{2n} & \cdots & 1/b_{(n-1)n} & 1 \end{bmatrix} \tag{7-22}
$$

当$CR<0.1$时，认为判断矩阵$\boldsymbol{B}$的一致性是可接受的，否则需要专家重新调整决策值。

步骤4：计算矩阵$\widetilde{A}$的特征向量。用一个信心因子α表示模糊数，则$\widetilde{F}^{\alpha}=[a+\alpha(b-a),\ c+\alpha(b-c)]$，其中$\alpha\in[0,\ 1]$。

进一步得到：

$[a_{i1l}^{\alpha}x_{1l}^{\alpha},\ a_{i1\mu}^{\alpha}x_{1\mu}^{\alpha}]\oplus\cdots\oplus[a_{inl}^{\alpha}x_{nl}^{\alpha},\ a_{in\mu}^{\alpha}x_{n\mu}^{\alpha}]=[\lambda_{l}^{\alpha}x_{il}^{\alpha},\ \lambda_{\mu}^{\alpha}x_{i\mu}^{\alpha}]$

其中$\widetilde{a}_{ij}^{\alpha}=[a_{ijl}^{\alpha},\ a_{ij\mu}^{\alpha}]$，$\widetilde{x}_{i}^{\alpha}=[x_{il}^{\alpha},\ x_{i\mu}^{\alpha}]$，$\widetilde{\lambda}^{\alpha}=[\lambda_{l}^{\alpha},\ \lambda_{\mu}^{\alpha}]$，且$0<\alpha\leqslant 1$，$i$，$j=1,2,\cdots,n$。

专家满意度因子μ可进一步预估矩阵准确数值。

$$
\hat{a}_{ij}^{\alpha}=\mu a_{ij\mu}^{\alpha}+(1-\mu)a_{ijl}^{\alpha},\ \forall v\in[0,\ 1] \tag{7-23}
$$

当α和μ固定时，模糊比较矩阵即可反模糊化为矩阵。

$$
\hat{\boldsymbol{A}}=\begin{bmatrix} 1 & \hat{a}_{12}^{\alpha} & \cdots & \hat{a}_{1(n-1)}^{\alpha} & \hat{a}_{1n}^{\alpha} \\ 1/\hat{a}_{12}^{\alpha} & 1 & \cdots & \hat{a}_{2(n-1)}^{\alpha} & \hat{a}_{2n}^{\alpha} \\ \vdots & \vdots & \vdots & \vdots & \vdots \\ 1/\hat{a}_{1(n-1)}^{\alpha} & 1/\hat{a}_{2(n-1)}^{\alpha} & \cdots & 1 & \hat{a}_{(n-1)n}^{\alpha} \\ 1/\hat{a}_{1n}^{\alpha} & 1/\hat{a}_{2n}^{\alpha} & \cdots & 1/\hat{a}_{(n-1)n}^{\alpha} & 1 \end{bmatrix} \tag{7-24}
$$

步骤5：用步骤3的方法检验矩阵$\hat{\boldsymbol{A}}$的一致性。

步骤6：经过归一化得到指标权重，且调整α和μ以应对不同环境下评价的可能变化。

7.5.2 基于群评价的定性指标评价

专家组依据确定的定性指标，按照［很差，差，一般，好，很好］等语气词对设计方案进行评价，且参照图7-11所示的隶属函数进行量化，运用*OWA*算子对评价结果进行集成。

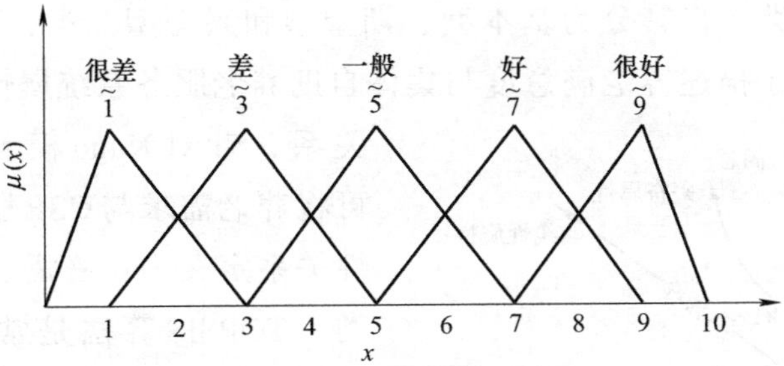

图7-11　评价语气算子及隶属度

OWA 算子对于待集结元素 $A=\{a_1,\ a_2,\ \cdots,\ a_m\}$ 可定义为：

$$F(a_1,\ a_2,\ \cdots,\ a_k)=\sum_{i=1}^{m} w_i b_i \tag{7-25}$$

其中 b_i 是 $\{a_1,\ a_2,\ \cdots,\ a_m\}$ 中重新按大小排列后的第 i 位元素，其集结权重 w_i 为：

$$wi=Q\left(\frac{i}{m}\right)-Q\left(\frac{i-1}{m}\right),\ i=1,\ 2,\ \cdots,\ m \tag{7-26}$$

其中 Q 定义为：

$$Q(x)=\begin{cases}0 & x<a \\ (x-a)/(b-a) & a\leqslant x<b \\ 1 & x\geqslant b\end{cases}$$

其中，$a,\ b,\ x\in[0,\ 1]$。$Q(x)$ 表示不同模糊语气量化词，常分为“大多数”“至少一半”“尽可能多”，参数（a,b）分别对应为（0.3,0.8）、（0,0.5）、（0.5,1），如图7-12所示。

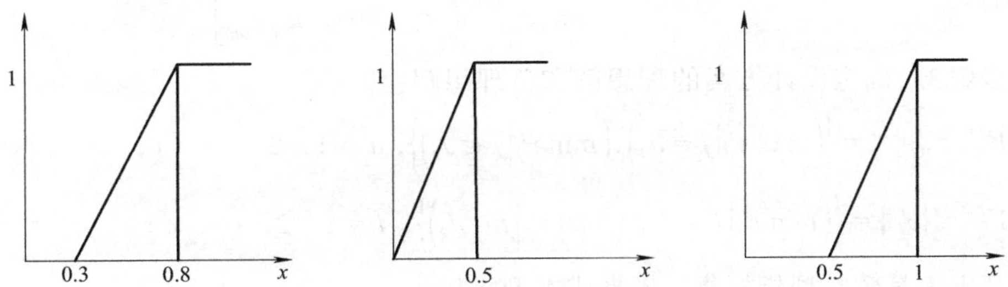

图7-12　模糊语气量词

7.5.3　基于Kano模型的TOPSIS方案排序方法

Kano模型是由日本卡诺博士（Noriaki Kano）提出的，该模型主要对顾客需求进行分类，将其分为基本型、期望型和兴奋型三类，如图7-13所示。Kano模型可用于描述养老满意度与集体自助养老服务系统属性指标间的相关关系，针对Kano模型中三类需求，可将养老需求与CSE服务系统方案属性关系定义为：必需、线性和兴奋三类。TOPSIS算法是常用的多属性决策方法之一，在TOPSIS中计算距离时分别进行幂计算，以准确计算评价值与养老满意度间的线性或非线性关系，三类属性下的幂指数α分别为0.5、1、2，该方式所实现的是养老满意度与属性值间关系的近似表达。

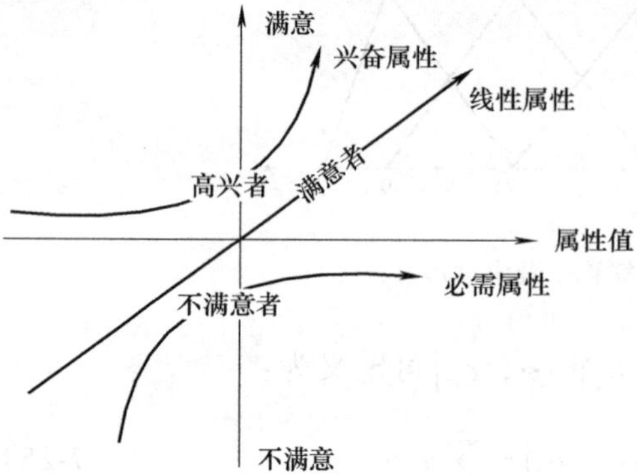

图7-13 Kano模型

TOPSIS作为设计方案的排序方法，具体过程如下。

步骤1：针对AHP生成的模糊数$\tilde{a}_{ij}=(a_{ij},\ b_{ij},\ c_{ij})$，运用如下公式进行反模糊化：

$$r_{ij}=\frac{a_{ij}+2b_{ij}+c_{ij}}{4} \tag{7-27}$$

步骤2：在进行评价计算时，考虑不同指标权重，将数据加权建立加权评价矩阵：

$$\boldsymbol{V}^{t}=\left(v_{ij}^{t}\right)_{m\times n^{t}}=\begin{bmatrix} w_1r_{11} & w_2r_{12} & \cdots & w_{n^t}r_{1n^t} \\ w_1r_{21} & w_2r_{22} & \cdots & w_{n^t}r_{2n^t} \\ \cdots & \cdots & \vdots & \cdots \\ w_1r_{m1} & w_2r_{m2} & \cdots & w_{n^t}r_{mn^t} \end{bmatrix} \tag{7-28}$$

步骤3：确定设计方案的理想解和负理想解：

$$V^{t+}=\left\{v_i^{t+}\right\}=\left\{\left(\max_i v_{ij}^t \middle| j\in J_1\right),\left(\min_i v_{ij}^t \middle| j\in J_2\right)\right\},\ i=1,\ 2,\ \cdots,\ n^t;$$

$$V^{t-}=\left\{v_i^{t-}\right\}=\left\{\left(\min_i v_{ij}^t \middle| j\in J_1\right),\left(\max_i v_{ij}^t \middle| j\in J_2\right)\right\},\ i=1,\ 2,\ \cdots,\ n^t;$$

其中J_1是效益型指标集，J_2是成本型指标集。

步骤4：每一设计方案距离理想解和负理想解的距离公式增加幂计算：

$$D_i^{t+}=\left[\sum_{j=1}^{n^t}\left(v_{ij}-v_j^{t+}\right)^{\alpha 2}\right]^{1/2},\ D_i^{t-}=\left[\sum_{j=1}^{n^t}\left(v_{ij}-v_j^{t-}\right)^{\alpha 2}\right]^{1/2}，其中 i=1,\ 2,\ \cdots,\ n^t。$$

步骤5：确定设计方案与理想解的相对接近度，为：

$$C_i^t = \frac{D_i^{t-}}{D_i^{t-} + D_i^{t+}} \tag{7-29}$$

其中，$i = 1, 2, \cdots, n^t$。

最终可确定CSE服务设计方案与理想解之间的相对接近度，由此选出最佳方案。

7.5.4　集体自助养老服务设计评价实例

代购、陪购需求，因未来信息化社会电子商务越来越普及，网络经济渗透到人们生活中的各个领域，且老年人乐于接受和使用移动智能终端的趋势日益明显。以下以日常照料中超市代购、陪购服务为例，针对第4章4.4节代购、陪购服务配置方案P1、P2、P3，举例讲解CSE服务设计评价。

方案设计定位人群为56~65岁的养老群体。由表7-14可知，该年龄段超市代购、陪购需求权重为0.124。

表7-14　CSE日常需求权重（56~65岁）

年龄		超市代购、陪购	送货上门	帮助洗澡	家居清洁	家电、家具维修	管道疏通	买菜
56~65岁	均值	2.8000	3.4750	2.5000	3.5250	3.6500	3.5000	3.0500
	N	40	40	40	40	40	40	40
	标准差	0.96609	1.01242	0.96077	0.96044	0.94868	1.06217	1.19722
	权重	0.124	0.154	0.111	0.157	0.162	0.156	0.136

代购、陪购需求对应的CSE产品功能属性和CSE服务功能属性如表7-15、表7-16所示，确定CSE服务设计评价指标。

表7-15　CSE产品功能属性权重配置表

CSE需求	CSE需求权重	CSE产品功能属性——代购、陪购					
		操作方便（FR1）	简单实用（F2）	价格便宜（FR3）	安全牢固（FR4）	便携（FR5）	容量大（FR6）
		相关性系数含义(0:不相关;1:低;3:中等;9:高)					
超市代购、陪购	0.124	9	9	3	9	3	3
属性权重		1.116	1.116	0.372	1.116	0.372	0.372
相对权重		0.250	0.250	0.083	0.250	0.083	0.083

表7-16　CSE服务功能属性权重配置表

CSE需求	CSE需求权重	CSE服务功能属性——代购、陪购				
		服务热情周到(FR7)	耐心、细心(FR8)	随叫随到(FR9)	服务便捷(FR10)	价格合理(FR11)
		相关性系数含义(0:不相关;1:低;3:中等;9:高)				
超市代购、陪购	0.124	1	3	9	3	9
属性权重		0.124	0.372	1.116	0.372	1.116
相对权重		0.040	0.120	0.360	0.120	0.360

下面采用AHP算法从以上3种方案中选出最优方案，同时采用TOPSIS算法对3种方案进行排序，结合AHP算法和TOPSIS算法找出最佳方案。计算过程如下。

① 根据8位专家的评分得到8个矩阵：$\boldsymbol{A}_1 \sim \boldsymbol{A}_8$。

$$\boldsymbol{A}_1=\begin{bmatrix}9&3&1\\9&1&1\\5&9&5\\3&3&3\\3&3&3\\3&3&3\\9&3&3\\9&3&3\\7&3&3\\9&3&3\\5&9&9\end{bmatrix}\quad \boldsymbol{A}_2=\begin{bmatrix}7&5&7\\7&5&7\\3&7&5\\7&5&5\\3&5&7\\5&5&7\\5&5&7\\5&5&7\\5&7&7\\5&7&7\\3&7&7\end{bmatrix}\quad \boldsymbol{A}_3=\begin{bmatrix}7&9&7\\7&9&7\\7&9&9\\7&9&9\\9&3&5\\7&3&5\\9&7&7\\9&7&7\\9&7&7\\9&7&7\\9&9&9\end{bmatrix}\quad \boldsymbol{A}_4=\begin{bmatrix}7&5&5\\7&5&5\\5&7&7\\7&5&5\\5&7&7\\3&7&7\\5&7&7\\5&7&7\\3&7&7\\3&7&7\\3&7&7\end{bmatrix}$$

$$\boldsymbol{A}_5=\begin{bmatrix}5&7&7\\9&9&7\\5&5&5\\7&7&9\\9&3&5\\5&3&5\\9&9&9\\9&9&9\\9&9&7\\7&7&7\\9&9&9\end{bmatrix}\quad \boldsymbol{A}_6=\begin{bmatrix}9&3&5\\7&3&5\\7&5&7\\7&5&7\\5&7&7\\3&7&7\\5&7&5\\7&5&5\\3&7&5\\3&7&5\\3&7&5\end{bmatrix}\quad \boldsymbol{A}_7=\begin{bmatrix}9&1&3\\9&1&3\\3&9&7\\9&7&7\\5&9&5\\5&5&5\\7&3&7\\7&3&7\\5&9&5\\5&5&5\\1&9&7\end{bmatrix}\quad \boldsymbol{A}_8=\begin{bmatrix}9&9&9\\7&9&7\\5&5&5\\7&3&7\\9&5&7\\7&3&5\\7&7&7\\9&9&9\\7&7&7\\7&7&7\\7&7&7\end{bmatrix}$$

② 计算初始判断矩阵$\boldsymbol{V}$：对8位专家给出的方案评估进行汇总和归并，得到一个初始判断矩阵$\boldsymbol{V}$。计算方法是用8位专家对每个方案在某个指标的评分均值作为初始判断矩阵的值，即$\boldsymbol{V}=[(A_1+A_2+A_3+A_4+A_5+A_6+A_7+A_8)/8]^{\mathrm{T}}$，

得到：

$$V=\begin{bmatrix}7.75 & 7.75 & 5.00 & 6.75 & 6.00 & 4.75 & 7.00 & 7.50 & 6.00 & 6.00 & 5.00\\ 5.25 & 5.25 & 7.00 & 5.50 & 5.25 & 4.50 & 6.00 & 6.00 & 7.00 & 6.25 & 8.00\\ 5.50 & 5.25 & 6.25 & 6.50 & 5.75 & 5.50 & 6.50 & 6.75 & 6.00 & 6.00 & 7.50\end{bmatrix}$$

矩阵$\boldsymbol{V}$中，行对应3种方案，列对应11个评价指标。

③ 计算权重向量。

本实例有3个方案，根据11个指标对方案进行删选，这11个指标中FR1~FR6描述的是产品功能属性权重，FR7~FR11是服务属性权重，可以单独计算每个方案的功能属性和服务属性评分，然后取相加后的总评分作为每个方案的最终评分。根据评分高低来选择方案，也可以重新计算权重向量，将这11个指标放在一起，算出一个描述11个指标的总的权重向量$\boldsymbol{W}$。计算方法是对11个指标做一次归一化处理，得到总的权重向量$\boldsymbol{W}$。

假设$\boldsymbol{W}_0$为初始权向量：

$$\boldsymbol{W}_0=[0.25\quad 0.25\quad 0.083\quad 0.25\quad 0.083\quad 0.083\quad 0.04\quad 0.12\quad 0.36\quad 0.12\quad 0.36]^{\mathrm{T}}$$

归一化后的总权重向量$\boldsymbol{W}=[w_1,w_2,w_3,\cdots,w_{11}]^{\mathrm{T}}$

$$\text{其中：}w_i=\frac{W_0[i]}{\sum\limits_{j=0}^{11}W_0[j]},\qquad i\in[1,\ 11]\tag{7-30}$$

计算出总权重向量$\boldsymbol{W}$为：

$$\boldsymbol{W}=[0.1251\ 0.1251\ 0.0415\ 0.1251\ 0.0415\ 0.0415\ 0.0200\ 0.0600\ 0.1801\ 0.0600\ 0.1801]^{\mathrm{T}}$$

④ AHP计算。

已知初始判断矩阵$\boldsymbol{V}$和总权重向量$\boldsymbol{W}$，其中$\boldsymbol{V}$描述了每个方案在每项评定指标上的得分，而$\boldsymbol{W}$描述了评定指标的权重，采用AHP算法，计算出每个方案的总评分向量$\boldsymbol{G}$，计算公式为：

$$\boldsymbol{G}=\boldsymbol{V}\times\boldsymbol{W}\tag{7-31}$$

将矩阵V，W代入公式得到矩阵$\boldsymbol{G}$：

$$\boldsymbol{G}=[6.2106\quad 6.3682\quad 6.2532]^{\mathrm{T}}$$

结论：根据AHP算法，可以看出方案P2是各方案中最好的。

⑤ TOPSIS计算。

采用TOPSIS算法，可以对3种方案进行排序，找到最佳方案。已知初始判断矩阵$\boldsymbol{V}$和总权重向量$\boldsymbol{W}$，TOPSIS计算过程如下：

a. 对初始判断矩阵$\boldsymbol{V}$归一化，得到矩阵$\boldsymbol{V}'$

计算方法如下：

$$
\boldsymbol{V}=\begin{bmatrix} x_{11} & x_{12} & \cdots & x_{1n} \\ x_{21} & x_{22} & \cdots & x_{2n} \\ \vdots & \vdots & \vdots & \vdots \\ x_{i1} & \cdots & x_{ij} & \cdots \\ \vdots & \vdots & \vdots & \vdots \\ x_{m1} & x_{m2} & \cdots & x_{mn} \end{bmatrix} \quad \boldsymbol{V}'=\begin{bmatrix} x'_{11} & x'_{12} & \cdots & x'_{1n} \\ x'_{21} & x'_{22} & \cdots & x'_{2n} \\ \vdots & \vdots & \vdots & \vdots \\ x'_{i1} & \cdots & x'_{ij} & \cdots \\ \vdots & \vdots & \vdots & \vdots \\ x'_{m1} & x'_{m2} & \cdots & x'_{mn} \end{bmatrix} \tag{7-32}
$$

矩阵中 m 为方案，n 为属性。

$$
x'_{ij}=\frac{x_{ij}}{\sqrt{\sum_{i=1}^{m} x_{ij}^{2}}} \tag{7-33}
$$

将前面计算出的初始判断矩阵 $\boldsymbol{V}$ 代入公式，得到 $\boldsymbol{V}'$。

$$
\boldsymbol{V}=\begin{bmatrix} 7.75 & 7.75 & 5.00 & 6.75 & 6.00 & 4.75 & 7.00 & 7.50 & 6.00 & 6.00 & 5.00 \\ 5.25 & 5.25 & 7.00 & 5.50 & 5.25 & 4.50 & 6.00 & 6.00 & 7.00 & 6.25 & 8.00 \\ 5.50 & 5.25 & 6.25 & 6.50 & 5.75 & 5.50 & 6.50 & 6.75 & 6.00 & 6.00 & 7.50 \end{bmatrix}
$$

$$
\boldsymbol{V}'=\begin{bmatrix} 0.7138 & 1.7221 & 0.4702 & 0.6212 & 0.6104 & 0.5557 & 0.6205 & 0.6389 & 0.5455 & 0.5693 & 0.4149 \\ 0.4836 & 0.4829 & 0.6583 & 0.5062 & 0.5341 & 0.5265 & 0.5319 & 0.5111 & 0.6364 & 0.5931 & 0.6638 \\ 0.5066 & 0.4892 & 0.5878 & 0.5982 & 0.5850 & 0.6435 & 0.5762 & 0.5750 & 0.5455 & 0.5693 & 0.6223 \end{bmatrix}
$$

从 $\boldsymbol{V}$ 到 $\boldsymbol{V}'$ 转换的Matlab代码实现，其中变量 $\boldsymbol{V}_1$ 就是 $\boldsymbol{V}'$。

```
function [V1]= ArrayV(V)


[m,n]=size(V);
V1=zeros(m,n);
for i=1:m
    for j=1:n
        sum=0;
        for k=1:m
            sum=sum+V(k,j)^2;
        end
        sum=sqrt(sum);
        V1(i,j)=V(i,j)/sum;
    end
end
```

b. 计算信息权重矩阵 $\boldsymbol{B}$。

权重矩阵 $\boldsymbol{B}$ 可由权重向量 $\boldsymbol{W}$ 算出。已知权重向量 $\boldsymbol{W}$。

$$W=[0.1251\ \ 0.1251\ \ 0.0415\ \ 0.1251\ \ 0.0415\ \ 0.0415\ \ 0.0200\ \ 0.0600\ \ 0.1801\ \ 0.0600\ \ 0.1801]^{\mathrm{T}}$$

可以得到权重矩阵$\boldsymbol{B}$。

$$\boldsymbol{B}=\begin{bmatrix}0.1251&0&0&0&0&0&0&0&0&0&0\\0&0.1251&0&0&0&0&0&0&0&0&0\\0&0&0.0415&0&0&0&0&0&0&0&0\\0&0&0&0.1251&0&0&0&0&0&0&0\\0&0&0&0&0.0415&0&0&0&0&0&0\\0&0&0&0&0&0.0415&0&0&0&0&0\\0&0&0&0&0&0&0.0200&0&0&0&0\\0&0&0&0&0&0&0&0.0600&0&0&0\\0&0&0&0&0&0&0&0&0.1801&0&0\\0&0&0&0&0&0&0&0&0&0.0600&0\\0&0&0&0&0&0&0&0&0&0&0.1801\end{bmatrix}$$

c. 根据Delphi法计算加权判断矩阵$\boldsymbol{Z}$。

$$\boldsymbol{Z}=\boldsymbol{V'B}=\begin{bmatrix}0.0893&0.0903&0.0195&0.0777&0.0253&0.0231&0.0124&0.0383&0.0982&0.0342&0.0747\\0.0605&0.0612&0.0273&0.0633&0.0222&0.0218&0.0106&0.0307&0.1146&0.0356&0.1195\\0.0634&0.0612&0.0244&0.0748&0.0243&0.0267&0.0115&0.0345&0.0982&0.0342&0.1121\end{bmatrix}$$

$\boldsymbol{Z}$是矩阵，其中m=3，n=11。

d. 确定最优方案和最劣方案。

最优方案Z^+由Z中每列中的最大值构成：$Z^+=(\max Z_{i1},\ \max Z_{i2},\ \cdots,\ \max Z_{in})$

最劣方案Z^-由Z中每列中的最小值构成：$Z^-=(\min Z_{i1},\ \min Z_{i2},\ \cdots,\ \min Z_{in})$

$$Z^+=[0.0893\ \ 0.0903\ \ 0.0273\ \ 0.0777\ \ 0.0253\ \ 0.0267\ \ 0.0124\ \ 0.0383\ \ 0.1146\ \ 0.0356\ \ 0.1195]$$

$$Z^-=[0.0605\ \ 0.0612\ \ 0.0195\ \ 0.0633\ \ 0.0222\ \ 0.0218\ \ 0.0106\ \ 0.0307\ \ 0.0982\ \ 0.0342\ \ 0.0747]$$

e. 计算每一个方案与Z^+和Z^-的距离D_i^+和D_i^-

计算公式如下：

$$D_i^+=\sqrt{\sum_{j=1}^{n}\left(\max Z_{ij}-Z_{ij}\right)^2}$$
$$D_i^-=\sqrt{\sum_{j=1}^{n}\left(\min Z_{ij}-Z_{ij}\right)^2} \qquad (7\text{-}34)$$

代入矩阵Z，Z^+和Z^-，得到D^+和D^-如下：

$$D^+=[0.0485\quad 0.0445\quad 0.0434]$$
$$D^-=[0.0443\quad 0.0484\quad 0.0400]$$

计算D^+和D^-的Matlab实现代码：

```
function [Dmax,Dmin] =ArrayD(Z)

[m,n] =size(Z);
Dmax=zeros(1,m);
```

```
Dmin=zeros(1,m);
Zmax=zeros(1,n);
Zmin=zeros(1,n);

[Zmax,index]=max(Z);
[Zmin,index]=min(Z);


for i=1:m
    sum1=0;
    sum2=0;
    for j=1:n
        sum1=sum1+(Zmax(j)-Z(i,j))^2;
        sum2=sum2+(Zmin(j)-Z(i,j))^2;
    end
    Dmax(i)=sqrt(sum1);
    Dmin(i)=sqrt(sum2);
end
```

f. 计算各方案与最优方案的接近程度 C_i。

$$C_i = \frac{D_i^-}{D_i^+ + D_i^-} \qquad 0 \leqslant C_i \leqslant 1 \tag{7-35}$$

$$C_i \to 1，表明评价对象越优$$

代入 D^+ 和 D^-，得到 C_i 如下：

$$C = [0.4771 \quad 0.5208 \quad 0.4801]$$

g. 结论。

根据上述计算，得到表7-17。

表7-17 TOPSIS排序表

方案	D^+	D^-	C	排序结果
P1	0.0485	0.0443	0.4771	3
P2	0.0445	0.0484	0.5208	1
P3	0.0434	0.0400	0.4801	2

从表7-17中可以看出，方案P2最优，方案P3次之，方案P1最差。该结果与AHP方法计算出的结果一致。

7.6 小结

本章主要针对集体自助养老服务设计评价的混合性特点，提出基于混合策略的超大城市自助养老服务设计评价体系，该评价体系包括评价指标的确定、评价指标体系的建立、方案评价及方案排序择优等阶段。接着根据方案评价过程，建立CSE服务设计混合评价模型，该模型从原始评价指标的获取、指标体系的建立、指标权重的计算到设计方案评价排序提出了相应的算法。最后以日常照料中的代购、陪购服务配置方案为例，对CSE服务体系的评价过程进行了说明。

可持续养老CSE服务设计评价指标体系建立的意义在于：①有利于设计师对可行性设计方案排序择优，缩短设计周期、减少设计成本；②通过评价指标及权重获得不同年代出生人群对养老的需求及养老趋势发展，更有利于城市养老资源的规划及有效配置，特别是养老基础设施的建设；③当城市集体自助养老随城市化进程由满足基本养老需求逐渐向品质养老、个性化养老、创造性养老发展时，根据CSE评价指标体系，有利于超大城市品质养老、个性化养老的提升及城市养老文化建设。

第 8 章

超大城市自助养老服务软件原型系统开发

由前文可知，CSE服务设计最终需要有实现服务的载体，该载体形式多样，可以是有形产品，无形服务平台、界面，或两者结合。未来可持续养老模式应充分发挥网络、信息化社会的优势。集体自助养老服务系统的解决方案，不管是CSE产品，还是CSE服务，都要有效利用高科技、信息化社会优势，为社会养老服务，特别是养老服务平台的建立，利用计算机辅助设计获得全新、系统的自助养老解决方案。

计算机辅助CSE软件系统设计包括两大内容：一是CSE服务设计端，辅助设计师进行CSE服务设计；二是CSE服务应用端，针对养老群体的养老服务应用软件系统设计，如图8-1所示。服务应用端根据养老服务是否有偿又可划分为非盈利性公益服务和盈利性服务，前者主要是无偿互助养老服务，是公益性质的服务，其产生的更多是社会价值，当该养老系统群体人数达到一定量时，它可能会触动新的养老商业模式，产生经济价值，同粉丝经济效应一样；后者主要是有偿互助养老服务，给养老主体或服务第三方均能带来经

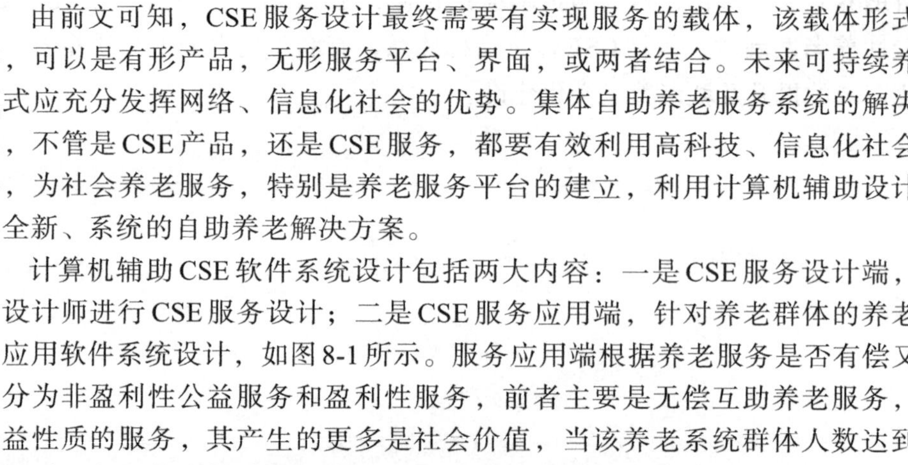

图8-1　计算机辅助CSE服务系统实现内容组织

济价值，引起新的商业模式。不管养老服务性质是否盈利，CSE服务应用端都能直接、间接地给社会带来新的经济增长点，这正是可持续养老模式有力的支撑条件之一。

根据本书提出的理论方法，本章将分别从养老服务设计端和服务应用端，建立计算机辅助集体自助养老服务设计（Computer Aided Collective Self-help Endowment Service Design，CACSE-SD）原型框架。

8.1 超大城市自助养老服务设计软件原型系统开发

8.1.1 软件功能需求分析

本软件的目的是为设计师进行CSE服务设计时提供软件支持和辅助工具，因此CACSE-SD应具有以下功能。

① 允许设计师输入、存储CSE生命周期活动，输入养老需求及其权重；

② 允许设计师输入、存储CSE需求分析向功能属性映射结果；

③ 允许设计师根据CSE需求输入、编辑或配置CSE服务设计模型，这是该软件的基本功能，借助简单的图形界面描述CSE服务设计模型，实现高效的服务系统方案设计，满足老年人集体自助养老自助、自主、灵活多样的养老需求，CSE服务设计模型有节点或连接线组成的图形结构描述；

④ 系统能根据设计师的指令显示其需要的CSE服务设计构成元素，突出其关注的设计组成要素，以便设计师更好地理解CSE服务系统构成，如CSE需求至功能映射或CSE功能至设计参数映射等；

⑤ 将CSE服务设计案例保存到服务数据库，设计师可根据需求在案例数据库中进行检索；

⑥ 集体自助养老需求是动态变化的，系统数据库中CSE服务设计模型能重复使用，模型的构成元素也能反复使用，经过修改或重新设计的CSE服务系统方案保存到案例数据库中；

⑦ 进行CSE服务设计评价。

8.1.2 软件工作流程

根据设计端对系统功能的需求及CSE服务设计过程，CACSE-SD设计端软件工作流程如图8-2所示。设计师借助该软件辅助CSE服务设计的过程如下。

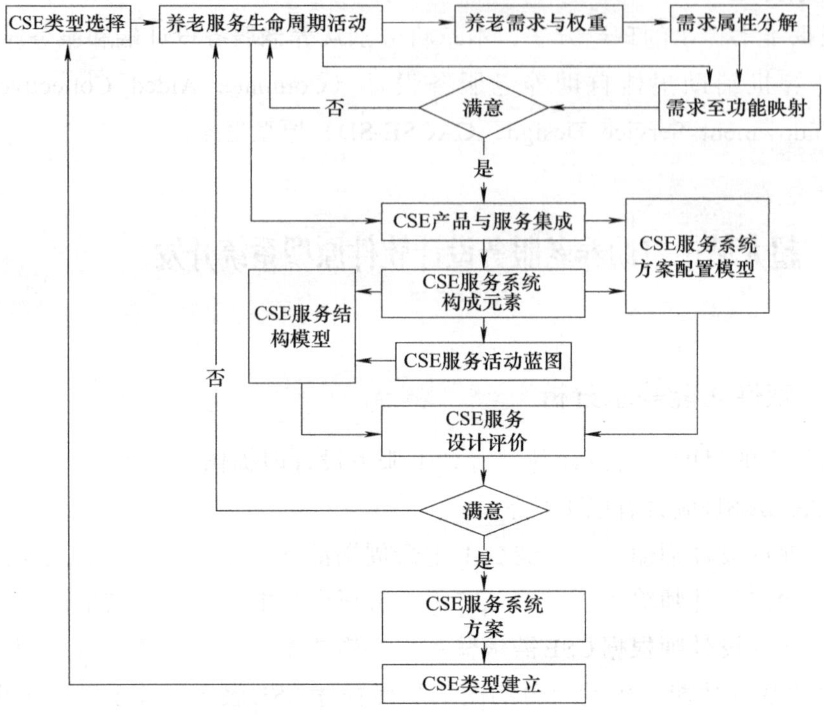

图8-2　CACSE-SD设计端软件工作流程

① CSE类型选择阶段：设计师根据老年人CSE类型的选择，初步确定设计定位，包括目标人群、自助类型等。

② 养老服务生命周期活动分解阶段：根据CSE类型，设计师对养老服务生命周期活动进行分解，分解时尽量将养老活动分解成表示动作的Verb及表示目标的Norn，以便在随后的CSE需求域建模时获得Verb+Norn的需求表示形式。养老活动分解是极为关键的一步，后面的养老产品与服务方案配置、CSE服务系统构成元素等多个步骤均要参照这步的结果。

③ CSE需求获取与表示阶段：根据前一阶段结果获得每个养老服务活动需求，用Verb（操作）+Norn（对象）的形式表示，定义其相应的属性。根据问卷调查结果设定需求权重。

④ CSE需求至功能属性的分解：根据CSE需求确定CSE服务设计应具备的功能，包括CSE产品功能及CSE服务功能，将功能分解为操作执行（行为）+如何执行（流程）的形式，其功能属性由需求属性决定，功能属性权重

通过CSE需求权重与功能质量屋关系矩阵获得。

⑤ 判定：将功能分析结果与老年人讨论，如果符合老年人养老需求，则进入阶段⑥，否则返回阶段②。

⑥ CSE产品与服务集成阶段：根据养老功能分析，对CSE产品和服务进行集成配置设计，尽可能列出可行解。

⑦ CSE服务设计构成元素获取：根据养老服务生命周期活动及CSE需求分析结果，确定CSE服务设计构成元素。

⑧ CSE服务活动蓝图绘制：根据阶段②和阶段⑦的结果，绘制由养老活动、自助养老产品、服务人员活动组成的CSE服务活动蓝图。

⑨ CSE服务结构模型建立：根据阶段⑦和阶段⑧的结果，建立CSE服务结构模型，该模型可视作CSE服务设计方案。

⑩ CSE服务设计评价：针对阶段⑥和阶段⑨的模型进行评价，符合要求的则输出CSE服务系统方案，否则返回阶段②重新设计。

⑪ CSE类型建立。

8.1.3 系统总体设计

根据CACSE-SD软件系统功能分析及其工作流程分析，该系统总体框架（设计端）如图8-3所示，其所包含的功能模块具体如下。

① CSE类型库：完全自助、完全互助、自助加互助养老类型库；

② CSE需求库：CSE需求责任表、需求操作集、对象集、操作属性集、对象属性集、需求至功能映射集、功能特征集；

③ 设计原则库：CSE服务设计原则数据库；

④ CSE服务系统案例库：已设计完成的CSE服务系统案例数据库；

⑤ CSE类型选择模块：输入CSE选择类型；

⑥ CSE服务需求分析模块：输入养老需求信息，辅助设计师完成CSE需求至功能映射；

⑦ CSE服务设计模块：完成CSE服务设计，输出CSE服务结构模型、CSE服务系统方案配置模型；

⑧ 推理引擎：分析CSE服务系统方案各属性的推理引擎，如采用模块化设计使设计师能根据需要选择CSE产品、服务配置推理引擎；

⑨ CSE服务系统方案评价模块：评价CSE服务设计方案优劣；

⑩ CSE服务设计过程组织模块：以特定方法为支持CSE服务设计过程；

⑪ 数据库管理模块：具有数据库管理及维护相关功能。

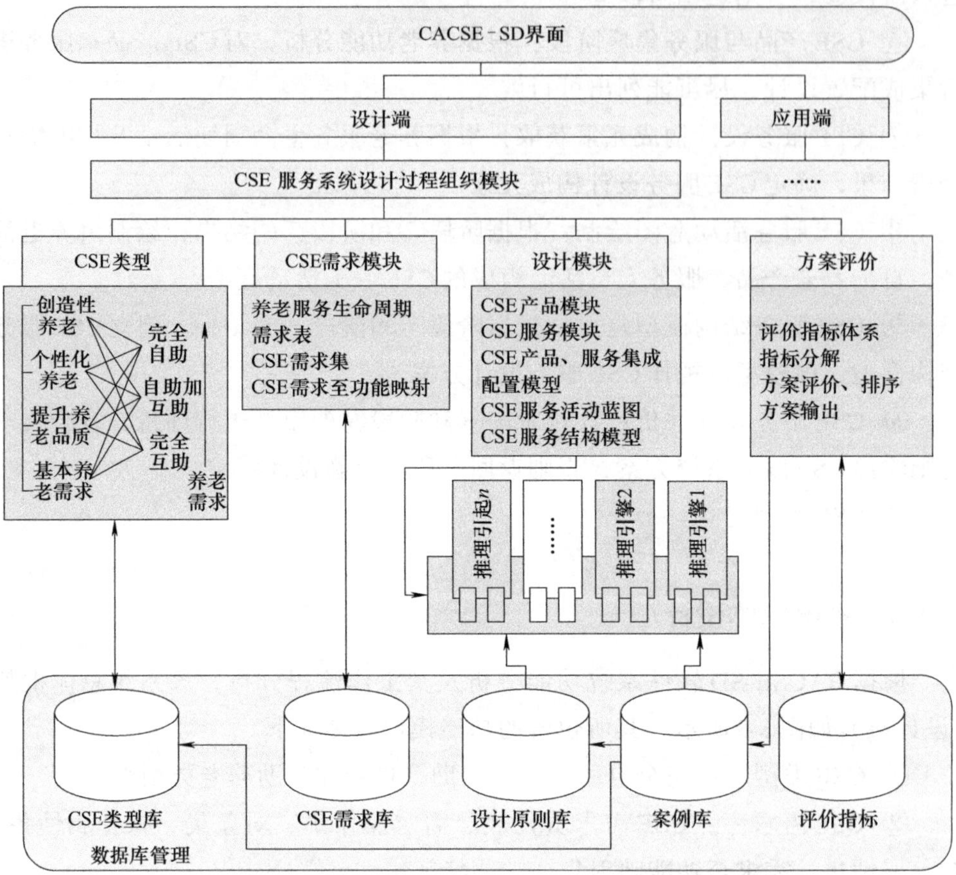

图8-3 CACSE-SD原型系统设计端总体框架

8.2 超大城市自助养老服务应用软件原型系统开发

8.2.1 应用系统工作流程

未来城市在构建CSE系统时，首先要明确以下几点。

① CSE系统的构建首先是建立在对社会养老问题、养老服务需求的分析基础之上的，随着人口老龄化、高龄化的加剧，城市人口结构改变，城市居民、社区类型多元化，社会养老问题日益多元，对当前社会养老存在问题的

分析有助于我们理清未来城市养老服务需求，重新定义社会养老概念，为社会养老服务提供更多、更好的选择。

② 在未来中国加速老龄化阶段（2021—2050年）及重度老龄化阶段（2051—2100年），老年人作为社会养老及人口比重的主体，充当两个重要角色，他们既是享受养老服务的被照顾者，同时也是为养老提供服务的照顾者。

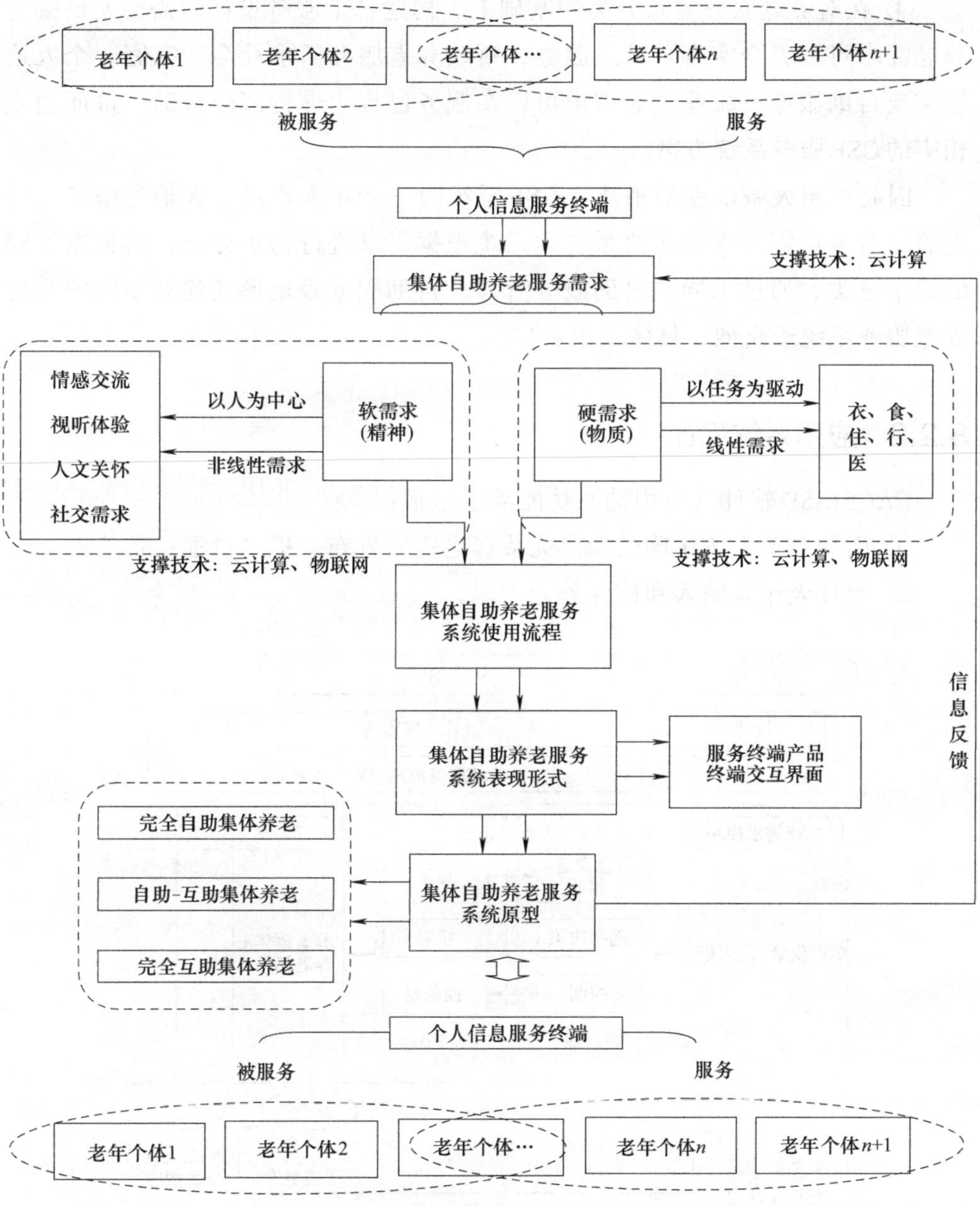

图8-4 CACSE-SD应用流程

③ 未来城市养老服务需求日益多样化，在CSE系统中对这些需求如何进行梳理、分类很关键，从物质和精神层面可以归结为两大类，即硬需求（物质需求）、软需求（精神需求）。硬需求是以任务为驱动的需求，包括老年人的衣、食、住、行、医等各方面；软需求是以人为中心的需求，包括老年人的情感交流、人文关怀、社交需求、视听体验等。

④ 在对养老服务需求分类的基础上，构建CSE服务设计时需要明确哪些养老需求可以完全实现自助式服务，哪些养老服务需求社会、家庭、个人迫切需要自助服务，哪些养老需求可以在服务过程中进行部分自助，进而建立相应的CSE服务系统方案。

因此，超大城市在未来建立CSE系统时，老年人通过个人信息服务终端把养老服务供需要求发送给系统，系统根据需求进行初步分类，再根据不同的需求分类，通过不同的自助服务流程、自助服务表现形式建立不同的自助养老服务系统子模型，具体如图8-4所示。

8.2.2 应用系统设计

CACSE-SD软件（应用端）功能需求包括：

① 引导老年人按正确的顺序完成养老需求发布、提供过程；

② 允许老年人输入和储存养老需求；

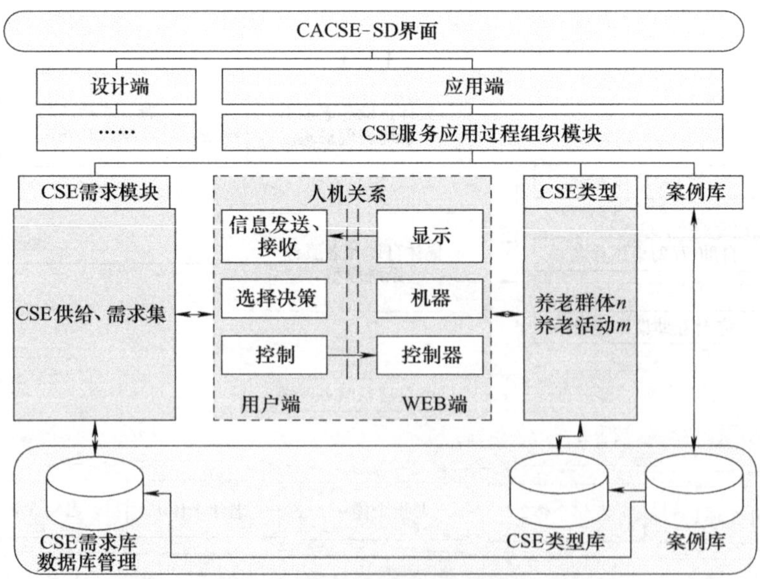

图8-5 CACSE-SD原型系统应用端总体框架

③ 允许老年人根据养老需求供需关系选择或建立CSE类型，这是本软件的基本功能，如老年人可以加入现有的CSE养老群或创建新的养老群；

④ 保存现有的自助集体养老群到CSE类型库中；

⑤ 显示老年人关注的养老需求；

⑥ 显示老年人关注的CSE类型，保存到案例库中。

根据CACSE-SD软件（应用端）工作流程及其功能需求，构建的系统总体框架（应用端）如图8-5所示。

8.3 超大城市自助养老服务系统实现实例

下面以自我实现养老需求中“通过技能互换进行互助”服务平台实例，说明CACSE-SD软件系统（应用端）实现的具体过程。技能互换软件系统包括首页、登入、新手指南、技能互换、信息反馈等五大模块，如图8-6所示。

① 老年人在CACSE-SD中找到“技能互换”登入界面，如图8-7(a)所示。

② 点击登入界面，进入“技能互换”主页面8-7(b)，首次登入该系统，可在主页面中找到新手指南，引导老年人使用该系统，如图8-7(c)、图8-7（d）所示。

③ 新手要经过注册登入该系统才能进行技能互换，如图8-7(e)、图8-7（f）所示。

④ 登入系统后，找到自己需要或感兴趣的养老服务，如图8-7(g)所示。选择进入技能交换界面，如图8-7(h)、图8-7(i)所示。

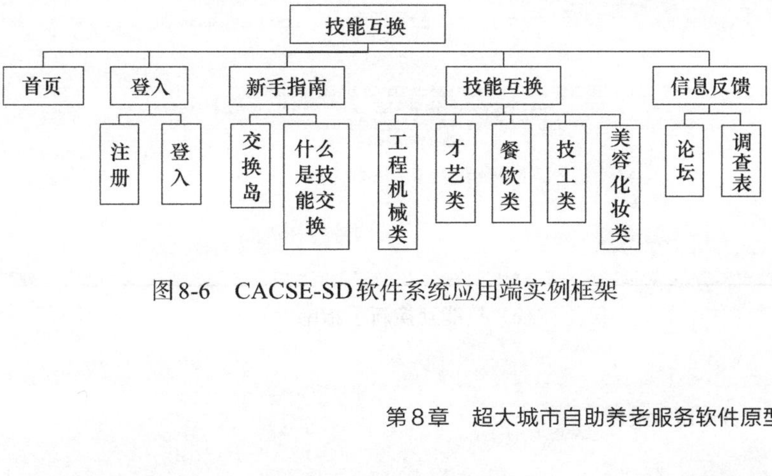

图8-6　CACSE-SD软件系统应用端实例框架

（a）“技能互换”登入界面

（b）“技能互换”主界面

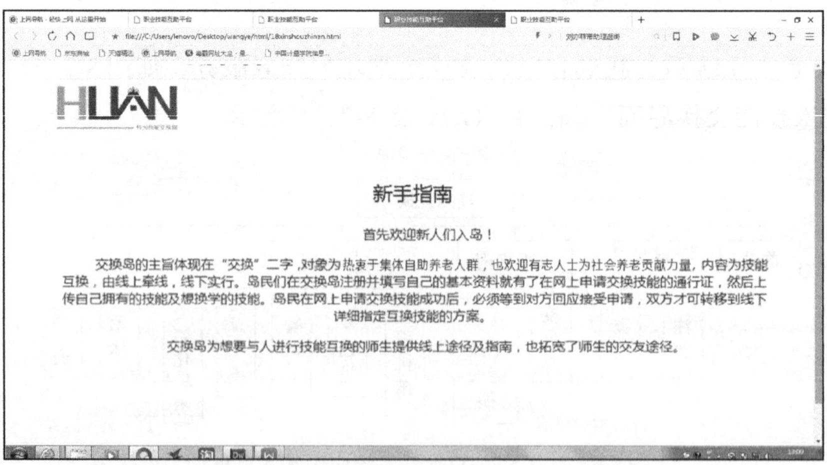

（c）技能互换新手指南（一）

（d）技能互换新手指南（二）

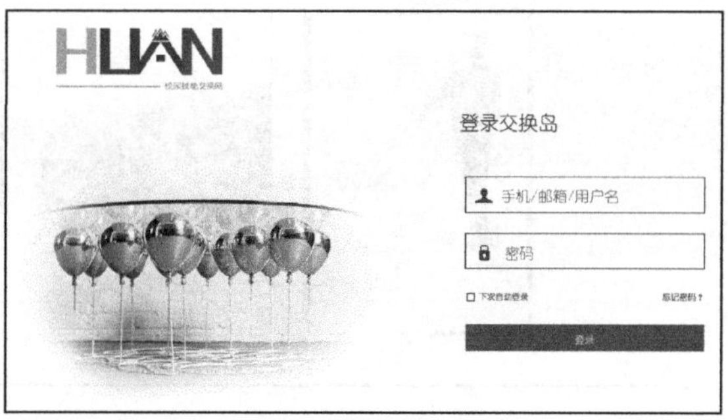

（e）技能互换注册界面　　（f）技能互换会员登入界面

图8-7

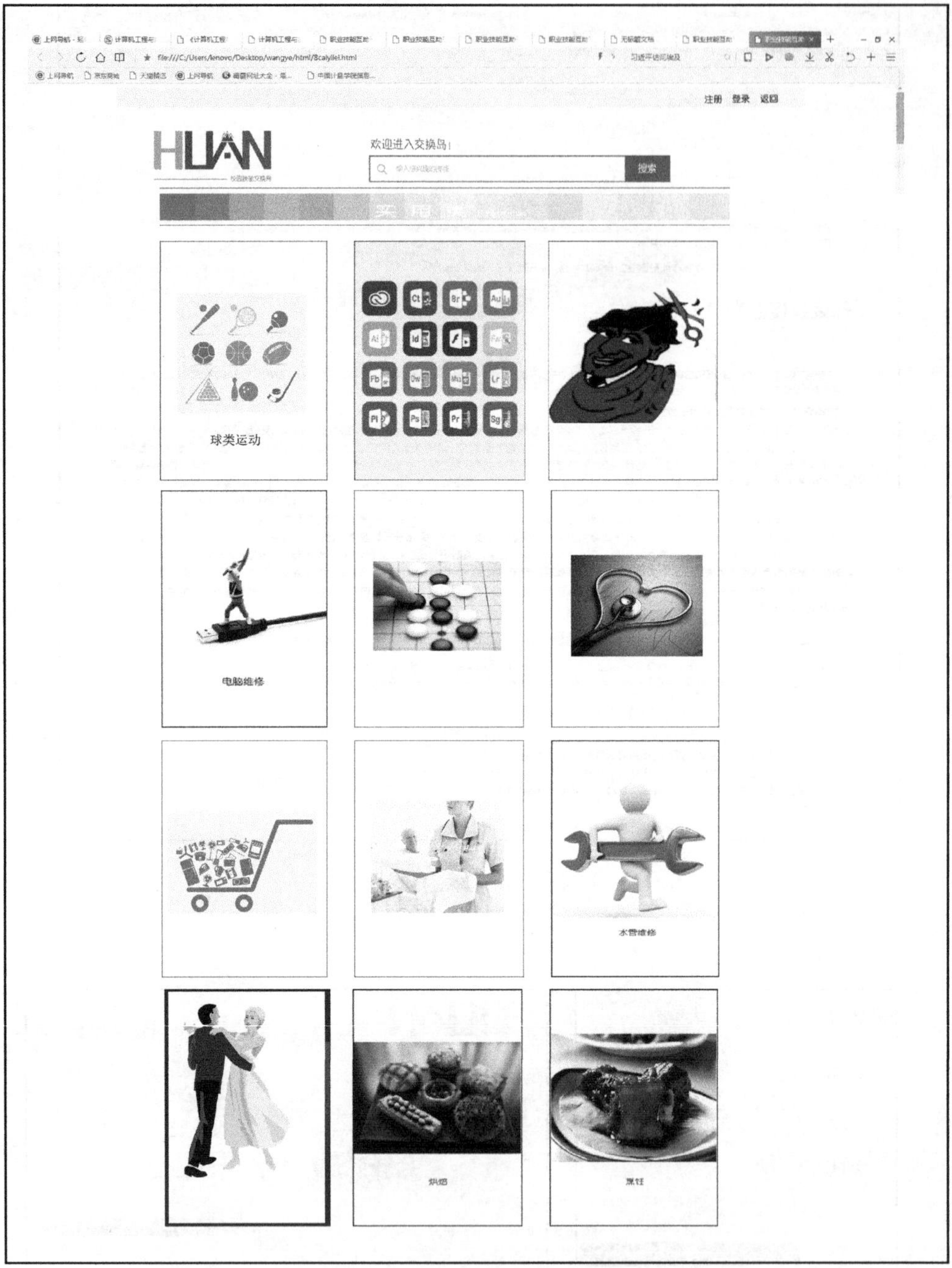

(g) 技能互换模块

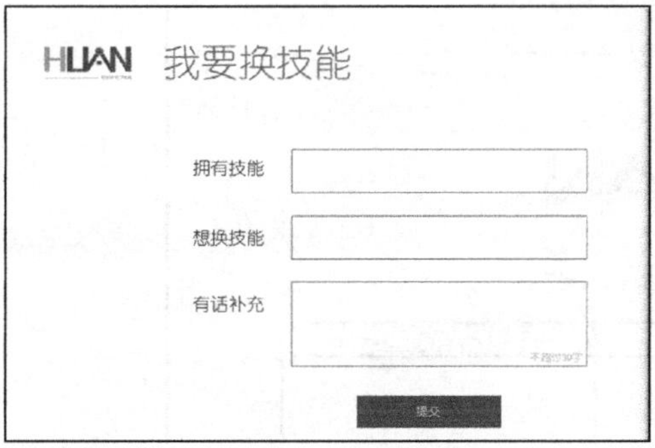

(h) 技能互换界面（一）

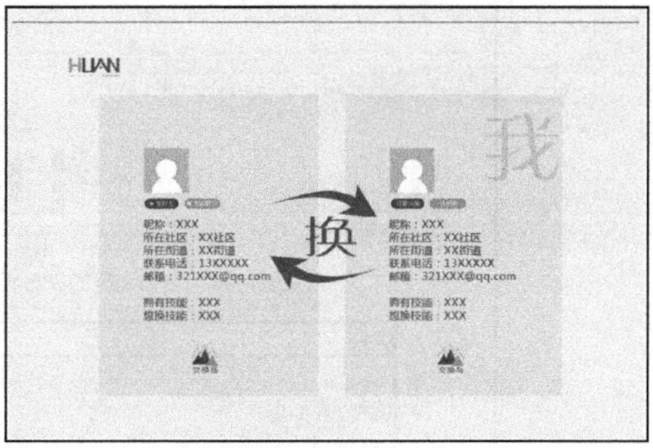

(i) 技能互换界面（二）

(j) 技能互换论坛界面

(k) 技能互换信息反馈界面

技能互助养老服务平台调查表

姓名	
性别	◎ 男 ◎ 女
年龄	36-45岁 ▼
学历	高中 ▼
月经济收入	◎ 1000元以下 ◎ 1000-2000元 ◎ 2000-3000元 ◎ 3000-5000元 ◎ 5000元以上
职业	◎ 工人 ◎ 专业技术人员 ◎ 干部 ◎ 教师 ◎ 医生 ◎ 商业服务人员 ◎ 农民 ◎ 军人 ◎ 企业家 ◎ 外企职员 ◎ 其他
您最想换哪种类型的技能	
您所在地区	
与传统养老模式相比，您认为技能互助养老平台能否提升养老满意度	◎ 能 ◎ 否
您对交换岛的建议与意见	
重置	提交

(l) 技能互换调查表界面

图8-7 CACSE-SD软件系统（应用端）实现的具体过程

⑤ 如果老年人没有技能可换或身体状况欠佳无法交换技能，可进行养老服务有偿互换。

⑥ 技能交换成功后，对技能交换服务体验、服务系统在使用过程中存在什么问题、是否能提升养老满意度、有哪些不足之处，可通过论坛、调查表等形式进行信息反馈，如图8-7（j）~图8-7（l）所示，便于之后系统功能的改进。

⑦ 与传统养老模式相比，在该服务平台对集体自助养老模式提升养老满意度进行调研，本书共在全国19个省份、3个直辖市抽样调查发放272份问卷，有效收回256份，对此33.2%的老年人认为能提升养老满意度，如表8-1

所示。

表8-1 通过技能互换进行互相帮助

调研结果	满意程度	频率	百分比	有效百分比	累积百分比
有效	很不满意	12	4.7	4.7	4.7
	不满意	47	18.4	18.4	23.0
	一般	112	43.8	43.8	66.8
	满意	67	26.2	26.2	93.0
	很满意	18	7.0	7.0	100.0
	合计	256	100.0	100.0	

2014年5月，由全国老龄委办公室指导、中国传媒大学调查统计研究所完成的《全国智能化养老实验基地通州智能化都市友好型养老服务综合体项目调研报告》显示，有46.2%的老年人认为生活协助性养老社区是中国所需要的，82.1%的年轻人认为自己的养老问题要及早规划，这也从另一方面反映出集体自助养老服务平台的构建对提升养老满意度的有效性。

8.4 小结

本章主要从计算机辅助集体自助养老服务设计及应用的角度，提出构建CACSE-SD软件系统原型，该原型对软件的功能需求、工作流程及总体设计分别从CSE服务设计端和CSE服务应用端进行了相应研究，并以“技能互换”软件系统为例说明了计算机服务CSE服务应用。

附　录

养老满意度调查表

您好：

我是××××大学可持续养老服务研究团队，我们正在进行养老满意度的调研，旨在了解未来养老服务发展的趋势和前景，不掺杂任何商业行为，希望您仔细填写这份调查问卷，我们将对您的回答完全保密。我们对您给予调研帮助表示诚挚的感谢。

一、您对自己老年生活的满意需求是（请在相应的表格内打√）：

序号	内容	很不重要	不重要	一般	重要	很重要
1	有劳动收入					
2	有离退休金					
3	有社会保险救济					
4	有经济来源					
5	自己有温馨舒适的房子					
6	有人陪同去银行，帮助理财					
7	日常生活有人照料					
8	有良好的自理能力					
9	代购、陪购					
10	邻里日常相互帮助					
11	有营养饮食指导					
12	身心健康					
13	建立健康档案					

续表

序号	内容	很不重要	不重要	一般	重要	很重要
14	定期体检					
15	经常运动健身					
16	有美容美发指导					
17	健康养生咨询					
18	有心理疏导					
19	有人经常陪伴散步、聊天					
20	有能和自己谈心交流的人					
21	与子女生活在一起					
22	邻里关系和睦					
23	集体娱乐社交活动丰富					
24	能继续受教育					
25	得到别人的认可					
26	生活方式自主					
27	有再就业机会					
28	通过技能互换进行互相帮助					
29	志愿养老服务工作					

二、您最看重的养老服务是（请在相应的括号内打√）：

序号	内容	很不重要	不重要	一般	重要	很重要
1	医疗服务					
2	日常照料服务					
3	饮食服务					
4	运动健身服务					
5	身心健康咨询服务					
6	娱乐休闲服务					
7	职业技能互助服务					
8	再就业服务					
9	养老志愿开展服务					
10	其他					

三、您最注重的日常照料服务是（请在相应的括号内打√）：

序号	内容	很不需要	不需要	一般	需要	很需要
1	超市代购、陪购					
2	送货上门					
3	陪同银行存钱、取钱					
4	帮助洗澡					

续表

序号	内容	很不需要	不需要	一般	需要	很需要
5	家居清洁					
6	家电、家具维修					
7	管道疏通					
8	买菜					
9	其他					

四、请在符合自己的情况处打“√”

1. 性别（　　）男　　（　　）女

2. 年龄（　　）36~45岁　　（　　）46~55岁　　（　　）56~65岁　　（　　）66~70岁　　（　　）71岁以上

3. 文化程度（　　）小学　　（　　）初中　　（　　）高中　　（　　）大专　　（　　）本科　　（　　）硕士以上

4. 月经济收入（　　）1000元以下　　（　　）1000~2000元　　（　　）2000~3000元　　（　　）3000~5000元以上　　（　　）5000元以上

5. 职业（　　）工人　　（　　）专业技术人员　　（　　）干部　　（　　）教师　　（　　）医生　　（　　）商业服务人员　　（　　）农民　　（　　）军人　　（　　）企业家　　（　　）外企职员　　（　　）其他

6. 所在地区________________________

参考文献

[1] Chen SC, Jones C, Moyle W. Social Robots for Depression in Older Adults: A Systematic Review [J]. J Nurs Scholarsh, 2018, 50 (6): 612-622.

[2] Irina Grigoryeva, Lyudmila Vidiasova, Alexandra Dmitrieva, et al.Internet Space as a Platform for Studying Elderly Social Inclusion Opportunities [M]. Elderly Population in Modern Russia. Springer, 2019: 133-145.

[3] Marikyan D., Papagiannidis S., & Alamanos, E..A systematic review of the smart home literature: A user perspective [J]. Technological Forecasting and Social Change, 2019, 138: 139-154.

[4] Naruse T, Nagata S, Taguchi A, et al. Classification tree model identifies home-based service needs of Japanese long-term care insurance consumers [J]. Public Health Nurs, 2011, 28 (3): 223-232.

[5] Özlem Özer-Kemppainen. Alternative house environments for the elderly in the information society [M]. OULU: OULU University Press, 2006.

[6] Paolo Francesconi, et al. Classification of residents in nursing homes in Tuscany (Italy) using Resource Utilization Groups Version Ⅲ (RUG-Ⅲ) [J]. Aging Clinical and Experimental Research. 2006 (2): 133-140.

[7] Stein J, Pabst A, Weyerer S, et al. The assessment of met and unmet care needs in the oldest old with and without depression using the Camberwell Assessment of Need for the Elderly (CANE): Results of the AgeMooDe study [J]. J Affect Disord, 2016, 193: 309-317.

[8] 胡湛，彭希哲. 应对中国人口老龄化的治理选择 [J]. 中国社会科学，2018 (12): 134-155+202.

[9] 贾玉娇. 中国养老服务体系建设中的突出问题与解决思路 [J]. 求索，2017 (10): 90-98.

[10] 陆杰华. 新时代积极应对人口老龄化顶层设计的主要思路及其战略构想 [J]. 人口研究，2018, 42 (01): 21-26.

[11] 席恒. 分层分类：提高养老服务目标瞄准率 [J]. 学海，2015 (01): 80-87.

[12] 王杰秀，安超. 我国大城市养老服务的特点和发展策略 [J]. 社会政策研究，2019 (04): 58-82.

[13] 郑功成. 多层次社会保障体系建设：现状评估与政策思路 [J]. 社会保障评论，2019, 3 (01): 3-29.

[14] 张敏. 养老服务业标准化研究［J］. 中国标准化，2018（24）：224-226.

[15] 周卫民. 精准管理［M］. 上海：上海财经大学出版社，2005.

[16] 向运华，王晓慧. 新中国70年养老服务体系建设、评估与展望［J］. 广西财经学院学报，2019，32（06）：9-21.

[17] 常敏. 城市居民养老服务需求研究［D］. 西北大学，2018.

[18] Fry A，Campbell H，Gudmunsdottir H，et al.GPs' views on their role in cancer genetics services and current practice［J］. Family practice，1999，16（5）：468-474.

[19] van Weel C，Michels J. Dying，not old age，to blame for costs of health care［J］. Lancet，1997，350（9085）：1159-60.

[20] 周康，邢伟."十二五"时期加快养老服务体系建设的政策建议［J］. 中国人力资源开发，2010，（4）：66-70.

[21] 邢采. 健康老龄化重在老年人心理健康［EB/OL］. http：//www.gmw.cn/xueshu/2013-12/09/content_9746285.htm，2013-12-09.

[22] 谭咏风. 老年人日常活动对成功老龄化的影响［D］. 上海：华东师范大学，2011：6.

[23] 蒋子桓. 积极老龄化理论及政策研究［D］. 成都：西南财经大学，2011：16.

[24] 公衍勇. 农村集中自助型养老模式构建研究［D］. 湘潭：湘潭大学，2010：29.

[25] 陈雪萍. 以社区为基础的老年人长期照护体系构建——基于杭州市的实证分析［M］. 杭州：浙江大学出版社，2011：17.

[26] 朱建宏. 成功老龄化的研究概况［J］. 中国老年学.2008，28（04）：723-724.

[27] Rowe，J W & R L Kahn."Successful aging 2.0：conceptual expansions for the 21st century"，the journals of gerontology，series B：psychological sciences and social sciences，2015，vol.70，pp. 593-596.

[28] 郭爱妹，顾大男. 成功老龄化：理论、研究与未来展望［J］. 南京师范大学学报（社会科学版），2018（03）：102-110.

[29] Havighurst RJ. Successful aging［J］. Gerontologist，1961，1：8-13.

[30] Palmore，E.Predictors of successful aging［J］. The Gerontologist，1979，19：427-431.

[31] Berkman LF，Seeman TE，Albert M，et al.High，usual and impaired functioning in community-dwelling older men and women：findings from the MacArthur Foundation Research Network on Successful Aging［J］. J Clin Epidemio，1993，46：1129-1140.

[32] SchulzR，Heckhausen J.A life span model of successful aging［J］. Am Psycho，1996，51：702-714.

[33] Vaillant GE，Mukamal K.Successful aging［J］. Am J Psychiatry，2001；158：839-471.

[34] Crowther MR，Parker MW，Achenbaum WA，et al.Rowe and Kahn's model of successful aging revisited：positive spirituality：the forgotten factor［J］. Gerontologist，2002，42：613-201.

[35] Bowling A.，Dieppe P..What is successful aging and who should define it?［J］. The British Medical Journal，2005，331（7531），1548-1551.

[36] Depp C，Jeste D.Definitions and predictors of successful aging：a comprehensive review of

larger quantitative studies [J]. Focus, 2009, 7: 137-150.

[37] Baltes P., Baltes M.Successful aging [M]. Cambridge: Cambridge Univ.Press, 1990.

[38] Rowe J., Kahn R.Human aging: Usual and successful [J].Science, 1987; 237: 143-149.

[39] RoweJ., KahnR.Successful aging [J]. The Gerontologist, 1997; 37: 433-440.

[40] Schaie K.Midlife influences upon intellectual functioning in old age [J]. International Journal of Behavioral Development, 1984, 7: 463-478.

[41] Willis S., Schaie K.Training the elderly on the ability factors of spatial orientation and inductive reasoning [J]. Psychology and Aging, 1986, 1: 293-247.

[42] Baltes P., Baltes M.Successful aging: Perspectives from the behavioral sciences [M]. Cambridge Univ. Press, 1993.

[43] Baltes M., Carstensen L.The process of successful aging [J]. Aging and Society, 2008, 16: 397-422.

[44] 闻娟.保罗·巴尔特斯与成功老龄化理论模型 [J]. 大众心理学, 2008, (07): 43-44.

[45] 王叶梅, 陈国鹏, 宋怡. 成功老龄化的SOC模型研究综述 [J]. 心理科学, 2007, 30 (2): 377-379.

[46] Alexandra M. Freund, Paul B. Baltes.Selection, optimization, and compensation as strategies of life management: correlations with subjective indicators of successful aging. Psychology and Aging, 1998, 13 (4): 531-543.

[47] 张福昌. 工业设计中的系统论思想与方法 [J]. 美与时代, 2010 (9): 9-14.

[48] 李德君, 孙巍巍, 杨丽华. 从工业设计定义的演变看设计人才能力的培养 [J]. 艺术科技, 2015, (08): 25.

[49] Peter Joore. New to improve-the mutual influence between new products and societal [M]. Delft, The Netherlands: VSSD, 2010: 12-18.

[50] 张磊, 葛为民, 李玲玲, 等. 工业设计定义范畴方法及发展趋势综述 [J]. 机械设计, 2013, 30 (8): 97-101.

[51] 凌继尧. 工业设计概念的衍变 [J]. 南京艺术学院学报, 2009, (04): 13-16.

[52] 丁熊, 秦臻. 论服务设计 [J]. 装饰, 2009, 192 (4): 133-134.

[53] 李冬, 明新国, 孔凡斌, 等. 服务设计研究初探 [J]. 机械设计与研究, 2008, 24 (6): 6-10.

[54] Shostack G L.Designing Services That Deliver [J]. Harvard Business Review, 1984, 62 (1): 133-139.

[55] Mager B, Evenson S.Art of Servixce: Drawing the Arts to Inform Service Design and Specification [J]. Service Science Research & Innovations in the Service Economy, 2007: 75-76.

[56] Miettinen S, Koivisto M.Designing Services with Innovative Methods [M]. Helsinki: University of Art and Design, 2009: 1-272.

[57] CHU Dong-xiao, TAUCHI T, TERAUCHI F, et al.Study on Current Situations of Service Engineering Research and Necessity of Product Value Creation [J]. Bulletin of Japanese Society for the Science of Design, 2009, 56 (6): 65-72.

[58] 楚东晓.服务设计研究中的几个关键问题分析 [J]. 包装工程，2015，36（16）：111-116.

[59] 王展.基于服务蓝图与设计体验的服务设计研究及实践 [J]. 包装工程，2015，（12）：41-44.

[60] KARMARKER U.Will You Survive the Services Revolution [J]. Harvard Business Review，2004，82（6）：100.

[61] 罗仕鉴，胡一. 服务设计驱动下的模式创新 [J]. 包装工程，2015，36（12）：1-4.

[62] 何文炯. 构建公平和可持续的社会养老保障体系 [J]. 浙江统计，2009，（3）：20-22.

[63] 席恒，瞿邵果. 更加公平可持续的养老保险制度的实现路径探析 [J]. 中国行政管理，2014，（3）：11-14.

[64] 藤田桂子. 中日老年社会保障问题比较 [J]. 中国工业经济，2000，（10）：10-14.

[65] 丁少群，王信. 老龄化背景下的农村可持续养老保障制度改革研究 [J]. 中国经济问题，2012，（2）：52-60.

[66] 刘妮娜. 中国农村互助型社会养老的类型与运行机制探析 [J]. 人口研究，2019（02）：100-112.

[67] 沈洁. 对养老保障机制的宏观思考——试论公助、互助、自助体系的构建以及功能 [J]. 华中师范大学学报（人文社会科学版），2003，42（5）：104-111.

[68] 曹煜玲.中国城市养老服务体系研究——以大连市为调查分析样本 [D]. 大连：东北财经大学，2011：110-111.

[69] 刘金华. 基于老年生活质量的中国养老模式选择研究 [D]. 成都：西南财经大学，2006：167-171.

[70] 田逸娇.英、美、日三国社区养老服务的经验及启示 [J]. 劳动保障世界，2013，（1）：51-53.

[71] 张尧，刘娇. 基于四二一家庭结构的养老育幼模式研究 [J]. 国家与城市竞争.2010，（9）：7-9.

[72] 赵婷婷. 我国城镇养老服务机构的问题研究——福利混合经济的三维分析框架 [D]. 天津：南开大学，2013：3.

[73] 朱玲芳.民间养老服务机构运行机制和养老保障功能研究——以“心贴心”社区服务中心为例 [D]. 南京：南京师范大学，2007：22-27.

[74] 许福量. 城市社区空巢老年人精神养老服务系统的设计与研究 [D]. 杭州：浙江大学，2015：51-64.

[75] 欧昱.居家养老服务信息系统设计与实施 [D]. 北京：北京邮电大学，2011：24-39.

[76] 甘满堂，娄晓晓，刘早秀.互助养老理念的实践模式与推进机制 [J]. 重庆工商大学学报，2014，31（04）：78-85.

[77] 董登新.时间银行——互助养老新模式 [EB/OL]. http：//finance.eastmoney.com/news/1371，20120217191968442.html，2012-02-17.

[78] 夏辛萍.时间银行：城市社区养老服务的新模式 [J]. 中国老年学，2014，34（10）：2905-2907.

[79] 邓志锋.关于我国助老服务“时间银行”建设的思考 [J]. 南京人口管理干部学院学报，2012，28（4）：17-21.

[80] 马贵侠.论“时间银行”模式在居家养老中的应用 [J]. 南京理工大学学报，2010，23（6）：116-119.

[81] 陈成文，孙秀兰. 社区老年服务：英、美、日三国的时间模式及其启示 [J]. 社会主义研究，

2010，189（1）：116-120.

［82］ 王玉龙.德国的互助式养老［J］.保健医苑，2013，（01）：44-45.

［83］ 陈静，江海霞．“互助”与“自助”：老年社会工作视角下“互助养老”模式探析［J］.北京青年政治学院学报，2013，（04）：36-43.

［84］ 邱华丽，等．构建社区互助式养老平台研究［J］.中国当代医药，2013，20（20）：176-178.

［85］ 唐梅芝，王忠政.社区居家互助养老服务研究综述［J］.中国商论，2019（02）：233-234.

［86］ 姜向群．“搭伴养老”现象与老年人再婚难问题［J］.人口研究，2004，28（3）：94-96.

［87］ 田丰．“搭伴养老”现象探析［J］.山西高等学校社会科学学报，2008，20（3）：61-63.

［88］ 刘立峰.养老社区发展中的问题及对策［J］.宏观经济研究，2012，（1）：29-32.

［89］ 周志.养老改变生活——亲和源养老模式探究［J］.装饰.2012，（09）：38-42.

［90］ 孙建丽.社会转型期构建社区养老服务体系的探讨［J］.中国老年学杂志，2007，27（22）：2262-2264.

［91］ Hiltner J.Smith BW.Intraurban Residential Location of the Elderly［J］. Journal of Geography. 1974，73（4）：22-33.

［92］ Flynn CB. General Versus Aged Interstate Migration，1965-1970［J］. Research on Aging，1980，2（2）：165-176.

［93］ Golant S M.A Place to Grow Old：the Meaning of Environment on Old Age［M］. New York：Columbia University Press，1984，61（4）.

［94］ 张善余，高向东．超大城市人口分布特点及变动趋势研究——以东京为例［J］.世界地理研究，2002，11（1）：65-71.

［95］ 张纯，曹广忠．北京市人口老龄化的空间特征及影响因素［J］.城市发展研究，2007，14（2）：56-61.

［96］ 刘娜．我国人口老龄化时空分布特征研究［D］.西安：陕西师范大学，2012：1.

［97］ 陆华杰，李月．超大城市人口规模调控的理论与实践探讨——以北京为例［J］.上海行政学院学报，2014，15（1）：13-22.

［98］ 睢党臣，曹献雨.芬兰精准化养老服务体系建设的经验及启示［J］.经济纵横，2018（06）：116-123.

［99］ 贝萨・艾尔海克，大卫・M・罗著．六西格玛服务设计——走向卓越之路线图［M］.胡保生译．西安：西安交通大学出版社，2008：36-42.

［100］ Fredriksson，B.Holistic Systems Engineering in Product Development［M］. Saab-Scania Griffin，Linkoping，Sweden.1994，40.

［101］ Yang K.，EL-Hail B.Design For Six Sigma：A Roadmap for Produvct Excellemce［M］. McGraw-Hill，New York，2003.

［102］ Yang K.，EL-Hail B.Design For Six Sigma：A Roadmap for Produvct Development［M］. McGraw-Hill，New York，2009，2（9）：1680-1687.

［103］ Tomohiko Sakao，Mattias Lindahl.Introduction to Product/Service-System Design［M］. London：Springer-Verlag London Limited，2009.

[104] Yuya Kajikawa. Research core and framework of sustainability science [J]. Sustain Sci, 2008, 3 (2): 215-239.

[105] Ram Nidumolu, C.K. Prahalad, M.R. Rangaswami. Why Sustainability Is Now the Key Driver of Innovation [J]. Harvard Business Review, 2009, 87 (9): 56-64.

[106] Jagdish N. Sheth, Nirmal K. Sethia, Shanthi Srinivas. Mindful consumption: a customer-centric approach to sustainability [J]. Journal of the Academy of Marketing Science, 2011, 39 (1): 21-39.

[107] 朱琦琦，江平宇，张朋，等. 数控加工设备的产品服务系统配置与运行体系结构研究 [J]. 计算机集成制造系统. 2009, 15 (6): 1140-1148.

[108] Patrick Müller, Noara Kebir, Rainer Stark, et al. PSS Layer Method-Application to Microenergy Systems [M]//Tomohiko Sakao, Mattias Lindahl. Introduction to Product/Service-System Design.London: Springer-Verlag London Limited, 2009: 3-30.

[109] Goedkoop, M.J., van Halen, C.J.G., te Riele, H.R.M., et al.Product service systems, ecological and economic basis [M]. PricewaterhouseCoopers N.V./Pi! MC, Storrm C.S., Preconsultants.1999: 3-4.

[110] T S Baines, H W Lightfoot, S Evans, et al. State-of-the-art in product-service systems [J]. Proc. IMechE, 2007, 221 (10): 1543-1552.

[111] Mont, O. Clarifying the concept of product-service system [J]. Journal of Cleaner Production. 2002, 10: 237-45.

[112] Manzini, E., Vezzoli, C.A strategic design approach to develop sustainable product service systems: examples taken from the environmentally friendly innovation [J]. Italian prize. Journal of Cleaner Production. 2003, 11: 851-857.

[113] Arnold Tukker.Eight types of product-service system: eight ways to sustainability? Experiences from SusProNet [J]. Business Strategy and the Environment, 2004, 13 (4): 246-260.

[114] Baines, T., Lightfoot, H., Evans, S.Product-service systems revisited [C]. Proceedings of the 5th International Conference on Manufacturing Research (ICMR 2007), Leicester.2007.

[115] C.Durugbo, A.Tiwari, J.R.Alcock.An Infodynamic Engine Approach to Improving the Efficiency of Information Flow in a Product-Service System [C]. CIRP IPS2 Conference 2009, Cranfield University, 2009: 107-112.

[116] Christian Weber, Michael Steinbach, Christian Botta, et al.Modelling of Product-Service Systems (PSS) Based on the PDD Approach [C]. the 8th International Design Conference, Dubrovnik, 2004: 547-554.

[117] M.Steven, M.Rese, T. Soth, et al. Profitability of Industrial Product Service Systems (IPS^2)-Estimating Price Floor and Price Ceiling of Innovative Problem Solutions [J]. Journal of Nutrition Education & Behavior, 2008, 37 (5): 273-274.

[118] White, AL, Stoughton, M, Feng L.Servicizing: the quiet transition to extended product responsibility [R]. Report Submitted to US Environmental Protection Agency, Office of Solid

Waste，1999：83-89.

[119] Kimita，K.，Shimomura，Y. Evaluation of customer satisfaction for PSS design [J]. Journal of Manufacturing Technology Management. 2009，20（5）：654-673.

[120] Oksana Mont. Introducing and developing a Product-Service System（PSS）concept in Sweden [R]. Lund，Sweden：IIIEE，Lund University，2001：9-16.

[121] Y. S. Kim，S. W. Lee，H. Jin，et al. Product-Service Systems（PSS）Design Process and Design Support Systems [C]. Proceedings of the 3rd CIRP International Conference on Industrial Product Service Systems，Braunschweig，Germany，Technische Universität Braunschweig，2011：129-134.

[122] Dyah S. Dewi， Erik J. Van Voorthuysen. Product Service System：is It a Viable Innovative Service Strategy For The Heavy Equipment Industry? [C]. The 2nd International Research Symposium in Service Management，Yogyakarta，Indonesia，2011：45-55.

[123] Sakao，T.，Shimomura，Y.，Sundin，E.，Comstock，M. Modeling design objects in CAD system for Service/Product Engineering [J]. Computer-Aided Design.2009，41：197-213.

[124] Tomiyama，T. Service Engineering to intensify service contents in product life cycles [C]. Proceedings of the Second International Symposium on Environmentally Conscious Design and Inverse Manufacturing（EcoDesign 2001）. Tokyo，Japan，2001：613-618.

[125] Shimomura，Y.，Tomiyama，T.Service modeling for Service Engineering [J]. Lfip International Federation for Information Processing，2005，168：31-38.

[126] Bullinger，H.，Fahnrich，K.P.，Meiren，T. Service engineering $methodical development of new service products [J]. International Journal of Production Economics.2003，85：275-287.

[127] Sakao，T.，Shimomura，Y.Service engineering：a novel engineering discipline for producers to increase value combining service and product [J]. Journal of Cleaner Production. 2007，15：590-604.

[128] N. Morelli. Product-service systems，a perspective shift for designers：A case study：the design of a telecentre [J]. Design Studies，2003，24（1）：73-99.

[129] 刘芳. 产品服务系统设计的理论方法研究 [D]. 西安：西北工业大学，2011：50-51.

[130] 乔治·C. 霍曼斯，社会行为 [M]. 哈考特，布赖斯和世界出版社，1961：13.

[131] 高连克. 论霍曼斯的交换理论 [J]. 齐齐哈尔大学学报（哲学社会科学版），2005，(3)：8-10.

[132] 彼得·布劳，社会生活中的交换与权力 [M]. 北京：华夏出版社，1988：108-117.

[133] 克里斯托弗·皮得森著. 积极心理学 [M]. 徐红译. 北京：群言出版社，2010：1-231.

[134] Alan Carr著. 积极心理学 [M]. 丁丹译. 北京：中国轻工业出版社，2013：1-4.

[135] Anthony W.Thompson.Towards Sustainability-driven Innovation through Product-Service Systems [D]. Karlskrona，Sweden：Blekinge Institute of Technologythe Department of Mechanical Engineering，School of Engineering，2010.

[136] 肖金花，余隋怀，况明泉. 老龄社会背景下自助集体养老服务系统构建研究 [J]. 中国老年学，2016，36（1）：233-234.

[137] 彭聃龄. 普通心理学 [M]. 北京：北京师范大学出版社，2004.
[138] 穆光宗. 中国老龄政策思考 [J]. 人口研究，2002，26（1）：43-48.
[139] 晋凤. 浅析城市社区化居家养老服务模式的可持续性 [J]. 辽宁行政学院学报，2010，12（11）：143-145.
[140] 冯立天. 中国人口生活质量研究 [M]. 北京：北京经济学院出版社，1992.
[141] 叶南客，唐仲勋. 老年人生活质量初探 [J]. 人口研究，1989，（06）：31-37.
[142] 施祖辉.台湾的生活质量指标研究 [J]. 统计与预测，1995，（06）：14-17.
[143] 刘渝琳，王路，赵卿. 中国老年人口生活质量评价指标体系的构造 [J]. 重庆大学学报（自然科学版），2005，28（8）：154-158.
[144] 周长城.生活质量的指标构建及其现状评价 [M]. 北京：经济科学出版社，2009.
[145] 乔晓春，杜峥鸣. 中国老年健康寿命研究 [C]. 中国第四次人口学家论坛.
[146] 日本老年人就业率创新高，每5位老人中2人在工作 [EB/OL]. http：//finance.china.com.cn/money/job/20150601/3151301.shtml，2015.
[147] 陆长德，余隋怀. 工业工程手册——工业设计篇 [M]. 沈阳：东北大学出版社，1999.
[148] Suh N P. Design Axioms and Quality Control [J]. Robotics &Computer-Integrated Manufacturing，1992，9（4/5）：367-376.
[149] Suh N P. Design and Operation of Large Systems [J]. Journal of Manufacturing Systems，1995，14：3.
[150] Suh N P.Impact of Axiomatic Design [A]. In 3rd CIRP Workshop on Design and the Implementation of Intelligent Manufacturing Systems [C]，Tokyo，Japan，1996，（6）：8-17.
[151] Aungst S.，Barton R.，Wilson D.The virtual integrated design method [J]. Quality Engineering，2003，15：565-579.
[152] 张莹，王维国. 基于层次分析法和目标规划的IT外包多项目优选 [J]. 技术与创新管理，2010，31（4）：428-431.
[153] 于景伟. 0-1目标规划法在项目投标决策中的应用 [J]. 经营管理者，2011，（09）：258-259.
[154] 宫明杰，王林秀. 基于0-1目标规划的矿区转产项目优选研究 [J]. 科技管理研究，2014，（13）：174-177.
[155] 肖金花，俞书伟，余隋怀. 超大城市可持续养老模式设计研究 [J]. 城市发展研究，2015，22（7）：97-105.
[156] 李德明，陈天勇，吴振云. 中国高龄老人的心理状况及其影响因素 [J]. 中国心理卫生，2007，21（9）：614-617.
[157] 何大安，苏志煌. 人类实际行为的效用函数分析——一种糅合理性和非理性选择行为的理解 [J]. 浙江学刊，2006，（2）：171-177.
[158] 路依婷. 上海市居家养老服务评估指标体系的构建 [D]. 上海：上海交通大学，2007：5.
[159] 奥塔·锡克. 经济—利益—政治 [M]. 北京：中国社会科学出版社，1984：263.
[160] 李政文.区间数不确定多属性决策方法研究 [D]. 成都：西南交通大学，2010：13.
[161] Roth，A.V.，Mendor，L.J.Insights into service operations management：a research agenda

[J]. Production and Operations Management.2003, 12 (2): 145-164.

[162] Sasser, W.E., Olsen, R.P., Wyckoff, D.D.Management of service operations [M]. Boston. MA: Allyn and Bacon, 1978: 1-66.

[163] Edvardsson, B., Olsson, J.Key concepts for new service development [J]. The Service Industries Journal.1996, 16: 140-164.

[164] Lovelock, C.H., Vandermerwe, S., Lewis, B.Services Marketing: A European Perspective [M]. Harlow: Prentice-Hall, UK.1999: 27-30.

[165] Grönroos, C.Service management and marketing: a customer relationship management approach [M]. New York: John Wiley &Sons, Ltd.2000: 45-50.

[166] Goldstein, S.M., Johnston, R., Duffy, J.A., Rao, J. The service concept: the missing link in service design research? [J] Journal of Operations Management, 2002, 20: 121-134.

[167] Marina Berkovich, Jan Marco Leimeister, Helmut Krcmar.Suitability of Product Development Methods for Hybrid Products as Bundles of Classic Products, Software and Service Elements [C]. IDETC/CIE 2009, San Diego, California, USA, 2009: 1-10.

[168] Paternò, F., Mancini, C., Meniconi, S.Concur Task Tree: A diagrammatic notation for specifying task models [C]. In Howard, S., Hammond, J., Lindgaard, G., editors, Proceedings of IFIPTC 13 International Conference on Human-Computer Interaction Interact.97, Boston, Kluwer Academic Publishers. 1997, 362-369.

[169] Maussang, N., Zwolinski, P., Brissaud D.Product-service system design methodology: from the PSS architecture design to the products specifications [J]. Journal of Engineering Design, 2009, 20 (4): 349-366.

[170] KITA M U RA Y, M IZOG UC HI R.Ontology-based description of functional design know ledge and its use in a functional way server [J]. Expert Systems with Application, 2003, 24 (2): 153-1661.

[171] CE RA C D, REGLI W C, BRA U DE I, et al.A collaborative 3D environment for authoring design semantics [J]. IEEE Computer Graphics and Applications, 2002, 22 (3): 43-551.

[172] GUO Ming. Research on product in formation model b as ed on ontology and semantic Web [D]. Hangzhou: Institute of Artificial Intelligence, Zhejiang University, 2003: 1-3.

[173] GRIFFIN A, HAUSER J R.The voice of customer [R]. Proceedings of MSI Working Paper Series, Report. Boston, Mass., USA: Marketing Sciences Institute, 1992: 92-106.

[174] Yang, K., EL-Hail, B.Design for SixSigma: a road map for product development [M]. McGraw-Hill Professional, 2 edition, 2008: 1-150.

[175] O Kulak, S Cebi, C Kahraman.Applications of axiomatic design principles: A literature review [J]. Expert Systems with Applications, 2010, 37 (9): 6705-6717.

[176] 邓琳，昝昕武，黄茂林，等. 基于需求—功能映射分析的概念设计 [J]. 重庆大学学报：自然科学版，2002，25 (12)：4-6.

[177] Jianxin Jiao, Yiyang Zhang.Product portfolio identification based on association rule mining

[J]. Computer-Aided Design, 2005, 37 (2): 149-172.

[178] Hara, T., Arai, T., Shimomura, Y., Sakao, T. Service CAD system to integrate product and human activity for total value [J]. CIRP Journal of Manufacturing Science and Technology. 2009, 1: 262-271.

[179] M.Hammer. Reengineer Work: Don't Automate, Obliterate [J]. Harvard Business Review, 1990, 68 (4): 104-113.

[180] Fengbin Wang, Gonghai Chen, Donghong Li.The formation and operation of modular organization: A case study on Haier's "market-chain" reform [J]. Frontiers of Business Research in China, 2008, Vol.2 (4), pp.621-654.

[181] 纪杨建，祁国宁，顾巧祥．机械产品配置知识自适应方法研究 [J]. 浙江大学学报，2006, 40 (4): 560-566.

[182] 王世伟，谭建荣，张树有，等．产品配置模型的演化与再配置 [J]. 计算机辅助设计与图形学学报.2005, 17 (2): 347-352.

[183] G.L Shostack.Designing Services that Deliver [J]. Harvard Business Review, 1984, 62 (1): 133-139.

[184] Sabine Flieβ, Michael Kleinaltenkamp.Blueprinting the service company: Managing service proce- sses efficiently [J]. Journal of Business Research, 2004, 57 (4): 392-404.

[185] Mary Jo Bitner, Amy L.Ostrom, Felicia N. Morgan.Service Blueprinting: A Practical Technique for Service Innovation [J]. California Management Review, 2008, 50 (3): 66-94.

[186] 北京部分养老机构收费情况 [EB/OL]. http: //wenku.baidu.com/view/c92a68ea76eeaeaad0f33015.html, 2014-1-15.

[187] 全国养老机构平均5成空置，北京晚报 [EB/OL]. http: //news.workercn.cn/610/201507/16/150716145823860.shtml, 2015-7-16.

[188] 老年人口过亿，农村老人居多中国面对"未富先老"挑战 [EB/OL]. http: //laoyousuowei.blog.163.com/blog/static/182759327201142385237645/, 2011-5-21.

[189] Kwong, C. K., Bai, H.A fuzzy AHP approach to the determination of importance weights of customer requirements in quality function deployment [J]. Journal of Intelligent Manufacturing. 2002, 13: 367-377.

[190] N Kafa, Y Hani, AE Mhamedi.A Fuzzy Multi Criteria Approach for Evaluating Sustainability Perf-ormance of Third-Party Reverse Logistics Providers [C]. Berlin: Springer Berlin Heidelberg, 2014, 439: 270-277.

[191] Yager, R.R.Quantifier guided aggregation using OWA operators [J]. International Journal of Intelligent Systems.1996, 11: 49-7.

[192] Kano, N., Seraku, N., Takahashi, F., and Tsuji, S.Attractive quality and must-be quality [J]. Quality. 1984, 14 (2): 39-48.

[193] GH Tzeng, JJ Huang.Multiple attribute decision making: methods and appliations [J]. Lecture Notes in Economics and Mathematical Systems, 2011, 375 (4): 1-531.

［194］ 陈友华. 居家养老及其相关的几个问题［J］. 人口学刊，2012（04）：51-59.

［195］ Naruse T，Nagata S，Taguchi A，et al. Classification tree model identifies home-based service needs of Japanese long-term care insurance consumers［J］. Public Health Nurs，2011，28（3）：223-232.

［196］ Stein J，Pabst A，Weyerer S，et al. The assessment of met and unmet care needs in the oldest old with and without depression using the Camberwell Assessment of Need for the Elderly（CANE）：Results of the AgeMooDe study［J］. J Affect Disord，2016，193：309-317.

［197］ Bilsen PV，Hamers J，Groot W，et al.Demand of elderly people for residential care：an exploratory study［J］. BMC Health Services Research，2006，6：39.

［198］ 王妍. 京津冀城市老年人口养老需求调查与研究［D］. 承德医学院，2019.

［199］ 常敏. 城市居民养老服务需求研究［D］. 西北大学，2018.

［200］ 王杰秀，安超. 我国大城市养老服务的特点和发展策略［J］. 社会政策研究，2019（04）：58-82.

[194] [illegible] 2017, 10(4): [illegible]

[195] [illegible] et al. Classification tree model identifies home-based service needs in Japanese long-term care insurance consumers [J]. Public Health Nurs, 2016, 33(4): [illegible]

[196] Stein J, Pabst A, Weyerer S, et al. The assessment of met and unmet care needs in the oldest old with and without depression using the Camberwell Assessment of Need for the Elderly (CANE): Results of the AgeMooDe study [J]. J Affect Disord, 2016, 193: [illegible]

[197] Bien B, [illegible] Demand of elderly people for residential care: an exploratory [illegible] [J]. BMC Health Services Research, 2006, [illegible]

[198] [illegible] [D]. [illegible]

[199] [illegible] [D]. [illegible], 2015.

[200] [illegible] [J]. [illegible], 2019, 10(4): [illegible]